新しい日本史観の教科書

正しい歴史に「修正」せよ

田中英道
Hidemichi Tanaka

ビジネス社

新版の序に代えて

「階級社会」など存在しない

簡単に言おう。元来、人間社会は「役割分担社会」である。周りの多くの人々は、それぞれ自分の仕事を持ち、生きていく。大きな仕事を共同で行うとき、それぞれ役割分担をする。その責任の重さに応じて、給料も待遇も違うだろう。そして明日は、別の役割を与えられるかもしれないし、自ら変えようとするかもしれない。

しかし、この「給料も待遇も違う」、ということだけを取り上げ、「階級社会」、「差別社会」としたのが、民主主義者、リベラリストを自称する人々である。本来は社会主義者、共産主義者たち、左翼たちだけの用語と言ってもよい。つまり人間社会の「階級」や待遇を絶対化して、変わらないと信じている「現実離れ主義」に固まった偏屈な人たちである。自分のことを考えてみれば、何も絶対的なことはないのだ。

古今東西、人間社会は「役割分担社会」であることは、どう見ても変わりえない。こうした「どう見てもそうである」という事実を基準にして語るのが歴史でなければならない。それを、ひたすら別の「絶対不動」の社会学用語で置き換え、そこに対立意識、闘争意識を持ち込んだのが、戦後の社会教育であり歴史教育であった。

日本の歴史や社会には、常に「階級」があり、「差別」があり、「対立」があったことをひたすら論じようとしたのが、戦後の日本の歴史学であったのだ。

こうした「現実離れ主義」者は、「歴史修正主義」という言葉を使って、「どう見てもそうである」視点から歴史を見る歴史家を非難してきた。西洋のマルクス主義者の間で生まれた「レッテル貼り」で相手を封じ込めたと思い込んで恥じない、不勉強な「教条主義者」（無論これもマルクス主義者の用語であるが）に対して書かれたのが、この本である。

私は、西尾幹二氏に次いで「新しい歴史教科書をつくる会」の二代目の会長となったが、「歴史修正主義」のレッテル貼りと戦うべく、それを覆すべき論考を重ねてきた。それはイデオロギー論争ではなく、実際に「語られてきた歴史」そのものを「修正する」論考で、彼らに応えようと思ったからである。

「修正主義」という言葉はおかしい

実際、「修正主義」という言葉はマルクス主義者内のレッテルである。彼らは「マルクス主義」運動の原則に反する行為や言論を行なったものを「修正主義者」と呼ぶ。日本語では「修正主義」という言葉は、決して悪い言葉ではない。「正しく修める」という言葉であるからだ。

ところが、日本の左翼たちはこれを〝Revisionism（レヴィジョニスム）〟と誤訳したのである。

「ヴィジョン（考え方、視野）」を「繰り返す、変える」という程度の言葉の意味を、「正しく変える」すなわち「修正主義」という言葉にしてしまったのである。彼らの言葉の貧困さを感じさせる。

本来のヴィジョンを変えるのであるから、改悪主義者、逸脱主義者などと言った方が正しいはずだ。彼らが本当は言いたいはずの「マルクス主義を放棄したもの、異端であるもの」という意味はないのである。

こう言われた彼らは、逆に修正や改良を拒否する「教条主義者」のレッテルで、反撃したつもりになる。「修正主義」という言葉は一八九五年、ドイツの社会民主主義者ベルンシュタインが、使い始めたレッテルである。このレッテルで労働者の階級闘争、プロレタリア独裁と暴力革命を否定した、中産階級による議会制民主主義の枠内で、福祉政策を推進させる主義と方法を選んだのである。つまり、現代の民主主義をかたる政党は、みな「修正主義」者ということになる。

さらに言えば、それに「左派」の名をつけた「左派修正主義者」は、あのファシストのムッソリーニに影響を与えたのであった。

まだソ連が存在していた時、中国共産党はソ連を指して「修正主義者」と非難し、ソ連は中国を「教条主義」としてやり返した。中国自身も、計画経済の失敗から柔軟な経済政策をとった劉少奇、鄧小平を非難する言葉も「修正主義」であったのだ。自分たち以外の党はすべて敵とする言葉に、修正主義、教条主義が使われたのである。要するに、西洋的な「神と悪魔」「善と悪」「左翼と右翼」の代名詞である。

「歴史修正主義」というレッテル

「歴史修正主義」なる言葉は、社会主義者間の「修正主義」という言葉に「歴史」という言葉をつけたものと言って良いだろう。ゆえに、このレッテルはかなり政治的なものである。本来は、それまで主流的な歴史観を再検討して、新たに出される歴史観のことである。しかし、そこに第二次大戦後、アメリカ、ソ連などの「連合国」による、ドイツ、日本への戦争による勝利「史観」を覆すような見解をこの語を用いて批判するものとなった。

第一次世界大戦も、ドイツに対する勝利国側の見解に対し異を唱える見解は、歴史修正主義のレッテルを貼られた。大戦をドイツではなく露仏同盟側だとする見解や、第二次世界大戦を引き起こしたのはヒトラー自身にあるのではなく、欧米諸国の外交の失敗によるものだ、とする見方をこの言葉で糾弾したのである。

特にホロコーストにより、「六百万人」の死者を出したとするユダヤ人の左翼学者が、好んでそれに対する批判に用いたことで、その象徴となった。一九七八年に設立された「歴史修正研究所」という団体は、ホロコーストの事実そのものを疑問視して、その研究を促進させようとした。ジェノサイドを特にユダヤ人のシオニストがでっち上げたものだと主張したのである。

こうした動きに対し、フランクフルト学派のユルゲン・ハーバーマスがナチスの犯罪を認め、時の政府の建設しようとした博物館を「修正主義」として批判した。ハーバーマスにとっては、ホロコーストだけでなく、ナチス・ドイツの犯罪を単なる一事件として考えることも「歴史修正主義」であったのである。それはフランクフルト学派の中心人物、アドルノの「アウシュビッツの後、詩をつくるのは野蛮だ」という言葉を遵守しようとしたのである。

日本でもこれらのホロコースト問題に便乗する形で、「日中戦争」における「南京大逆殺」や日本軍の「従軍慰安婦」の存在を絶対化して、それに対する否定する動きに、この言葉を使ったのである。現在では、政府でさえもこの両事件はなかったと考えており、「歴史修正主義」の立場に立っている。

さらに大きな問題は、日本が第二次世界大戦において、中国やアジア諸国に対して「侵略戦争」を行ったという反日的なプロパガンダに対する批判に対して「歴史修正主義」とレッテルをはられていることだ。しかし、マッカーサーによる「これは自衛のための戦争であった」とする米上院の特別委員会の証言は、「日本による侵略戦争」とする歴史認識を打ち消すものだ。

この本の成り立ち

この本はまさしく「歴史修正主義」に立つもので、正しい歴史観を日本の歴史に主張するものである。

今日まで、日本の歴史がどのように見られてきたかをマルクス主義的な日本の歴史教科書の例を徹底的に分析し、また次に明治以前の天皇中心史観、そして明治以降の日本の歴史観に大きな影響を与えた西洋の歴史観を検証していった。旧約聖書の歴史観、近代史観、ヘーゲルからランケ、マルクスやウエーバーといった多くの西洋中心史観、特に教科書にも影響を与えたマルクスの経済史観を中心として唯物史観が、結局、社会主義の失敗によって、それら歴史観中心では何も生み出さなかった。また、これまで余り評価されなかったブルクハルトの文化史観を評価した上で、天皇を中心とする日本の歴史は、日本の文明・文化史観が最もふさわしいことを主張した。

旧版の最終章を割愛したのは、その後の私の個々の歴史研究がより具体的になり、再考させる結果となったからである。これからの個々の研究は、日本の歴史観をまさに「修正」するものと思われる。

目次

新版の序に代えて

目次

本書は平成十八年三月二十五日に発行された『新しい日本史観の確立』（文芸館発行）に加筆修正を加えて構成したものです。

第一章　リベラルに支配された日本の歴史の世界

1 《他国から指摘され》て変わる歴史観

ここ三十年、日本の歴史認識の問題が、中学の歴史教科書の問題と重なりあって、内外で揺れている。一国の歴史教科書が、これほど注目され議論されている時代はなかった、と言ってよいであろう。

日本の歴史が、中国や韓国などの隣国からの見方によって圧力を受けてきた、という奇妙な事態が依然として続いているのである。今年の中学教科書採択もまた、その影響の下で行なわれ、相変わらず日本の自立性のなさを露呈してしまった。それは戦後つくられた日本の歴史そのものに内在している問題から派生しているのである。

戦後書かれた日本の歴史自身はこれでよいのであろうか。

日頃大学で学生と接していると、彼らはおよそ日本の歴史に関心を持たないか、聞いても中々日本のイメージを明確に語る学生が少ないのに気づく。そういえば、私自身も大学受験に日本史をとらなかった。西洋史に比べると、何か陰気で、ほとんど魅力がないように見えたことを思い出している。自分の国の歴史であるのに、いったいなんでそのように無関心になってしまうのか。否定的になってしまうのか。

私は、西洋で長年、西洋の歴史・文化史の研究をしてきたので、その比較から日本の歴史・文化を考察すると、これほど興味のつきない対象はない、と考えるようになった。西洋や大陸のどこにもない独自なものであるからである。しかしそれで参考史料として多くの歴史文献を読むのだが、未だそれらがいかに西洋のいくつかの歴史観に呪縛され、日本の豊かさ、意味深さを見る目を失っているかを感じざるを得ないのだ。だいたいその記述により添う文章が少な過ぎる。対象への深い愛着といったものが感じられず、それらの歴史観の批判的焦点でしか見られていないのである。

文化の記述ひとつとってもよくわかる。その量が全く少ない、ということだけではない。文化、芸術が権力者のもので、民衆から隔離している、というイデオロギーが最初からあるのである。つまり日本の歴史・文化そのものに対する態度がさまざまな偏向をもって捉えられているのである。日本の豊饒な文化史がほとんど書かれていない。

ひと昔前、「共産党員が教科書を書き、社会党員がそれを教え、自民党政府がそれにお金を出す」と言われた。共産党も社会党も全くの少数政党だったが、相変わらず教育界を牛耳っている面があるのである。教科書の編者はみな大学の先生で、専門をふまえた上で書いていると思われているが、これらの大学人が最も、西欧文化偏重の固まりであり、とくに死滅したようなマルクス主義を相変わらずグランド・セオリーとしてもち、それと異なる説を出せないでいる。それがまだ判断力がない中学校の生徒に彼らの傾向を与えたとすると、当然彼らは日本史嫌いになる。日本人全体が知らず知らずにその影響を与えられるのである。

今最も多く中学校の社会科の歴史の授業で使われている教科書を読んでみよう。

たしかに、かつては多くの歴史教科書の、中国や朝鮮との戦争の部分に書かれていた「従軍慰安婦」とか「強制連行」とかいう記述がある程度消えた。南京攻撃が「南京大虐殺」となり、十万人の市民が殺された、という記事もその書き方が軽減した。このような「近・現代史」の、まだ実態が明確ではないものや、当事国で認識の仕方が全く異なるものは、書くべきではないことは当然であろう。しかしそのような相手側の言い方を鵜呑みにした暗い事件が書かれなくとも、まだ日本史が暗いのはなぜであろう。祖先たちはそんな暗い日本に生きてきたのだろうか。そのような疑問が湧いてくる内容なのである。

2　まだ隠れマルクス主義で書かれる教科書

その前に、戦後の教科書の歩みをふりかえっておこう。日本史家で歴史教科書編集にたずさわった永原慶二氏は『20世紀日本の歴史学』(吉川弘文館）で次のように言っている。これをみると、戦後の教科書づくりそのものが、ある偏向をはらんでいたことがわかる。

戦後の教科書についての記述に《戦前・戦中の国体史観をいかに清算し、どのような研究体制を創り、どのような日本史像を創出していくかは、歴史学が国民に対して負う責任であるが、当面最も切迫した課題は再開された日本史教育に向けてどのような歴史教科書をつくるべきかということであった。墨塗り教科書は歴史学・歴史教育にとって限りなく無惨で屈辱的なものであった。それは学問と教育が、軍国主義・帝国主義の召使いにされている事実を、他国から指摘されたことを示すものである。文部省も歴史教科書編纂を急ぎ、一九四六年九月、『くにのあゆみ』を発行、神話に代えて、はじめて考古学的事実から記述を始めた。しかし、内容的には多くの点で戦前・戦中の「国史」教科書の残滓を色濃く引きずっており、一般の歴史研究者・教育者はきびしく批判した》、とある。

この文章の中で、戦後の《学問と教育》を変えねばならないことは《他国から指摘されたこと》である、と述べているところに、戦後の学問・教育の性格がいみじくも伝えられている。《他国から》の指摘といえば、まず戦前のソ連、コミンテルンに指弾された「講座派」的史観の復活、戦後、アメリカのルーズベルト、トルーマンなどの「民主党」政権下で行なわれた占領政策、一方的な「東京裁判」史観、そしてアメリカと同じ「戦勝国」と称するソ連、中国、朝鮮などからの批判、それによって、《日本の学問と教育》が行なわれなければならない、という見解が披露されている。他国のナショナリズムやアメリカやソ連の「戦勝国」の「軍国主義・帝国主義」は、ここでは全く問題にされていない。広島や長崎に原爆が落とされた惨事に対しても、アメリカを批判するよりも、日本が悪い、という自虐的な発想しかないのと同じである。戦後の学問・教育は、左翼学者にとって、日本人自らの再建の意志から始まったのではなく、まさに《他国から指摘された》からだという、外来崇拝思想に基づいていることが明らかである。

現代の歴史教科書問題は、一九八二年以後、「侵略」を「進出」と書き替えさせた、と誤報したところから始まった、中国・朝鮮の日本の教科書批判に従っていることはよく知られている。

その後つくられた「隣国諸国条項」によって、《他国から指摘された》から、中国、韓国などの要求に屈し続けているのも、この流れに沿っているのである。しかし根本的には、ソ連という《他国から指摘された》日本の歴史観が、西洋をよく知らない多くの日本史学者たちに、強い影響を与えたのである。西洋ではひとつの歴史観に過ぎない「マルクス主義」を、あたかも金科玉条のように思った日本史学者の集団信仰が、完全に日本の歴史を歪めた、と言ってよい。

戦後の最初の教科書である『くにのあゆみ』が、永原氏のようなマルクス主義者を失望させたように、戦前・戦中の「国史」教科書を受け継ぐ面を持っていたのは、日本人の歴史家が、戦後も、戦前からの継続である、という意識を持っていたことに他ならない。むろん新しい面といえば、すでに戦後的な「近代」主義、すなわち、「近代」化に遅れたから日本が負けたのだ、という認識があり、早く「欧米」に追い付こうという戦後観が出来上がったことであった。その反省の念が、さらに「マルクス主義」の「革命」志向に引きずられる傾向を生んだのである。ここで強調しておきたいのは、彼らがマルクス主義者であればあるほど、その歴史解釈だけでなく、社会に働きかける実践運動としての教科書記述を行なっているということなのである。当然党派的（むろんそれは共産党である）なものとなるのだ。他のどの政党も、歴史は歴史で、実証的なものだろう、と素人的に考えているだろうが、ことマルクス主義政党に関しては全くの誤りなのである。

戦後の教科書は、戦前の教科書に墨を塗ったときから、この『くにのあゆみ』の時代、そして昭和二十四年からの「検定教科書」の時代、昭和三十七年からの肯定的日本の復帰の時代、そして昭和五十三年からの共産党学者の「講座派」的見解の浸透、昭和五十七年の「教科書誤報事件」による《他国から指摘された》批判に沿った教科書の時代と、多少は変遷がある。しかし戦後教育が、戦後世代たちをつくり上げ、戦前の日本が忘却に付されていくにつれ、とくに昭和三十五年から四十五年の「安保世代」「全共闘世代」の知識人が学界、教育界、論壇を支配するにつれて、この教科書の「マルクス主義」化は一定のものとなったのである。

すでに述べたように、歴史研究自体では必ずしも支配的ではないマルクス主義史観も、歴史学者が学校の歴史教科書を編集する段になると、その図式で通そうとする。相手はほとんど批判力もない生徒たちであるだけに、断片的にその例に合ったようなものを取り上げ、説明によりその歴史観を忍び込ませようとする。無論あからさまに言わないまでも「古代」「中世」「近世」「近代」という単なる時代区分を思わせて、内容的には「古代奴隷制社会——中世封建社会——近代資本主義社会」という変化をもり込もうとする。現代日本を、封建社会を経て資本主義に至る社会主義社会への途上にあるとする見方を忍び込ませるのである。

マルクス主義史観がいかに歴史・社会観を見誤らせたか第七章で詳述するが、この史観は基本的に階級闘争史観である。マルクスは《これまでのすべての社会の歴史は、階級闘争の歴史である》（『共産党宣言』）とした。これが日本の歴史の基本的見方になったのである。常に階級と階級とが闘争をしている、という考え方である。それで支配階級を敵として倒すことが重要だという「共産主義革命」の思想に結ばれていく。これは日本では唯一、政党としては共産党、社民党、立憲民主党の一部だけが持っている歴史観である。それが中学の歴史教科書を貫いているのである。

政治史、文化史、宗教史はあまり重要ではない、とする論理も一貫している。マルクス主義では、政治、宗教、文化などの上部構造は、経済という下部構造によって支えられることを主張する。上部構造など、下部構造の変遷によってすぐに変わってしまう、という認識方法を示す一見もっともらしいが、政治、宗教、文化などが逆に経済を変えることもあるし、一概に言えないことも、歴史が示すところである。エジプト時代、奴隷でなく人民によってピラミッドがつくられたことひとつ取っても、宗教、政治、文化が、経済を変えていくことが見て取れる。

3　最も使われている歴史教科書もマルクス主義史観で書かれている

では具体的に現在、最も使われている中学教科書がどんな記述をしているか、見てみよう。それを述べるだけで、日本の歴史そのものが外観できるほどのものである。

(1)「文明の発生と東アジア世界」

まず「文明の発生」の頁の文章を引用しよう。

《アジアやアフリカの大河のほとりでは、農耕や牧畜が発達し、人々は食料を計画的に生産し、たくわえるようになりました。食料が富としてたくわえられると、それをめぐって争いがふえ、やがて強い集団が弱い集団を従えて、小さな国ができました》。そして《このようにして、支配する者（王や貴族）と、支配される者（農民や奴隷）との区別ができ、国家がうまれました》。

どの国でどんな争いがあったか、何も書かれていないにもかかわらず、強い集団が弱い集団を従えて国ができたと書かれる。この集団を「階級」と置き換えれば、支配者と被支配者がつくられて国家ができる、というマルクス主義史観の図式そのままである。最初から国家は階級対立があることが事実のように書かれるのである。しかし、祭祀をする者、農耕を行う者、食料を交換する者など、それぞれの役割分担が成立していくのが、当時の国家の成立のあり様なのである。ところが、国家は常に人民を抑圧するものだ、という思想によっている。

《倉庫にたくわえた食料をめぐる争いや、水田や用水をめぐる争いも多くなり、やがて強い集団が弱い集団を従えて、小さな国が生まれました》。

ここでも支配階級、被支配階級、或いは権力と人民の代わりに《強い集団、弱い集団》と言っているが、同じことである。「階級」という言葉を使うと、難しいようだし、すぐマルクス主義用語だとわかってしまうので、置き換えたに過ぎない。ここにも、歴史的にいったいどんな事実があったか何も書かれていない。ただ階級闘争の図式を述べただけなのだ。

「日本列島の誕生と縄文文化」でも、縄文土器の豊かさ、ユニークさについて一切触れられず、ただ土器として使われたことしか書かれていない。国々の誕生の記述でも、中国の歴史書に書かれた「倭」に対する記述しか書いていない。仏教が伝わっても、それは「病気の回復」や「祖先の死後の世界の幸福を祈る」といった単純な信仰のことしか語っていない。寺をつくることも豪族たちが権威を示そうとするためだと書かれる。法隆寺が建てられても、「渡来人の子孫によって建てられた」として、止利仏師らの個性を無視するのである。

(2)「奈良時代の貴族と農民」

ここは本来は日本の律令制国家が充実していく時代であり、日本の国家と文化、宗教が確立していく時代であるにもかかわらず、最もマルクス主義史観で満たされた記述となっている。

《ひとにぎりの貴族たちは、太政官を始めとする役所の高い地位につき……高い給料や多くの土地を与えられ、……さまざまな特権をえました。

その一方で、少数ではありましたが奴婢とされる人は売買の対象とされ、奴婢以外の人との結婚を禁止されて、その子も奴婢とされました》。

人間社会は常に役割分担の社会であることを忘れ、ここでも、階級の対立を煽りたてている。これでは役所の高い地位の人は、みな特権をえた支配階級であり、また人民は奴隷だと言わんばかりである。「少数ではありましたが」などと書いてはあるが、「奴婢」とか「賎民」とかをことさら取り上げて、その格差を強調しているのである。

《(班田収授法で)重い負担をのがれるために、逃亡する者も出てきました》。大多数の国民がまじめに税を負担しているのに、逃れる人のことを強調している。いったいどの位の人がそういうことをしていたのかを、何も書いていない。『奈良時代の令の負担』というコラムでも、税のことを書いているが、その重い負担と、農民が苦しんだことしか書いていないのである。《春から夏には、穂もみや食べる米がなくなってしまう農民も多く、かれらは国司や豪族から稲を借りてしのぎましたが、秋には高い利息をつけて返さなければなりませんでした。これを出挙《すいこ》といいますが、のちには農民を強制的に貸し付けられるようになりました。農民にとっては、これも税と同じでした》とあるが、ここにも具体的な歴史の記述もないのに、高い利息で借りて税を払ったことしか書かれていない。

「税」の制度があれば、税がそのまま農民の苦しみに直結することのみが書かれているのである。「税」は国家・共同体の必要性であって、それ自体が苦しみであったら、国家が成り立たない。この時代において、律令制によってその制度が国民に遵守されていたことを書くべきなのである。ここにも被害だけを強調し、農民を虐げられた階級として捉える階級史観が明らかに出ている。

その階級史観は次の《七四三年に墾田永年私財法を出し、新しい土地（墾田）であればいつまでも私有してよいことにしました。そこで、貴族・寺院や郡司などは、周りの農民を使って、さかんに開墾を行い、私有地を広げました》という文章にも直結している。ここでは貴族・寺院・郡司などが、地主階級として農民を奴隷化していることを語りたいのである。これも「古代・奴隷制」というマルクス主義的図式を生徒たちに教え込もうとしてのことである。

それは「農民の食事と家」という写真説明にもよく表れている。《玄米を主食にし、野菜、山菜などを具にした汁がおもなこんだてで、一日二食が一般的でした。これに煮物がつけばよいほうだったと考えられています。また地方、特に東国の農民は、まだ、たて穴の家に住んでおりました》と書かれてあるが、そのように《考えられています》という表現にあるように、農民が、奴隷のように貧しかったという「考え」が先立っているのである。つまりマルクス主義的イデオロギーである。写真は三皿で、一方で貴族の食事が十五以上の皿やお碗に並べられているのと比較させているが、すでに一般の人々が米や魚を食べていたことは知られている。「まだ」たて穴に住んでいた、と言うが、それでは高床式のほうが進んでいたか、というとそうばかりは言えないのである。ここにはただ貧しく原始的である、という印象を与えようとする編者の意図だけが目立つのである。

防人の歌が『万葉集』から引かれている。《から衣すそに取りつき　泣く子らを　起きてぞ来ぬや　母なしにして》という歌で、《すそにとりついて泣く子どもたちを置いたまま来てしまった。その子の母のいないのに》という解釈をつけている。他の教科書は、たいてい山上憶良の『貧窮問答歌』が引かれ、それが当時の農民の生活のように説明されたが、この貧窮の歌のタイプが、中国から来たものであることが指摘されている。そのため、さすがにこれを避けているが、この防人の歌にも同じような意図が感じられる。防人の悲しさのみが伝わるが、この選択は一方的であり、防人が東国から旅立つ場合、そこにはまず勅命の自覚、旅の困難さ、そして家族のしばらくの別離という、三要素があることを無視すべきではない。《父母が頭《かしら》かき撫で幸《さ》く在れていひし言葉ぜ忘れかねつる》（父母が私の頭をかき撫でて、無事でいなさいよと言った言葉は、忘れることができない）という若い兵士の純情の歌の方が、かえって胸にせまるものがある。

ともかく、数多く人々の幸福をうたった『万葉集』の歌の中の、このような歌だけを引くのも異様である。

（3）「天平文化と東アジアの文化」

文化を階級的に述べることは難しく、この二頁は井上清氏の『日本の歴史』のように、大仏がつくられたときも、天皇が国費を傾け、人民を苦しめた、とはさすがに書いていないが、この文化が、人民のものではなく、天皇と貴族階級のものである、という考え方で一貫している。仏教が入って来ても、《体系的で壮大な仏教の教えに圧倒されました》と書かれ、日本人が素朴であたかもそれを理解できない国民のように書かれている。天平文化も唐の制度や文化を取り入れようとして遣唐使を出し、それで天平文化が「日本最初の仏教文化」となり、国際的文化となったとして、日本人そのものは、あたかも輸入文化の花を咲かせた、という印象だけを与え、その創造性は一切語られない。

《国際的な文化の交流がさかんになると、いっぽうで、日本の国家のおこりや、天皇が国を治めるいわれを確かめようとする動きがおこりました。神話や伝承・記録などをもとにまとめた『古事記』と『日本書紀』、および地方の国ごとに、自然、産物、伝説などを記した『風土記』がつくられました》という記述で、日本の「神話」の内容には一切触れられていない。それはあたかも、唐風文化に圧倒されて、やっと日本の天皇が国を治めるいわれを考え始めたような記述である。この本文による『記・紀』の無視は現代のこの二書の研究の発達を踏まえてもとんでもない事実である。コラム「現代に受けつがれる神話」という頁はあるが、全体に歴史と関係のない、荒唐無稽の神話のように書かれるから、そこに日本人の由来も、現代とのつながりも、生徒に何も受け取られないような記述である。

文化の記述も圧倒的に弱く、奈良時代の天平文化、平安時代の国風文化がいかに日本文化全体の基礎をつくったか生徒たちが読みとれるように出来ていない。

いずれにせよ、日本の文化は支配階級のものであり、民衆の文化ではない、というもともとのマルクス主義的文化史観以上のものではない。また、現代の研究を顧みない無味乾燥の記述となっている。

（4）「武士と民衆の動き」

鎌倉時代の記述には次のように書かれる。《このように生活が向上するなかで、しだいに村を中心に、民衆の団結を強める動きが見られるようになりました》。この例としてコラムで、《紀伊国（和歌山県）にあった阿氏河《あてかわ》荘には、鎌倉時代になってから地元の武士湯浅氏が地頭として入ってきました。湯浅氏は、武力を使ってこれまでの荘園の慣習を無視し、農民にいろいろと新しい負担を課しました。これに対して農民たちは団結し、集団で村をはなれるなどして抵抗しました。右の写真は、地頭のひどい行いをうったえるため、農民たちがつくったカナ書きの訴状です》。

旧版の教科書ではまるまる一頁を割いてこの訴状について解説していたが、そこには《材木のことですが、京上りや近くでの人夫が必要だと言って、地頭にこき使われていますので、ひまがございません。残ったわずかの者を、材木の運び出しに向かわせましたところ、逃亡した農民の土地に麦をまけと地頭に追い返されてしまいました。お前たちがこの麦をまかないと、妻子を家に閉じこめ、耳を切り、鼻をそぎ、髪を切って尼にしてしまうぞ、縄でしばって痛めつけるぞと、責めますので、材木はいよいよおそくなってしまったのです》(旧版・七四頁)。そしてこの訴状は《地頭のひどい行いを訴えるための行動、上の写真のようなカナ書きの訴状をつくらせました》と書かれている。

この訴状のことは、ほとんどの他の中学・高校の教科書に掲載されており、マルクス主義的な階級闘争史観(無論そのように述べていないが)の典型のようにあつかわれている文書である。とくにたどたどしくカタカナで書かれているので、民衆の文章らしくて、格好のものと思われているらしい。中には、先生と一緒に読んでみよう、などと書いてある教科書もあるほどだ。

しかしこの問題は、歴史家の石母田正が『中世的世界の形成』で述べた問題と重なるものである。それは「古代的」な支配体制である荘園領主に、「中世的」な領主、地頭の圧迫を訴えている、ということに他ならない。石母田氏は、その「古代的」な東大寺の前にその「中世的」な「悪党」などが敗北するという、著者の意図に反する結果を詳述したものであった。そこでは、進歩史観と異なる「古代」支配が十五世紀にまで続いてしまうことになってしまったのである。

《妻子を家に閉じこめ、耳を切り、鼻をそぎ、髪を切って尼にしてしまうぞ、縄でしばって痛めつけるぞと、責めます》と言っても、そのように言策で脅したのは、「中世的」な地頭の方であって、これを訴えた「民衆」は、「古代的専制領主」に依存していたことを示すものである。中学生は、石母田の本など知らないから、これがカタカナしか知らない「民衆」が支配者を告発した文章として、読ませられることになる。そして、脅しの言葉を事実として受けとるように書かれているのもおかしい。

この荘園領主や幕府に逆らう、反抗武士団は、当時「悪党」と呼ばれたことはすでに述べたが、中学校教科書でも登場する。それは「鎌倉幕府の滅亡」に寄与したとされ、《幕府に従わない新しい武士》として、《荘園領主の使者を追い出し、年貢をうばう悪党とよばれる武士も登場してきました》と書かれる。この「悪党」の名は、幕府や荘園領主が嫌ったことから出た言築で、決して支配者になることはなかった少数派である。

これをわざわざ取り上げるのは、こうしたひとつの事件を誤読し、マルクス主義の闘争史観、民衆民観を好んだ学者たちのイデオロギー的性格である。

（5）「鎌倉時代の宗教と文化」

鎌倉文化を評価するとき、それが「民衆」の成長という言業で語られる。まず《新しい仏教の教えは、戦乱と飢饉をのりこえてたくましく成長した民衆》による、と述べられている。一方、貴族階級の方は、朝廷文化が崩れはじめ、《社会のむなしさ》を説いた『方丈記』の鴨長明などがそれを語ったと言う。この「むなしさ」というのは《社会の》というより、《この世の》というのが、仏教的諦観というものであろう。《武士と民衆の力がのびてくるとともに、素朴で力強い感じをあたえる文化も生まれてきました》、と言い、それが『平家物語』であり、絵巻物である、と述べているが、肖像画『源頼朝像』『平重盛像』や『平治物語絵巻』などに見られるものは、もっと高い文化の高さであり、芸術性であることは語られない。

東大寺の再建について語られても、《貴族や武士たちだけでなく、民衆からの寄付をあつめて》建て直されたと書かれ、《運慶が金剛力士などの力強い彫刻作品を制作しました》とあるが、民衆の表現として述べられる。しかしそれは間違いで、この金剛力士像には「定覚」、「堪慶」という仏師の名前しか書かれていないことを無視している。運慶をどうしても民衆は仏師としたいらしい。

(6)「民衆の成長と戦国大名」

「民衆」という言葉は、常にキー・ワードのように使われるが、実態がよくわからないままである。「民衆の成長と戦国大名」でも一方では、室町時代には「有力な農民」の指導のもとに、村ごとに「惣《そう》」と呼ばれる自治的な組織がつくられ、かんがい用水路の建設や管理……についての村のおきてをつくった、と書かれる。しかし他方で「団結を固めた農民」は、荘園領主や守護大名に抵抗するようになり、《土倉や酒屋などをおそって借金の証文をうばう》「土一揆」を起こすようになった、と書かれる。従って「有力な農民」を中心にした反乱、という文脈となっている。

しかし「一揆」とは決して「反権力の武装蜂起」でも「暴動」のことでもない。本来、揆を一にするという意味で、心を同じくしてまとまることを意味するものである。『太平記』などで《一揆同心の大名》などと言って、必ずしも「民衆」の起こすものではないことを示している。これは寺院の僧侶たちの間に早くからあるもので、その後、武士の間に広まり、戦場での協力を誓ったり、地域的な争いを解決するための、一味同心の組絨を意味していた。そこには「民衆」という階級性はない。たとえば播磨の「土一揆」は、これは「徳政」の要求ではなく、守護赤松氏の家臣を国外追放するべきだ、とする政治的な動きである。

「徳政」とは幕府が人民に恩徳をほどこす政治のことである。鎌倉末期に出された「永仁の徳政令」のように、幕府が御家人が質入れした土地、質物を無償で持ち主に返すように令を出したことに始まる。一四二八年（正長元年）の「徳政一揆」と呼ばれたものも、近江の運送業者「馬借」を始めとして、高利貸しなどがひどすぎるために、人々が幕府に赦免を要求したものである。「徳政令」が出されるのは、天皇や将軍が替わったときが多く、その恩徳の結果として、しばられていた関係を解消するようなものであった。従ってその代替わりのときに、要求されることが多い。無論それは人々の不満の表れではあるが、それを要求する行為は決して「階級闘争」ではなく、「役割分担」社会の調整のためのものである。マルクス主義歴史家は、この時代の「土一揆」や「徳政一揆」を好んで取り上げるが、その意味を取り違えていることが多い。それを中学校の歴史教科書にまで反映させているのだ。

したがって「室町の文化」については、「民衆」の文化であることが強調される。これも最初の方では、《貴族や武士に楽しまれている猿楽や田楽では、観阿弥・世阿弥父子が能として大成し、武家の社会で愛好されました》と書かれているから、貴族・武家の文化という印象を受ける。しかしその最後には《民衆の地位が向上》したことにより、《素朴で娯楽性の強い能が各地の祭りでさかんに演じられ》と書かれているので、能に関しては、貴族・武士の文化が民衆に移って、娯楽的になったという文脈で理解されるようになっている。しかし事実は異なる。支えていたのは役割としての貴族、神仏教徒、武士であり「民衆」に備わっていたわけではない。ここでは常に、貴族、武士、民衆というある意味での「階級」が問題になっており、民衆は常に、素朴で娯楽性を求めているという図式が存在していることになる。

(7)「室町文化とその広がり」

能楽師たちはもともと寺や神社の保護を受けて座を結成し演じており、観阿弥・世阿弥も、大和猿楽・結崎《ゆうざき》座の出で、彼らが猿楽能を大成し、人々に愛されたのである。その内容にもその演技にも、そのような「階級性」は存在しないと言ってよい。マルクス主義史観歴史家がその欠陥をあらわにするのは、文化を階級性のあるものと常に論じるために、芸術の本質を見失ってしまうときである。何度も言うように、位階制はあっても階級など存在しない。幻想である。民衆が《素朴で娯楽性が強い》ものを求める、という事自体「民衆」を軽蔑していることにもなりかねない。教科書でよく使われる「民衆」という言葉は実態がつかめない抽象的な彼らの用語に過ぎない。

(8)「兵農分離」と「刀狩り」

このような「民衆」や「農民」の階級性を語りながら、豊臣秀吉が「刀狩り」をしたときは《秀吉は検地を行なう一方、刀狩を行い、農民や寺から刀・弓・やり・鉄砲などの武器を取り上げました，これは武力による農民一揆を防ぎ、もっぱら耕作に従事させるためでした。それで領地にいた武士は、大名の城下町に集められました。これらの政策によって、武士と農民との身分の区別が明らかになりました》と書かれているので、ここでやっと、武士と農民の身分の区別がついたことになる。一五八〇年以降のことである。いったいこれまでの「農民」とか「民衆」とはいったい何であったのだろう。《これを兵農分離といいます。こうして身分に応じた職業によって生活するという近世社会のしくみが固まり、社会が安定しました》と述べられるが、役割分担が明確にされたに過ぎない。

この時代は他の教科書では「封建社会」という言葉が使われるが、この用語は使われなくなったようだ。これには永原氏が言う「封建論争」という歴史学界の議論があったからだといわれる。《この「封建制成立」をめぐる論争は当然、律令制社会とその解体過程の社会構成史的性格をも問うこととなり、さらに「律令制」という古代天皇――官僚制支配の政治的枠組が前提される場合、そのもとで形成される封建制はどのように規定性と特徴づけを受けることになるか、といったことも大きな問題として取り上げられるようになった》と言う。

このことはマルクス主義史観の日本史像においてやや重要なので検討しておきたい。

これは永原氏によると《安良城《あらき》盛昭《もりあき》氏が論文『太閤検地の歴史的前提』（一九五三年）で、太閤検地以前の従来「小農」とみられてきた「百姓」身分層のなかに、奴隷的下人をその経済的存立にとって不可欠とする「家父長的奴隷制社会」というべき百姓上層が広く存在し、それが従来「中世」と言われてきた鎌倉期から戦国期の社会の基本的生産様式・階級関係を規定しているとし、その時代の社会構成史的性格を「家父長的奴隷制社会」と考え、封建的小農民の一般的形成は太閤検地以降であるとした》。

この論文もまた明らかに「古代・奴隷制」と「封建・農奴制」という図式を使い、その転換をわざわざ太閤検地の時期である、と言っているのである。安良城氏は《日本の前近代社会の歴史的発展の諸段階は、総体的奴隷制（律令体制社会）→家父長的奴隷制（荘園体制社会）→農奴制（幕藩体制社会）という序列であった》として、荘園体制社会ではまだ奴隷制で、「封建・農奴制」は、江戸時代に入ってからだと言うのだ。とすると、石母田が指摘する、荘園制が十五世紀まで続いたという事実により、「古代・奴隷制」がなぜか十六世紀まで続いたことになる。このことから「封建時代」という言葉を使うわけにいかなくなったのである。

永原氏は《歴史的社会発展の基礎理論としての社会構成体論は、こうして具体的な日本社会の史的発展と向き合うとき、その展開形態の特殊性を理論問題として避けて通れない。等しく「封建制」とよびうるものも、その成立過程・構造的特質に即して、事実・理論の両面から見なおされるべきことが求められるのである》と言っているが、「奴隷制」を誇張し、「封建制」を絶対化する図式そのものが、理論先行によって現実を合わせようとしている、マルクス主義的歴史観の典型である。理論を現実にあてはめる行為は《具体的な日本社会の史的発展と向き合う》ことにはならないのだ。こうした単に「社会構成体論」と言葉に換えた「階級闘争」主義は、すでにマルクス主義的歴史観が言語の「遊戯」に堕してしまっていることを示しているのである。こうした歴史家界の「コップの中の嵐」論で、教科書内の一貫性のなさは、生徒をますます困惑させることになる。

（9）「朝鮮侵略」

豊臣秀吉の「朝鮮侵略」という項目の頁においては、「文禄の役」「慶長の役」を全く否定的に「侵略」としてしまっている。《この七年にわたる戦いで、朝鮮では、多くの人々が殺されたり、日本に連行されたりして、全土は荒れ果てました。日本の武士や農民も重い負担に苦しみ、大名の間に不和も表面化して、豊臣氏没落の原因となりました》と述べる。その動機も書かれず、ただ《明（中国）を攻めるため》とだけ書かれ、なぜ第一回目の「文禄の役」（一五九二年）では十五万人余り、第二回目の「慶長の役」（一五九七年）は十四万余りの日本の大量の武士が参加したかを完全に無視している。歴史家の役割は、自国と他国の関係を論ずるとき、ごく少数の行為を除くと、常に自国人の行為をよくわかるように理解させる義務を負っているはずである。それを述べられない歴史家は、歴史との交感をしていないと、言ってよいからである。ところが、このことに関して日本の歴史家はほとんどそれが「侵略」である、という「否定的」な回答しか用意していないのは、怠慢でしかない。他国の歴史家が考えられることとしかしていないのである。

この戦争は結局は豊臣秀吉の死による撤退で終わったが、大きく見れば、スペイン・ポルトガルなどの中国進出に対する日本からの対抗手段であり、もしそれが出来なければ、日本もまたその支配下に入るという危機感から生まれたものという側面があったのである。スペインはすでにマニラを落としていたし、次の侵略地は中国と日本であることは明らかであった。そのことは宣教師の来日からも十分に推測できたし、サン・フェリペ号事件（一五九六年）でも明らかとなっている。秀吉はスペインが領土拡張に宣教師を利用していることを知って、宣教師・信者二十六名を長崎で処刑している。明（中国）に進出することは、明が弱体化しており、スペインに占領される可能性が強いことから必要なことであった。日本の朝鮮と中国への進出を「侵略」というなら、その代わり、満州族のハーン・ヌルハチが、朝鮮を属国にし、中国に清の政権を打ち建てたことも他民族による「侵略」と言わなければならない。その満州国「清」はその後、二百数十年続くのである。そのことを満州国の「侵略」といっているだろうか。

「桃山文化」の理解も未だ経済的「下部構造」が優先される。《商業や貿易がさかんになり、金・銀の産出が増加し、下剋上でなりあがった大名や大商人たちは、その権力や富を背景に、豪華な生活を送りました。このころ発達した文化を桃山文化といいます》と書かれている。《桃山文化を代表するのは、支配者の権威を示す壮大な城です（すでに徳川政権の確立のあとの建築に支配者の権威を示す壮大な城を作る必要があっただろうか）。城には、高くそびえる天守閣がつくられるようになり》と書かれているが、その姫路城の写真とともに上に《その美しい姿から白鷺城と呼ばれています。世界遺産条約に基づき、人類共通の遺産として登録されています》と解説があるが、その関係に触れていない。文化を論じるときは、それ自体の価値があることを独立して述べなくてはならないのに、権威を示すため、との説明しかないのである。これも悪しき闘争史観のおかげである。

(10)「さまざまな身分と暮らし」

江戸時代をまだ「封建制」社会であるとする記述は、その言葉を使わなくなった今も、「封建・農奴制」社会というマルクス主義的図式にあたる部分を誇張することで、いまだに続けられている。《秀吉の検地と刀狩とによって定められた身分制度は、江戸幕府によってさらに強められ、身分は、武士と百姓と町人とに分けられました》。「さまざまな身分と暮らし」という頁であるが、これは明らかに「封建制」の説明である。すでに述べたような、安良城盛昭氏の『太閤検地の歴史的前提』(一九五三年)というマルクス主義者の論文で、それ以前の「社会構成史的性格」が「家父長的奴隷制社会」であり、太閤検地以降にはじめて、「封建的」小農民の一般的形成はあるという説の反映である。

農民の年貢負担の重さや、藩の農民の締め付けなどについて、《幕府や藩は……四公六民や五公五民といわれる重い年貢を取り立て》た、と書かれ、さまざまな規制が加えられた、と記しており、その「封建制」を説明している。

さらに《百姓、町人とは別に、えた身分、ひにん身分などの人々がいました。えた身分は農業を行って年貢を納めたほか、死んだ牛馬の解体や皮革業、雪駄づくり、雑業などをして生活しました。また犯罪者をとらえることや牢番などの役人の下働きも、役目として勤めました。ひにん身分も、役人の下働きや芸能、雑業で生活しました。これらの身分の人々は、他の身分の人々から厳しく差別され、村の運営や祭りにも参加できませんでした。幕府や藩は、住む場所や職業を制限し、服装などの規制を行いました。これによって、これらの身分の人々に対する差別意識がまた強まりました》と述べられる。

まず中学校の歴史教科書というやさしく要約されるはずの本文に「えた身分・ひにん身分」や「差別」という言葉を二度使い、その様子を誇張している記述が疑問であるが、この文章そのものもおかしい。つまり前半と後半が重ならないように見えるのである。後半を読むと、そこには「差別」される理由が見当たらない。

しかし問題なのは、ここで生徒たちに誤解させる記述をしており、これを書いた筆者が「えた」「ひにん」のことをよく知らない、と思わせることなのだ。おそらく「えた」を「穢多』(けがらわしいところが多いひと)、「ひにん」を「非人」(人間ではないひと)という言葉でのみ理解しており、そのもととなった人々の肝心の役割と仕事のことをよく知らないのである。あるいはそれを都合のいいマルクス主義史観・民衆史観で隠してしまっているのである。

この「えた」は西日本では「皮多《かわた》」、東日本では「長吏《ちょうり》」と呼ばれていた人々のことである。単に彼らは村や町で死んだ牛や馬をかたづける仕事をし、その牛馬の皮をなめしていたのではない。農業を行なうとともに、皮革で、軍事に必要な武具や馬具、あるいは雪駄と呼ばれる履物などの皮革製品をつくっていたし、さらにはろうそくの灯心や竹細工などをつくっていた。また門《かど》付《つけ》と呼ばれた家々を廻る芸能を行なったり、さらに重要なことに、村々の治安や警察の役割を担っていたのである。彼らなしでは刀を振り回して村に押し入ってきた狼藉者から身を守れなかった。それを取り締まるのが彼らで、重要な役割を負っていたのである。

また「ひにん」も「人にあらず」ではなくて立派な仕事をする人々であった。都市の場合は町奉行の下で仕事をし、その街の清掃や罪人たちの管理を行なっていたのである。街路だけでなく堀や河の清掃をしたりするので、街の近くの堀端や河岸端に小屋を建てて居住していた。囚人を監視したりその送迎役を行なったりし、溜《ため》と呼ばれる施設で病気の囚人たちの世話をしたりした。

ともに武士や商人、職人を含めた百姓といったはっきりした仕事ではなかったことから、それが区別されていたのであって、江戸時代には決して「差別」されていたわけではない。これが「穢多」「非人」となり、さらに新版の教科書では「えた身分」「ひにん身分」などと「身分」という言葉を加えて、あたかも一つの階級のように錯覚させようとしている。その過程に、この区別を「差別」のように誇張することによって「階級」を強調する歴史家がいるとしか考えられない。

(11)「鎖国下の対外関係」

「鎖国」という言葉は十九世紀はじめに使われたに過ぎないように、日本は決して国を閉ざしたわけではなかった。この教科書では相変わらず《幕府による禁教、貿易統制、外交独占の体制》の「鎖国」が語られ、日本の閉鎖性とか、遅れた社会である、という「封建社会」の記述となっている。

《キリスト教徒が団結して一向一揆のような勢力になるのをおそれていた》ことと、《西国の大名たちが貿易によって経済を強めることを喜ばなかったので》幕府が禁教令と渡航禁止を行なったことが書かれているが、しかしこの措置の大きな目的は、西洋キリスト教強国による日本支配の危険を遠ざける手段であったと考えられる。

これはすでに論壇では十七世紀のドイツ人医師ケンペル以来の「鎖国」肯定論が活発であり、小島慶三氏の『江戸の産業ルネッサンス』や川勝平太氏の『日本文明と近代西洋』で述べられていることである。この時期、西洋支配に陥ることなく経済発展を遂げたのである。さらに言えば、これは豊臣秀吉が西洋支配に対抗して、「文禄の役」や「慶長の役」で、中国大陸に向かった危険性に満ちた防衛策と異なる、賢明な日本防衛策と言ってよいだろう。しかし《オランダ船と中国船は、長崎に入港し、中国産の生糸や絹織物のほか東アジアの品物をもたらし、日本からは金・銀・銅などを持ち帰りました》と書かれるように「鎖国」されていなかったのである。この教科書でも「産業の発達」「都市の繁栄と元禄文化」という項目では一転して、この時代の農業を始めとして諸産業の大きな発展があり、都市が栄えたことに頁が割かれている。決して停滞した「封建社会」ではなかったのである。これは近年の江戸時代の研究を否定することが出来なくなったからであろう。

（12）「享保の改革と社会の変化」

しかし教科書の編者たちは、この江戸時代を「封建制」の貧しい農民の時代であったことを一方では主張し続ける。ここでは、幕藩体制の動揺を強調し、貨幣経済の広まりのマイナス面を述べる。《貨幣経済にまきこまれた農村では、貧富の差が大きくなり、貧しい農民の土地を手に入れて地主となる者がいるいっぽうで、土地を失って小作人になったり、都市の働きに出たりする者も多くなってきました》と、具体例もなく階級史観を押しつける。《十八世紀になると、農村では多くの村が団結して、領主に年貢の軽減や不正を働く代官の交代などを要求する百姓一揆を起こし、大名の城下におし寄せることもありました。都市では、米の買い占めをした商人に対する打ちこわしが起こりました。このような状況を受けて、幕府や藩は、えた身分、ひにん身分の人々に対して、日常生活や服装で、さらに統制を強め、百姓一揆をおさえるために、農民を対立させることもありました。このような中でも、これらの差別された人々は、助け合いながら生活をたかめていき、人口の増加もみられました》。「百姓一揆」とか「うちこわし」など、いかにも民衆が暴力的に蜂起したような錯覚を与えるが、この「一揆」がすでに述べたように「一致して要求する」という意味で、幕府や藩の政策に対し、大勢の人々か村々の代表者が訴えることであって、それぞれやり方も異なる。

わざわざここでも「えた身分」「ひにん身分」の人々が、農民を対立させたことをあげているが、果たしてそのような「身分」対立をことさら述べる必要があるのだろうか。

十七世紀後半から「代表越訴型」と呼ばれる「一揆」が行なわれ、各地の代表者がその地の地域民全体の利益を代表し、領主のところに行って訴える方法を取った。無論聞き入れられる場合もあったし、江戸まで行った下総の佐倉宗五郎のように断罪されることもあった。西日本に起こった「享保の飢饉」(一七三二年)と呼ばれる天候不順による凶作や、東北日本の冷害によって引き起こされた「天明の飢饉」(一七八二年)と呼ばれる飢饉も人々を苦しませ、領主に対して「一揆」を起こし、豪農や富商、高利貸しなどを襲うこともあったが、これらは別に恒常的なものではなく、階級間の対立の絶対性を説くマルクス主義的な「階級闘争」のように述べる必要はない。

この章はこの民衆の反乱を述べるためにだけもうけられた章であるが、しかし最後に《このようななかで、人々は助けあいながら生活をたかめていき、人口の増加もみられ》と書かざるを得ない豊かな現実があったのである。「幕藩体制」は戦争もなく、二百六十年も続いたし、そこで文化が花開いたのであるが、そこでも「元禄文化」は庶民中心、「化政文化」は町人中心の文化であるなどと書かれる。それらが武士や為政者に関係のないように書かれるが、この時代はそのような「階級的」なものではない。「浮世絵」は大名まで楽しんだのである。こうした文章の中に常に隠れたマルクス主義ともいえる階級闘争の絶対視がある。

(13)「欧米の進出と日本の開国」

「近代革命の時代」と題された、明治維新への歩みの説明が、西洋諸国の紹介に左右見開きの頁で三回も繰り返される。そこにはヨーロッパの「近代革命」が詳しく論じられる。とくに《イギリスは、財政を整え、軍事力を背景に、海外植民地を拡大していき、十八世紀後半には、ヨーロッパの経済・政治における最強国になりました》と書かれる。しかしここに《軍事力を背景に、海外植民地を拡大し》と書かれながら、海外に「進出」した、と書かれ「侵略」した、とは書かれない。「ヨーロッパのアジア侵略」と題する頁も、具体的な本文では、一切「侵略」という言葉は使われず、「進出」だけが使われる。こうした「侵略」に対抗するために、日本の「明治維新」が行なわれた、という視点がぼけてしまうことは明らかである。

「フランス革命」も《国王が絶対的な権力をにぎっていました（絶対王政）》のに対し、《一七八九年には、都市でも農村でも、貴族も平民も、それぞれ不満から立ち上がり、フランス革命がおこりました》と述べている。「人権宣言」が引用され「自由・平等・博愛」が強調される。しかし果たして「自由・平等・博愛」の社会がもたらされたのであろうか。それは「革命」という「美名」の下に暴力と殺戮による混乱と悲惨が、単に伝統と文化の一時的破壊に過ぎなかったことを隠しているのである。すぐに、圧政以上の不安定で統制的なナポレオン以後の独裁政権が続くのである。

一方もうひとつの「革命」である、「産業革命」の方は、そこから「資本主義」が生まれ《資本主義の広がりによって、物資は豊かになりましたが、その一方で、工業の盛んな都市では労働者があふれて、住宅が不足し、公衆衛生の面も不十分でした。失業も多く、労働者は職業と生活を守るために労働組合を結成しました。また この頃、資本主義を批判する社会主義の考えも芽生え、マルクスの著作などによって労働者や知識人の間に広まりました》と書かれる。ここですでに「社会主義」が理想の共同体であるという、この教科書全体の指針が吐露される。つまり国王の「絶対主義」を倒した「フランス革命」、それと同時期の「資本主義の社会」の成立、それを克服する「社会主義」というマルクス主義的な発展史構図がある。「近代」を至上化するヘーゲル流の「進歩史観」は、ここでさらに未来の「社会主義」への「革命」史観が付け加えられてマルクス主義史観となる。これがあたかもひとつの常識として戦後流布し、保守主義者までそれを信じるようになったのもこうした教科書のおかげである。

ところがこのヨーロッパの社会の動きを述べた筋書きそのものは、どこにも実現されていない。「フランス革命」があっても軍人ナポレオンの政権や王政が復帰するし、「共和主義」になったのは、およそ日本の「明治維新」と同じ頃である。「産業革命」が行なわれたイギリスには政治的には「王政」が未だに続いている。理想の共同体たる「社会主義革命」はこれらの国々には起こらず、ロシアや中国に起こった。この「近代」冒頭の諸頁は、あたかもヨーロッパにその理想的道筋があるかに書かれているが、それ自体はヨーロッパでも起こっていないことばかりである。

こうした記述の操作によって、日本もまたその仲間入りをするが、それに乗り遅れていく、というさらなる筋書きが用意される。

こうしたマルクス主義的な「グランド・セオリー（大論理）」は、二十世紀末のソヴィエト社会主義連邦のあっけない崩壊と、共産党の一党独裁の中華人民共和国の完全なる資本主義化によって、全く崩壊したのである。この教科書の編者たちは、こうした崩壊に全く眼をつぶっているのである。

そして、すでに「フランス革命」から現代まで、マルクスを含めてそのほとんどの闘争が、ユダヤ人の金融資本家たちによって支えられてきたことも、周知のこととなっている。この近代でさえも、国家をもたない民、ユダヤ人たちの考えに基づいていることは、すでに現代のフランス政府の顧問であるジャック・アタリによっても、公然といわれているのである。生徒たちにそのような公然たる事実を教えてもいいのではないか。

日本の「明治維新」を「ブルジョワ革命」と見ず、《天皇制国家権力の本質を絶対主義と見る》というのは、共産党「講座」派の学者の意見である。この見解がこの教科書に貫かれていることを気づくのはさほど難しいことではない。

というのも、この「明治維新」の発展ぶりを積極的に評価するのではなく、そこに必ず「民衆」に不満があり、それが「一揆」となって起こっていることを、どの頁でも併記することによって、体制批判をしているからである。「開国と不平等条約」ではペリーの来航から開国まで述べられているが、外国貿易の開始によって《日常品の物価まで上昇しました。このようななかで武士や庶民は、幕府に対する反感を強めていきました》と最後のしめくくりとして書かれる。「江戸幕府の滅亡」の頁では、幕府に対して《このころ、全国で世直しを期待して一揆がおこり、一八六七年には「ええじゃないか」といって人々が熱狂するさわぎが各地に流行しました》と述べられ、あたかも「ええじゃないか」が政治的「一揆」であるかのような臆断をさせるが、事実は異なる。これは伊勢神宮などにお参りする人々が、神々の札が降るという「お札降り」で、「ええじゃないか」と言う囃子が広まったものである。そうした人々の信仰上の言葉をあたかも、「ええじゃないか」一揆の精神のように仕立てあげているのである。それが「倒幕運動」の時期と重なったから、「世直し」のスローガンととるのは、ひとつの見方に過ぎない。

社会は常にこうした差別など必ずしもなく、その中の役割分担の関係で成り立っている。共同体の役割に応じて決まってくるだけで、そこに最初から差別があるわけではない。それは社会のあり方の中で、給料や賃金の差が出てくるが、士農工商の社会でも、その役割に応じて、人々は生きてきたのである。「明治維新」となって、資本主義社会が成立し、その現象が前面に出てきたが、日本ではそれ以前と同じ、やはり役割分担の社会が続いたと考えられる。

(14)「新政府の成立」

この題目の頁でも、《「御一新」を期待して人々の新政府に対する不満はつのり、一揆がしきりにおこりました》と本文で述べられ、他の解説的な「明治維新」の政策の記述の中で唯一の当時の反応として記述されるのである。「古い身分制度の廃止」と書かれながら、《しかし、政府は差別をなくすための政策や改善を行いませんでした。……差別は根強く続きました》とされる。「維新の三大改革」でも学制、徴兵制、地租改正をかかげているものの、それが「富国強兵」のためで「学制」でも《学校の建設費や授業料は地元の人々の負担となったため、はじめは入学する児童はあまり多くはありませんでした》と書かれ、「徴兵制」においては《負担のふえることをきらって各地で徴兵反対の一揆がおこり》と述べられる。これら「近代化」する「明治維新」の叙述に、必ず「一揆」が起こったことになり、この時代の否定的なトーンをつくり出しているのである。

私は否定的に書かれることを非難しているのではない。そうした小さな反対の態度は、実をいうとあるイデオロギーによっていることを日本の左翼の人たちは認識していない。常に体制を批判する、という歴史家の態度は、戦後のマルクス主義に代わるフランクフルト学派の態度なのである。社会の状況を記述するにあたって常に否定をしようとする、編者たちの歴史観そのものであり、それが隠された「マルクス主義」であり、フランクフルト学派の考え方であることは確かである。そして、それを教科書に記述することで大衆に否定によるマルクス主義を実践しようと考える、社会主義者、共産主義者の学者の考えであることは、たびたび述べたとおりである。

（註：フランクフルト学派。ハンガリーのマルクス主義者、ルカーチが、フランクフルト大学で一九二五年に設

立した社会主義研究所から発する新たなマルクス主義の論理。その後、アドルノ、ホルクハイマーなどが参加し、ロシア革命以後、ハンガリー革命、ドイツ革命の共産主義者の失敗を考え、新たな中間階級の「疎外」をもとにした「革命運動」といってよい。戦後さまざまな左翼運動がこの思想に基づいている。）

(15)「自由民権運動の高まり」

旧版の方では「専制政治への不満」として、明治新政府の動きを「専制政治」と呼んでいたが、新版では「自由民権運動の高まり」に改められた。しかし、内容は変わりがない。

この項目の頁で、まさにその否定的な理論の展開のありかが露呈してくる。政府を批判する「民権運動」が特別に評価されるからである。《政府を去った板垣退助は、政府を専制政治であるとして批判し、国民が政治に参加できる道を開くべきだと主張して、一八七四年（明治七年）、民選議院設立の建白書を左院に提出しました》と書かれる。その《専制政治（藩閥政治）への批判は言論によるものが中心となり、国民の参政権を確立することをめざした自由民権運動が広がりました》。この自由民権運動は、「藩閥政治」の「専制政治」に対立するものであり、それ自体、日本の「天皇制絶対主義」に対抗するものであるからである。

(16)「立憲国家の成立」

そしてこの「専制政治」を行なう「藩閥政治」の《専制的な政治への批判を強め、西日本の各地で武力蜂起がおこりました》とし、「西南戦争」がそれであったと記述する。見出しでは「士族の反乱」と書かれているが、本文ではこの「西南戦争」を「専制政治」に対する「武力蜂起」と見ている。少なくとも西郷隆盛らの行動にはそのような意味は余りない。むしろ武力をもって朝鮮を打つべしとする「征韓論」という、西郷の外国勢力に対する対処の仕方を大久保らに反対されて野に下った結果である。

《一方、この自由民権運動と重なりながら展開したのが、士族の反乱でした。自由民権運動は政府の弾圧や、東日本の各地で民権派の関係する激化事件が起こったことで、活動はほとんど休止状態になりました》

この「激化事件」に関して注の小さいコラムで「秩父事件」のことが語られる。《農民らが高利貸しや郡役所をおそった秩父事件は、軍隊が鎮圧にのりだすほどでした。（中略）政府の力の前におさえられました》と述べられる。ここにはなぜ、そうなったかの記述がないため、生徒は政府の横暴だけが印象づけられることになる。

大日本国帝国憲法のことでも、天皇の権力の強さが強調される。《憲法では、天皇が国の元首として統治すると定められ、議会の召集・解散・軍隊の指揮、条約の締結や戦争を始めることなどは、天皇の権限とされました。帝国議会は、皇族・華族などからなる貴族院と、選挙で選ばれた議員からなる衆議院との二院制でした》と述べられる。しかしその議員は人口の《一・一％（四十五万人）にすぎませんでした》と書かれると、これはほとんど国民参加のない天皇絶対の国家体制であることを指摘していることになる。

この教科書は、この「天皇絶対の国家体制」という言葉を意図的に使わないようにしているようだ。それは明治当初の「五箇条の御誓文」という新政府の方針が、旧版では《天皇が神々にちかうという形で明らかにした》もの、という説明をしていたものが、この新版では省いてしまっていることからもわかる。この頁でも旧版では《天皇から憲法が手わたされているのはなぜか考えてみよう》と書いて、明治天皇の憲法を与える図の説明にしているが、新版ではその疑問を《ついに憲法が完成したんだ》に変えている。

この変更は、天皇の「絶対権力」を述べることで、この点が最も特徴となる共産党学者の「講座派」の見解と思われることを避けたかったからだろう。したがって「明治維新」全体が、社会党系の「ブルジョワ革命」であることを認めた形となっている。今度はあらたに《日本はアジアで最初の近代的な立憲制国家となったのです》と書かれているのだ。しかしすぐ後、《憲法発布の翌年には教育勅語が出されて、忠君愛国の道徳が示され、教育の柱とされるとともに、国民の精神的、道徳的よりどころとされました》と旧版のままに書かれ、矛盾を来している。このあたりの矛盾を見ると、批判を避けたい編集部の姑息な変更のようにさえ感じられる。

(17)「日清・日露戦争と近代産業」

「帝国主義」という言葉は、マルクス主義史観の用語でレーニンによって明確にされたものであることは知られている。独占資本主義段階における積極的な対外膨張政策を指すものである。この段階では生産の「独占集中・金融資本の支配・資本の輸出」などの経済的な特徴が見られる、とされている。この言葉を使うことは、日本が西洋と同じマルクス主義のいう帝国主義を認め、それを教えることになるのである。この中学の教科書でも、列強の「帝国主義」を紹介しているが、それらと日本の違いをいうべきで、同じだというべきではない。

日清戦争により日本は勝利し、条約改正の実現とともに、《欧米列強の圧力から脱して欧米と対等な国として自信を深めていきました》と書かれるが、それなら日本が「帝国主義」段階の国になったかということと何も言わない。日本は「独占資本」の十分な成熟がない、などということ自体、この定義が実態に即さない抽象的言語であることを指す。マルクス主義学者は、学問の成果を、歴史教科書に反映させなければならない、などと言うが、マルクス主義史観の歴史学は、将来の社会主義に向かわせるイデオロギー的実践のためであって、正当な学問ではない。そのような考えは、社会主義国の崩壊によって無効であることが実証されているのである。すでに説得力をもたない見解を歴史に反映させる必要は毛頭ないのである。

戦争といえば反戦という言葉がかえってくるのがこの歴史教科書の記述の仕方の定型である。《日本は、一九〇二年（明治三十五年）に日英同盟を結んでロシアに対抗したため、戦争の危機がせまってきました。社会主義者の幸徳秋水やキリスト教の内村鑑三などは開戦に反対しましたが、ジャーナリストの主張する主戦論が世論を動かし、政府も開戦準備を進めてきました》と書かれる。日英同盟を結んだから戦争が始まったという推測もおかしいし、あたかも政治が「非戦」を唱える社会主義者や「主戦」を主張するジャーナリストの大きな影響下で行なわれていったような錯覚を与えるのも奇妙だ。日露戦争はロシア自身の南下政策が主因であるし、それに対処した主役は桂内閣であり、外務大臣小村寿太郎であり、また戦った東郷平八郎であった。このことが一切述べられていないのも不自然である。

勝利したことの意義も伝えず、《しかし、戦争の犠牲の大きさに比べて、日本の得た権益が少なかったとして、国民ははげしく政府を攻撃し、東京では、暴走をともなう民衆運動がおこりました》などと書いている。余りにも一方的な記述であきれるばかりだ、これが中学生の過半数が読んでいる歴史教科書であると思うとあらためて唖然とする。与謝野晶子の《君死にたまふことなかれ》が、一部引用されているのは知られているが、《大みこころの深ければもとよりいかで思されむ》という一句から、この歌人が決して反体制でも反天皇でもない、戦争に耐えていこうとする気持ちの持ち主であることがわかる。

この日露戦争の日本の勝利が、世界の歴史に与えた影響は大きい。それは西欧列強の植民地支配下にある国々の人々の、白人優越の神話を打ち破ったばかりでなく、西欧諸国の指導者に西欧圏外の文明の生きた存在を認識させたことである。中国、トルコ、フィンランドなどのロシア周辺の諸国に民族運動を促進させたし、インドや中東の国々の独立運動を高まらせた。欧米に対しては、日本人排斥運動が起こり、「黄禍論」を引き起こす一方で、西欧自身の文明の相対化の機会を与えたのである。これは「西欧文明への懐疑」を呼び起こし「西欧の没落」の観念を誘起したのであった（ヴァレリー、シュペングラーなど）。

この日露戦争の勝利により、日本はロシアから中国の旅順・大連の租借権や南満州鉄道の権益を引き継いだ。また朝鮮についても日露戦争中に、第一次日韓協約を結び、顧問を派遣して財政と外交に介入した。朝鮮のロシアの南下とその支配に対して防御する必要性を感じていたからである。

当時の李朝・韓国政府の退廃は、近代国家に程遠いものであった。さらに日韓協約（韓国保護協約）を結んでその保護政策を強化していった。この過程で反日運動が生まれ、一九〇九年（明治四十二年）伊藤博文が朝鮮人テロリストによって暗殺された。この事件は韓国併合のきっかけとなった。この併合のあと、日本は朝鮮で鉄道、灌漑施設を整え、土地調査などを行ない、近代化に努めた。こうした日本の韓国併合の事実に対し、この歴史教科書では、「韓国の植民地化」とし、《このため、韓国では民族的抵抗運動が広がり、日本によって解散させられた兵士たちは、農民とともに立ち上がりました。これは日本軍によって鎮圧されましたが、日本の支配に対する抵抗は、その後も続けられました》と、日本の「植民地化」の圧政とその抵抗のみが論じられている。《欧米列強は、地球上のあらゆるところで植民地を広げる機会をねらっていました》と書かれるように、欧米列強と日本が同じ「植民地」を広げる国家として論じられるかという疑問は、この教科書の編者にはないのである。それは先程述べたように日本を「帝国主義」の国と呼ぶことが出来ない、日本のマルクス主義学者の欠点を露呈している。日本の現実を西洋史観の言葉で述べることが不可能なさまざまな事実を把握できないでいるのである。

第一次世界大戦がそのような「植民地を広げる機会をねらっている」列強によって始められた、と言う。しかしこの戦争はそのような性質の戦争ではない。ドイツ、オーストリア、トルコからなる同盟国側と、ロシア、フランス、イギリスからなる連合国側のふたつに別れて、文字どおりの国家の総力戦の様相を持った欧米諸国の戦争であった。日本はこの戦争の間に好景気に湧いた。一方でロシアでは戦争を嫌った兵士や労働者によって《パン・平和・自由》を求める「ロシア革命」が《社会主義を唱える世界最初の政府》として成立した、と述べられるが、この革命が《自由・平等・博愛》の「フランス革命」の次の段階の「革命」であることが文脈で理解されるようになっている。この教科書の真意はここにあるのである。

(18) ロシア革命

ソ連が一九八九年に崩壊し、二十世紀の社会主義の壮大な実験が潰えさったことは、歴史の中のロシア革命の記述を書き換えなくてはならなくなったはずである。ところが、この教科書の「歴史のアクセス」というコラムでは、相変わらず誉めたたえている。失敗したのも、《資本主義の国に包囲された条件の中で》自由が抑圧され、形式的な面ばかりが重視されてしまったからだ、と書かれるだけである。《社会主義を唱える人々は、資本主義の問題点が利益を目指す自由競争にあると考え、私有財産を制限して自由競争をなくし、国家が計画的に物を生産して個人の必要に応じて分配する理想社会を作ろうと考えました》と、その理想はよかったことを述べている。しかし、その《私有財産を制限して、自由競争をなくす》こと自体が、人間の本来のあり方に反するものであった、という反省をここで何も述べていない。相変わらず、それが正しいもののように述べている。社会主義社会が、ナチスのユダヤ人虐殺以上の人々を殺し、人々の自由を抑圧し、言論を封じたこととの批判はここには見出せない。

(19)「アジアの民族運動」

第一次世界大戦がドイツの降伏によって終決し、ヴェルサイユ条約が結ばれた。その条約で中国でのドイツ権益が日本に継承されることになり、日本は山東省を支配した。この教科書ではこのために《中国の反日感情は爆発し、一九一九年五月四日の北京での学生集会をきっかけに中国国内で反日運動が起こり、さらに帝国主義の侵略に反対する国民運動へと発展しました。これを五・四運動とよんでいます》と書かれる。他方日本に併合された朝鮮でも同年三月一日に日本からの独立を求めて三・一独立運動が起こったと書かれている。この頁には、五・四運動のデモの今の姿を描いた一見して中国のプロパガンダとわかる絵を冒頭に掲げ、「何を求めて運動を起こしたのかな」と生徒のマンガの顔で語らせて、あたかも中国人に同調させようとしている。いずれも中国、朝鮮のこうした反日運動のみを書き、日本の立場が一切書かれていないのは、片手落ちという他はない。

そして「新しい文化と生活」に掲載されているのが、朝鮮の美術工芸や日本の民芸を支持した柳宗悦である。朝鮮の工芸品を愛したことでなぜ載せられているのかわからない。旧版では見開きの頁にこの「民衆の道具」を愛した柳宗悦を取り上げていた。私が旧版でこれを批判したが、新版ではそれをやめ、小さなコラムに移している。

「新しい文化の形成」では、《さらに柳の日本の民芸への関心につながりました。柳は、文化として見られてこなかった、民衆の道具である民芸の美しさを発見し、一九三六年に日本民芸館をつくりました。また、アイヌ文化や沖縄文化を擁護し、戦時中の統制的な風潮のなかで、日本国内の異質な文化の尊重を説きました》と述べ、《柳宗悦こそ、それぞれの民族性を尊重するという国際性――インターナショナリズムをもつ人物といえるでしょう》と称賛している。

しかし柳もまた西欧文化の影響を強く受けている美学者と言ってよい。彼は、イギリスで工芸運動を行なっていた社会主義者でもあるウィリアム・モリスの影響を受け、民芸運動を指導したのであった。モリスは「近代」を個人主義美術とし、「中世」を職人仕事のもので一切は工芸作品だった、とする考えを持っていた。その工芸作品の方に重きをおき、そこに「民衆」の作品を見ていたのである。

ところが工芸品であろうと美術品であろうとすべての作品は、近代の機械的生産をのぞくと個人の何らかの手が加えられたものである。それは「近代」も「中世」も関係がないということに気づかなかった。そこでは「民衆」が作ったか「芸術家」が作ったかは問題ではない。「民衆」などという抽象的な存在はない。あるのは優れた作者と、それを鑑賞する優れた批評家がいるだけの問題である。ただその作者の資料が残っているかどうかだけの問題である。柳はそれを取り違えていた。多くの社会主義的な批評家の誤りを彼も受け継いでいたのである。

さて一九二五年、加藤内閣のとき、選挙権の納税条件を撤廃し、二十五才以上の男子に選挙権を与える普通選挙法が成立したことを述べることは当然であるが、《これによって政治に広く国民の意向が反映される道が開かれました》と述べるだけでなく、《が、同時に治安維持法が制定され、共産主義に対する取締りが強められました》と述べられる必要があるだろうか。この頃は直接関係があるわけではなく、書くべきなのはこれで四倍以上有権者が増えたこと、女性がまだ選挙権をあたえられなかったことへの批判であろう。

(20)「社会運動の高まり」

この共産党への異常な注目は次の「社会運動の高まり」でさらに強めて述べられる。《社会主義は、一九〇一年（明治三十四年）に結成された最初の社会主義政党の社会民主党が即日禁止されるなど、弾圧されていましたが、社会運動の高まりのなかで活動がふたたび活発になり、一九二二年には日本共産党がひそかに結成されました》と書かれている。しかしこれは前の項で述べたように、ソ連のモスクワに本部のあるコミンテルンのてこ入れであって、その支部として結成されたものである。《君主制の廃止（＝天皇打倒）、大地主の土地没収とその国有化などプロレタリア独裁の確立》を目指したのであり、それにより《ひそかに》しかつくれなかったことも書き添えるべきであろう。その当のソ連は《スターリンを指導者として共産党の独裁休制をしき、……国の方針に反対した多くの人々が犠牲になりました》と述べているのだから、それと関連しているはずである。

(21)「日本の中国侵略」

ここでは文字どおり、日本が「侵略国」として叙述される。《満州の日本権益を確保するため、満州を中国から分離することを主張していた軍部（関東軍）は一九三一年九月十八日、奉天郊外の柳条湖で満鉄の線路を爆破し、それを機に軍事行動を開始しました（満州事変）》。満州事変が関東軍の侵略行為であるとしているのだが、当時の国際連盟のリットン報告書といわれる調査によって、決してそのように一方的に断罪できるものでないことが明らかにされている。たしかに「満州国」が自発的な独立運動の結果できたものとする日本側の主張は退けているが、満州における日本の権益も保障しているのである。中国が同一民族で、ひとつの国家であるとするのは、歴史的に見てもおかしなことで、満州に漢民族の国と別の国家があっても不思議ではないのである。今日モンゴル国があるのと同じことである。その国と日本が強い関係を持つことは侵略行為でも何でもない。リットン報告書では、満州（東三省）に中国の主権下にある自治政府をつくることを進めていた。リットン報告書が出る前に日満議定書をつくりその独立を認めたことも理にかなったことである。

ただ国際連盟が、日本が熱河省で軍事行動を起こしたことに対して撤退勧告を出したことは、日本の一方的な進出に恐れを抱いたからであろう。これにより一九三三年、日本が国際連盟を脱退することはよく知られている。しかしその後、日本軍は中国軍とタンケー停戦協定を結び、満州事変はひとまず収拾され、満州国の経営は進められたのである。日本から二十七万人もの人々が移民した。一九四五年ソ連の対日参戦によって満州国は終焉したが、この事実をとって一方的に日本の侵略行為という必要はないのである。

「日中全面戦争」で《満州を支配下に置いた日本は、さらに華北に侵入し》と述べるのも誤りである。日露戦争の勝利で、すでにロシアから遼東半島の関東州の租借権や、長春・旅順間の鉄道権益を獲得していたのであって、清国にも承認されていたものである。関東軍の司令部は旅順に置かれていた。むろんこれに対する中国側の反抗も強かった。一九三七年七月七日、北京郊外で「盧溝橋事件」が起き、日本軍と中国軍は衝突した。日本はもともと不拡大主義をとったものの、中国の攻撃もあって全面戦争にならざるを得なかった。ごく短期間で中国を制圧できるとふんでいた軍部の推測と異なり、苦戦を強いられたが、十二月に国民政府が首都にしていた南京を占領した。

この教科書には《その過程で、女性や子どもをふくめた中国人を大量に殺害しました》と書いている。しかし、この事件については「東京裁判」で大きく取り上げられたが確たる証拠はほとんどない。証言がすべてドイツ人も含めて中国国民党の宣伝機関のものであるからだ。中国側が三十万人などと当時の南京の人口よりも多い数字をあげていることも、それが誤りの証拠のひとつとさえ言えるのである。

この南京に汪兆銘《オウチョウメイ》を中心とする政府が出来、日本・中国・満州を円ブロックの経済圏につくりあげたことも特記すべきであろう。それに呼応して近衛文麿首相は「東亜新秩序」の建設を声明し、これが後の「大東亜共栄圏」をめざす共同体構想になるのである。こうした事実は、これを日本の植民地侵略と見、共産党政権の中国の立場しか考えない日本の歴史家によって否定されようとしているが、共産党や国民党でもないこの南京政府の立場があったことを記憶すべきである（実際この構想は、名前はつけられていないにせよ、戦後のアジア経済が日本中心に展開していることから、現実に実現していると言ってよい）。

しかしこのことを歴史教科書はこう書いている。《日本は、国民政府にかわる親日政権の出現を期待し、これと和平を結ぼうとする声明を発表しましたが、中国民衆の抗日意識はいっそう高まり、日本の短期決戦の見込みに反して、両国が総力をあげて戦う全面戦争に発展していきました》。明らかに中国の立場でしかない書きぶりである。この当時、国民政府はアメリカ、イギリス、ソ連などの援助を受け、反日戦線を組んでいた。この後押しなしには国民政府はなかった、と言ってよい。すでにここで、日本の敵は米英、ソ連だったのである。

(22)「第二次世界大戦」

日本が米英と戦うことになった原因は、まさに中国における対立からであった。大東亜戦争はその継続に過ぎない。太平洋戦争と呼ばず、大東亜戦争と呼ぶべきなのはこの理由からである。日米戦争だけに限ってみれば、よくもあの大国を敵に廻して、無謀な戦争をしかけたものだ、と言われるが、日本にとっては、中国における米英との対立の上に立っての決意であったのだ。この教科書は《アメリカは、このような日本の侵略的な行動を強く警戒しました》と述べ、日本の行動を「侵略」ととっている。この教科書は今度はアメリカの立場に立っているのである。日本が一九四〇年にフランス領インドシナに軍隊を送って占領すると、アメリカは軍需物資の輸出だけでなく石油の輸出を禁止した。アメリカのハル国務長官がつきつけたハル・ノートでは、日本に対して、中国から無条件で即時撤退することが要求されていたのである。

《また、多くの人々が戦争にまきこまれました。日本が侵略した東アジアや東南アジアでは、戦場で死んだり、労働にかり出されたりして、女性や子どもをふくめて、一般の人々にも、多くの犠牲者を出しました。

ヨーロッパでは、ドイツによってユダヤ人が徹底的に弾圧され、アウシュヴィッツなどの収容所で殺害されました。これらの悲惨な体験は、長く記憶されることになりました》。

一見前半の文章と後半が別個のように見える。しかし《これらの悲惨な体験》という語句で、日本とドイツが同じ犯罪行為をしたかのように生徒たちに読まれるようになっている。このことは、ドイツがユダヤ人のみ六〇〇万人殺害したホロコーストを、日本がやっていたような印象を与えていることを意味する。その区別に触れていないからである。よく言われる「南京大虐殺」もほとんど証拠はないし、日本人には特定の民族を殺害するという思想も行為ももともとない。しかし編者は日本がそのような国家犯罪を起こしたという印象を子どもたちに与えようとしている。すぐ横には《日本軍による犠牲者の記念碑》として《シンガポールでは、非協力的だとして、多くの中国系市民が殺害されました》と説明している。「中国系市民」と特別に書いているのである。しかしシンガポールでの掃討作戦はそのようなものでなく、反日ゲリラに対してであった。

(23)「戦争の終結」

このようなレトリックは「戦争の終結」でも続く。原子爆弾やソ連の参戦があり《このなかで日本は、八月十四日、ポツダム宣言を受け入れて降伏することを決定し、十五日、天皇は、降伏をラジオ放送で国民に知らせました。こうして数千万人の死者を出したといわれる第二次大戦が終わりました》。今度はひと続きの文章であるので、日本が降伏することを決定した、という文章と、数千万の死者を出したという文章が、同じ主語のように読まれるようになっている。日本には、第二次世界大戦で出した数千万の死者のすべての責任がある、という結論に無意識に至るレトリックがあるのである。日本人だけが悪業を行なったという印象を強く与える。教科書というものは、それに対する知識もなく反論も出来ない多くの生徒にとっては、絶対の事実として、場合によっては暗記されるだけに、このような不用意な文章は、逆に意図が見えてくるのである。

広島に原爆が落とされたことも、日本の責任である、という言い方は「歴史探険隊」と称する課題学習頁で、何度も繰り返される。「軍都から平和都市」へという頁は、広島が軍都であったことを調べるよう強調している。戦前が軍都であったから、広島は原爆が落とされた、と言うのだ。《このような広島市の歩みは、近代から現代にかけて、日本が戦争に突き進んでいく歩みと同じでした》と書かれている。

しかしこの認識は全くの虚構であって、当時のアメリカの原爆投下選定委員会が《原子爆弾が最大の効果をあげることを目的に、未だ通常爆弾による攻撃を受けておらず、爆風が効果的に被害を拡大するような地形を持つ都市を目標にすることに合意》していたことを、この編者は全く無視している。その地形にふさわしいのは、まず京都であった。京都はまだ通常爆弾が落とされておらず、北東西とも山に囲まれて、原爆の効果を上げるのに格好の地であった。七月段階までは京都に落とす可能性が大であった。しかしさすがに京都は古都であり、もし失敗したらその批判が大きくなる。まだ原爆の成功に自信がなかったアメリカ当局は、その地形にやや似た広島を選んだのである。

このような切迫した事態になると、その効果が問題であって、その降下地の選択は、都市の歴史云々ではないことを如実に語っている。もし軍都であれば、近くでは呉市がもっと重要であった。ここには重要な海軍基地があり、軍需産業の根拠地であった。ちなみに京都や奈良が、アメリカの文化的な判断で攻撃を避けた、という事実も存在しなかったことも知られている。戦後一時期、ウォーナー博士がそれを勧告したからだ、という噂から、その銅像さえ建てられたことがあった。しかしそれも戦後の米軍「民間情報教育局」の創作であったことも知られている（吉田守男『京都に原爆を投下せよ』角川書店、一九九五年）。

また《連合国は……七月には、日本に無条件降伏を求めるポツダム宣言を発表しました》。そして日本は《ポツダム宣言を受け入れて降伏することに決定》した、と述べる。後の「降伏」を国家全体が「無条件降伏」と言っていることになるが、これも誤りであると言ってよい。ポツダム宣言は「全日本軍隊」に対する無条件降伏を求めたのであって、決して日本そのものの無条件降伏を求めたものではなかった。天皇も存続し、政府も存続していたのである。この全面降伏の印象も、占領軍の情報教育の一環であったことは、多くの人々が指摘している（江藤淳『忘れたことと忘れさせられたこと』文春文庫、一九九六年）。

(24)「日本の民主化と国際社会への参加」

『占領と日本の民主化』の頁において、ＧＨＱ（米軍）を「戦後改革」を実行した民主主義の指導者としての解放勢力とみなし、その改革をすべて肯定し、ここでも一貫した日本人否定がみられる。ＧＨＱが占領下ですぐに言論の検閲を開始し、ラジオ、新聞、雑誌などすべてにわたってきびしく事前検閲していたことは、すでに明らかにされていることである。占領中、まさにパンパンと言われた日本人慰安婦が六万人もいたが、日本の「強制連行」に触れアジア人の苦難を語っても、そのような日本人が受けた苦難については一切言及がない。東京裁判にしても「勝者の復讐劇」として、罪刑法定主義の原則から逸脱した裁判であり、国際法の立場からも強い疑義が持たれていることも一切書かれていない。日本国憲法制定にしてもそれを祝賀する写真だけをのせ、それが押しつけであることには触れられていない。たとえば「戦争放棄」という条項によって、アメリカ軍の駐留という事態を招いたことにも思いが及ばない。そのくせ、沖縄の駐留を強く非難している。

(25)「二つの世界とアジア」

ここでは、これが「二つの世界」の一方のソ連が崩壊という事態になったことを知っているはずなのに、社会主義圏がなぜそういう状況になったかについては一切の言辞がない。《一九八九年から一九九七年にかけては、東側陣営の崩壊という大きな動きがおこりました。東欧諸国の民主化、東西ドイツの統一、ソ連の解体によって、冷戦が終わり、これらの国々と日本の新しい関係が生まれました》。いったいどのような新しい関係が生まれたのか、何も書かれていない。

最後の頁には何が書かれているかといえば《日本が地球社会のなかで大きな役割を果たす上での大切な課題のひとつに、差別をなくし、人権を尊重する社会を築くことがあります。部落差別の撤廃は、国や地方公共団体の責務であり、国民的な課題です。在日韓国・朝鮮人やアイヌ人たち、外国人労働者などへの偏見や差別をなくすことも、日本人一人ひとりの課題である》と書かれる。この結論で、そこに現実感を感じる日本人はほとんど誰もいまい。こうした「差別」が事実上、最も少ないのが日本であることは、部落民の数や実態、他民族の日本における数や実態を考えると、ほとんど明らかである。人口の十分の一が移民で占められる西欧と比較すべきなのである。

それよりも「地球社会」「グローバル化」などの標語により、日本の「国家」そのものを全く忘却に付していることが問題なのである。「国家」が消滅することがよい、という考え方は、もともと「階級なき社会」「国家権力なき社会」という目的をかかげた「共産主義」思想の根幹をなすものだ。「階級」的に戦う「貧しき労働者」の存在がほとんど消失した現代において、マルクス主義者の志向は、「市民階級」による「国家廃絶」とか「家族破壊」の方向に向かわざるを得ない。そのことを如実に示しているのが、この結論部分である。

最後の頁に、韓国の金大中元大統領が日本に来たときの談話を麗々しく掲げている。これはさすがに改訂版では削除されたが、この汚職にまみれ、人民が飢餓に苦しむ独裁国家・北朝鮮と妥協している元大統領の「共同声明」についての談話を、日本の中学教科書が取り上げているのも不謹慎である。またこの「共同宣言」とやらが何であったか述べられていないのもおかしい。そこにある《日本は、この共同宣言により、過去に対する深い反省とお詫びを表明し、私は……真摯に受けとめました。私は、この宣言が韓日両国政府間の過去の歴史認識問題を一段落させ、平和と繁栄を》云々と述べるコラムにあきれるばかりであった。この教科書が最初から最後まで、日本人の自主的な国家観、政治観を全く欠いた、日本不在の歴史だからである。最後の頁までが、日本人の政治家でも思想家でもない、隣国の汚職政治家の言葉なのである。このような歴史からは、両国の過去の歴史認識など一切生まれ得ないことは明らかである。すっかり自国の認識がないからである。

このように中学校で一番読まれている教科書を検討して、日本の歴史を考えると、そこには対立と闘争の連続のような記述が続き、日本がまるで暗い、貧困にまみれた国家のように思えてくる。これが惨憺たる歴史ではなくて何であろう。近現代では「帝国主義」や「侵略」という言葉で、日本を非難する書き方になっており、はじめから悪意があったとしか思われないようになっている。

現在、歴史学者によって日本の歴史が一人で書かれたものは、全くと言ってよいほど少ない。それは歴史が細分化されそれぞれ専門化されることによって、歴史家が大きく日本を語ることが出来なくなっているからだ。またマルクス主義史観以降、それにとって代わる歴史観がないと思われているためか、見るところ、戦後に学者が一人で日本を一貫した態度で書いたものは全くないと言えるほどである。マルクス主義史観の井上清の『日本の歴史』（岩波新書）以後、一般通史はないような状態である。たしかに戦後、汗牛充棟のごとく歴史書が全集なり叢書で出されているが、誰でも通読できる日本全体の歴史といえば、学校の教科書しかないような現状と言ってよい。ということは、歴史に興味を持たない日本人の大半は、日本の歴史を義務教育の教科書によってしか知らないということになる。学校の教科書こそ、日本人の歴史への関心、歴史への親しみをつくる基礎になるものであるが、これが以上のような状態であれば、日本史は嫌悪されさえすれ、愛着を覚えられることはない。

それは単純にマルクス主義の支配、被支配の闘争史観だけの問題ではないように思える。まずここには、近現代が遅れた過去の上に立つ最も発展した時代である、という歴史観がある。教科書では「古代―中世―近代」と述べられていることでもわかるように、進歩史観がとられているのである。いわゆる「近代・進歩主義」である。これはヘーゲルがその歴史哲学で「近代」に個人の「自由」の実現を見たと考え、歴史はそこまでの進歩の過程である、とする考え方に大きな影響を受けている。それも西洋、とくに近代ドイツだけがそれを実現した、と見る西洋中心主義の見方である。そこから日本はまだそれを実現していない、という考え方になり、遅れた日本というイメージが定着するようになる。

近現代が一番進歩した時代である、とするのは正しいように見える。しかしそれは軍事技術とか大量生産といった人口の増加に伴う技術の進歩が基本であって、決して人間の幸福が基本になっているわけではない。とくに文化の面では衰弱の一方であることは、優れた文化が過去にあったことでもよく理解される。西洋でもギリシャ時代に思想も芸術も発展したし、ゴシック時代に西欧の基礎が築かれた。広場、教会、市庁舎、市場といった西欧都市の原型は十三世紀に成立している。それ以後はそれが膨張し、諸都市間の交通手段が短縮されたに過ぎない。十五、六世紀のイタリアでは「ルネッサンス」文化が生まれ、それ以後これ以上の文化を生んでいない。

日本でも過去の文化は豊穣であった。和歌の古典は『万葉集』であり、奈良の美術はその後の基本となった。『源氏物語』以上の文学は、その後生まれていない。それらが「古代・奴隷制」の中で生まれた階級文学であるとは到底思えない。『万葉集』では農民から天皇まで歌っているのだ。大仏造像に農民が苦しんだというのは、一方的な言い方である。運慶・快慶・湛慶・定覚作品を生んだ鎌倉時代が「封建・農奴制」の「中世・暗黒」時代だとは思えない。北斎、歌麿などに代表される自由な江戸文化が、封建社会の抑圧された文化とは考えられない。ひたすら過去の文化を卑小化し、近現代の文化を至上化しても、その内容から、その衰弱は明らかである。近現代が最も発達したのは技術だけだ、という思いは誰でも持つであろう。

明治以後日本は「近代化」し西洋に学んできたことは事実である。その間に西洋史観がさまざまな形で輸入されて来た。大きく言えば、マルクス主義だけでなく、五つの潮流があると言ってよいであろう。ひとつはもともとあった日本の「皇国史観」である。これは伝統の中で、明治時代に入ってからも生きてきた。一方ギゾーなどの啓蒙的な「進歩史観」が日本に入り、福沢諭吉などがそれを日本の歴史観に取り入れた。さらに「近代西洋」を理想化するヘーゲルの歴史観が、大学のアカデミズムに結びついて流入した。共に西洋中心主義が日本に植え付けられた。次に西洋の「実証主義」が、あたかも客観的歴史であるかのように、日本の歴史家に影響を与えた。そしてその無思想を批判して、歴史に目的があるかのように、マルクス主義が日本に跋扈《ばっこ》したのである。

これが戦後の歴史学界に定着し、今日まで及んでいるのは、歴史教科書を検討したとおりである。しかしそこに近代を「合理性」の追求とみたマックス・ウェーバーの歴史観も、マルクス主義と対立せずに入り込んでいるし、フランスのアナール派や、アメリカの新種のマルクス主義も、相変わらず西洋中心史観で、日本の歴史の主体性をのばすことを拒んできた。

中学の教科書の中にもこのようなさまざまな歴史観の反映が見られ、それが日本の歴史を暗くしているのである。まだ何も知らない中学生自身だけでなく、父兄も、あるいは社会科の教師たちも、教科書が、戦後の日本の歴史専門家のつくりあげた成果をやさしく書き換えたものであろう、と考える。しかしそんな生易しいものではない、ということがこれからの分析でおわかりになるであろう。

第二章　日本人は日本史をどう書いてきたか

――古事記・日本書紀から皇国史観まで

これまで義務教育における中学歴史教科書の記述を調べてきて、いかにそれが日本を批判的にみる「他国の目からみた」視点であり、また階級闘争史観であるかが明らかになった。その裏には、日本が相変わらず、他国からの批判の対象であり、それら西洋や中国・朝鮮の方が正しい歴史観を持っており、日本の歴史は混乱の続く闘争の歴史である、という見方が見えてくるのである。それはしかし、この教科書の歴史観が、近現代を重視し、それ以前を古代、中世、近世としていることでもわかるように、それは歴史は進歩するという「進歩史観」であったからである。その「進歩」は西洋において進んでいるのであり、日本はまだ十分ではない、という思想でもある。歴史が近代に向かって収斂してくる、近代「自由史観」をとっていながら、しかしまだ日本がそこに達成していない、という史観とも重なっていることもわかる。マルクス主義の場合はさらに、未来への変革をみているものだから、そのことが近現代でも実現していない、と考える。また近・現代がまさに「合理性」を追求している、という観点が、国家解消の方向に行き、「地球人問」のような抽象的存在に人々がなるとする考えにも重なる。

まずこの教科書が示すマルクス主義史観が、戦前の歴史観の批判の上に生まれた見方であることはすでに指摘した。こうした歴史観が、決して単なる教科書編者の偏向から生まれただけでなく、それ以前の歴史観に対するアンチ・テーゼであることもわかってくる。中学の歴史教科書が、大同小異の歴史観であることは、それだけ、戦前の歴史観に対する、深い警戒感があるということでもある。それはいったいどんな史観であろう。その鉾先はまず「皇国史観」に向かうであろう。

このように、一個の中学の歴史教科書が、実をいえば背後にこれまでの歴史認識をすべて抱えており、それが西洋中心主義、中国中心主義に裏打ちされて生まれてきた、ということがわかるのである。それは戦前から戦後にかけての、すべての史観への検討を必要とする、ということである。私は、その歴史観全体を検証せざるを得ない、と感じ始めた。

まずその「天皇中心史観」そのものを考えてみよう。

1 『日本書紀』の歴史観

しかし戦前の「天皇中心史観」にも長い伝統がある。日本では歴史を書くということは、それぞれの天皇治下の政治、経済、文化の歴史を編年史として年代順に語ることであった。その史料を集め、解釈し、それは修史と呼ばれた。従って史の上に国の名を冠して、修国史ということが多かった。そして政府がその修国史局を持っていたのである。あたかもこれは天皇の権力史のように言われるが、しかし歴史を政治史とすれば、日本の歴史が、天皇の統治をめぐって書かれて当然である。これはとくに七世紀から十世紀ほどの、天皇が実際に力を持った律令政治が行なわれた時代には顕著であるが、それだけ安定した国家史として読むことが出来る。

日本の歴史の最初が養老四年（七二〇年）に完成の『日本書紀』であることは知られているが、その中の各段落ごとに、多いところでは十種以上も「一書」とよぶ異伝が掲げられていることから、それ以前にも多くの歴史が書かれていたことが理解される。そこには『帝紀』『旧辞』といった書物の存在が示されているのである。

さらに聖徳太子・蘇我馬子らの撰とされる『天皇記』があり、それは蘇我蝦夷《えみし》が自邸に火を放った際、焼失したと伝えられている。また聖徳太子らが編集したという国史の書で『国記』もあったがこれも伝わっていない。さらに『くにつふみ』（国つ書、国記）という書もあって、神話時代からの国の歴史を記した書と考えられている。また『推古紀』『天皇記《すめらみことのふみ》』なども知られているが、残されていない。これらが全く残されていない事実は、原則としてみな口伝であったからであろう。

そして書かれていても不完全で、それに関する口承説明がなければ成立できないようなものであったと思われる。仏典の注釈書『三経義疏』を書いた聖徳太子だからこそ、「天皇記」などが編集され得た、と考えられるが、それだけまだ中国からやってきた漢字が、日本の事績を書くだけ成熟していなかったということであろう。それが七世紀後半になって、天武天皇の命で、かなり日本文字化した漢文で書かれた『日本書紀』が誕生した。

『古事記』では、稗田阿礼《ひえたのあれ》という人は、《人となり聡明で、一目見ただけで、口に出して誦《よ》み、一度耳にすれば、心に刻みつけて忘れなかった。そこで、天皇は阿礼に勅語をお出しになって、帝皇の日継と先代の旧辞とを、誦み習わしめられた》と、書かれている。そして《稗田阿礼が誦むところの勅語の旧辞を撰録し》ようとしたが《上古の時代のことであるから、言葉も内容もともに朴《すなお》であって、漢文で文章詞句を得きあらわしたものは、文辞が古意とぴったりせず、字音ばかりで書きあらわしたものは、文章が長たらしくなってしまう。そこで、いまは、あるいは一句のなかに、音と訓を混ぜて使い、あるいはひとつのことを記すのに、すべて訓だけをもちいた。言葉の筋道が通りにくいのは、注を加えて明らかにし、意味のわかりやすいのは、とくに注をいれなかった》と書かれている。ここには古意が漢文ではぴったりとしない言語があったことを記している。それは「訓」という口承言語によって語られた歴史があったことを示している。日本人は長く、この口承によって歴史を語ってきたのである。これについては国文学者の山田孝雄氏が『帝紀』も『旧辞』も口で伝えられた伝承である、と言っていたが、いかに語部《かたりべ》の存在が大きかったかということがわかるのだ。

このように考えると、『日本書紀』が漢文で書かれているから、中国の史書の模倣である、という指摘は二次的な問題である。中国の『漢書』とか『後漢書』などを参照したと考えられているが、しかし内容的にはほとんど影響がない。『古事記』と『日本書紀』の内容の変更を、中国の史書からの影響で変えた、などと言う必要もない。面白いのは巻第九の神功皇后の項で、中国の『魏志倭人伝』を知っていた、と考えられるが、年代を参照しているようにみえるものの、全くその内容を採用していないことである。近代の学者が、この『魏志倭人伝』に妙にこだわるのも、自国を否定し、中国を偏重する偏った精神のなせるわざであろう。

よくこの日本の神話が、日本の天皇を神格化するために利用されている、などと言われるが、しかし神話をよく読めば、神話の作者たちは神の世界と人間の世界とをはっきりと区別している。このことは縄文、弥生が「高天原」時代、古墳時代以降が「大和国」時代として、神々から人間の時代に移ったという認識があるということである。

この点を無視すべきではない。すなわち天皇は命ある人間である、ということを述べているのである。よく戦後はじめて昭和天皇が「人間宣言」をされた、と言われるが、それは正しくはない。もともと天皇は人間であることを指摘されていたし、日本人はそれを知っていたのである。『古事記』によると、高天原《たかまがはら》から地上の歴史に移ることを次のように文学的に語っている。迩々《にに》藝命《ぎのみこと》が高天原から天降《あまくだ》って来るとき、大山津見神《おおやまつみのかみ》は、二人の娘、石長比売《いわながひめ》と木花之佐久夜毘売《このはなのさくやひめ》とを捧げた。その気持ちとしては、一人は天神の子孫の命が巌《いわお》のごとく恒久であるように、というためであり、もう一人はまた木の花の咲くように栄えるように、と思ったからである。しかし姉の石長比売は石のように醜く、一方の木花之佐久夜毘売は花のように美しかった。それで迩々藝《ににぎの》命《みこと》は、姉の方を帰してしまい、妹だけを妻にしたのである。

この行為は、石（岩）が磐石の生命を与えることを意味しており、花がはかない命であるという意味を持っていることにより、見てくれだけで姉を帰した天皇の祖先は、人間のようにはかない命を持つことになったのだ、ということを意味した。この物語はきわめて人間的な示唆に富んでいる。これは禁断の木の実を食べるエヴァとアダムの人間の罪を語る『旧約聖書』の教えと同じで、人間の罪を『古事記』が軽やかに示唆していることになる。

この地上と天上の違いは、すでに『万葉集』で、柿本人麻呂によって早くも意識されている。《天地の　初の時ひさかたの　天の河原に》という言葉で始まる長歌の反歌には、《ひさかたの天見るごとく仰ぎ見し皇子《みこ》の御門の荒《あ》れまく惜しも》（巻二、一六八）とか《天地と共に終へむと念《おも》ひつつ仕えまつりし情《こころ》たがひぬ》（巻二、一七六）と歌われている。ここには天の地は永久のものであるが、天孫降臨によって皇子たちは死すべきものとなる、という意味が込められているのである。

この天孫降臨以後のニニギノミコトの木花之佐久夜毘売と石長比売の時代は神の時代は恒久であり、地上に降りて来て降臨以後は、自然の時代となったということを意味する。

このことから国歌『君が代』の「巌となりて苔のむすまで」という言葉は、天皇の御代は永遠に続くが、個々の天皇は命を永遠に持つことが出来ない、という意味となるのである。むろん『万葉集』でも《春草は後は散り易し巌《いはほ》なす常盤に坐《いま》せ貴きわが君》（巻六、九八八）と言うように、春の花のうつろい易さに対し、君（天皇）の磐石の永遠性を対比させており、石長比売を断った天皇家だからこそ、その永遠性を祈ったものであろう。

『日本書紀』では、神代以降、巻第三の神武天皇からは、現実の歴史を意識しており、とくに巻第十一の仁徳天皇からは一個の立派な歴史書になっている。弥生時代が、紀元前四、三世紀から前十世紀ほど遡るという最近の測定は、その可能性を倍加させている。考古学的な裏づけが出ることは確実で、巨大な古墳との対応が急がれる。

私はここ近年、縄文時代、弥生時代、古墳時代といわれる時代の文化を考察してきたが、「高天原」時代が「日高見国」時代と対応し、弥生時代、古墳時代が「大和国」時代と対応していることと、ほぼ対応している。

とくに六世紀前半からは記述が具体的になってきており、史料としての価値も多くなっている。そして多くの天変地異や災害、疫病などの記述がある。例えば天武天皇の十三年冬には《人定《そのとき》に逮《およ》びて、大地震《おほなみふ》る。国を挙《こぞ》りて、男女《おのこおみな》さけびて不知東西《まどいぬ》。則ち山崩れ河湧き》と述べられている。

2　『六国史』の歴史観

『日本書紀』以後、光孝天皇の八八七年（仁和《にんな》三年）までの歴史が、延喜元年（九〇一年）の『日本三代実録』に書かれて、一八一年間、一年の空白もなく書き続けられたのであった。これは明らかに天皇の治世の編年録であるが、その記録が、決して天皇の在世のときに書かれるものではなく、《国史を修するは、三、四代を隔てて之を修す》（『新儀式』村上天皇（九二六～九六六）の頃の書）とあるように、後世の、かなり客観的に判断されうる時期に書かれるのが通例であったのである（但し桓武天皇のときが例外である）。

この時代の歴史書は『六国史《りっこくし》』と言われ、読んでみても、決して為政者の単なる統治の記録ではなく、書き方の中に天皇を始めとする統治者たちへの政治の戒めもあり、また人倫の規範を正すような記述もある。律令体制の中で、国民全般の遵守すべき道を示すものでもあった。

この時代をこれまで西洋史の「古代」にならって、日本の史家はほとんどすべて「古代」の律令制社会というが、律令制社会とはいっても、「古代」とつける必要はない。たしかに「占い」で政治の帰趨を判断するところなど書かれているが、別にそれで「古代」として、そこに理解を絶するような、遠い社会を想定する必要もない。「古代」とは後に西洋史批判で述べるように、ゲルマン民族大移動の後、さほどつながりのない異質のギリシャ・ローマを「古代」と述べて、「中世」で自分たちとつなぐ、ひとつのレトリックの用語に過ぎないし、それ自体、「近代」とつなげて進歩史観の意味を宿している。千五百年位昔のことを「古代」と言ってしまえば、縄文・弥生時代が原始時代になってしまい、ひとつの強い先入観を与えてしまう。「古代」という言葉を使いたければ、それは縄文の時代であり、律令制時代は、決して「古代」ではないのだ。なぜならそれは立派に西洋の近世の君主制時代に対応するからである。

この天皇の歴史書で重要なのは、そこに書かれた天皇の詔《みことのり》である。これは聖徳太子の「十七条憲法」の第三条にあるように《天皇の詔を承ったときには、かならずそれを謹んでうけよ。君は天のようなものであり、臣民たちは地のようなものである。天は覆い、地は載せる。そのような分の守りがあるから、春・夏・秋・冬の四季が順調に移り行き、万物がそれぞれに発展するのである。もしも地が天を覆うようなことがあれば、破壊が起こるだけである》とあり、それが天皇の政治の決定的なものであることがわかる。この詔の宣言は、ちょうど「太陽の王」などと言われた、ルイ王朝の絶対王政を思わせるし、それが決して「近代主義」者や「マルクス主義」者が考えているような圧政の時代ではないからである。

詔など言うと、強権発動のように思いがちだが、それは違う。天皇が君主として、人民に命ずる法律宣言は、逆に人民の意向を聞いたものでなくてはならず、天皇からの諮問によって、いかに大臣以下、その詔を実行するか、天皇の君主政治が、この詔にかかっている、と言ってよいのである。

この『六国史』の中で、詔が多いのは聖武天皇の時代である。無論、実際の政務を司ったのは、椎古天皇の時代の聖徳太子のような摂政であったが、しかし人民に発せられた詔が多いことは、それだけその政治が国民に近いものであったと言うことが出来るであろう。それだけ国家の運営が困難なものであったと言うことも出来るが、一方では、この聖武天皇が、国家と人民のために奮闘したと言わなければならない。この時代、奈良の大仏をつくり、全国に国分寺、国分尼寺を造立せしめたこともあって、天皇が実際の政治を行なったと言うことが出来るはずである。いわゆる律令体制を確立したこのような時代こそが、天皇の神政政治の原型であり、その記憶が、天皇と人民の関係を密にしたと考えられる。

この国史を編集する人はどんな人々であっただろうか。『新儀式』に書かれているのは、《第一の大臣、執行の参議一人、大外記《たいげき》ならびに儒士の中で筆削に堪える者独りを選んで制作させ、諸司の官人の事に堪えた者四、五人をその所に候わさせる》とある。つまり大臣の下、文書を司る外記たちが、才能のある、所管に通暁した人々を選んで、書かせたということになる。政権の担った藤原氏の北家《ほっけ》が『日本後紀』（八四〇年完成）以後は家督の任にあたった。たしかに桓武天皇の時世の記述、藤原北家に関わる「承和《しょうわ》の変」や、幼少の惟仁《これひと》親王の立太子の秘密、「応天門の変」など真相を秘した部分がある。

これだけだと単に官吏が行なったように見えるが、実際は『続日本紀』のように淡海三船《おうみみふね》のほか、『日本後紀』の良岑安世《よしみねやすよ》、小野岑守《おののみねもり》、『続日本後紀』の春澄義縄《はるすみよしただ》、『日本文徳天皇実録《ぶんとくじつろく》』の大《おお》江音人《えのおとんど》、善淵愛成《よしぶちのちかなり》、都良香《みやこのよしか》、島田良臣《しまだよしお》、菅原是善《すがわらこれよし》、『日本三代実録』の菅原道真《すがわらみちざね》、大蔵善行《おおくらよしゆき》などの学者が参加した。単なる編年史の単純な記述だけでなく、そこに道徳的な判断を加えて、国家の歴史を書いていたのである。そこには少しでも客観的な記述をしようとする努力がなされたと言ってよい。

ここにはまた歴史というものは、決して同時期に書かれるべきものではない、という原則があった。もし同時期に書かれるとすれば、歴史ではなく、報告であり、一資料である。そこには、その事件なり、成り行きの利害関係の中でしか書かれない場合が多いから、誤った判断をされていることが多い。またその価値の評価もまだ定まっていない。歴史と史料を混同してはならないのである。史料はすぐに書かれるが、優れた歴史が書かれるのは百年は経たねばならない、とさえ言える。いずれにせよ編年体の歴史書であるこの『六国史』は、三、四代後に書かれており、その見識はこれらの書の信頼性を高めている。

3 『栄花物語』『大鏡』などの歴史観

こうして漢文体の編年史で書かれた正史六書の時代が過ぎ、九〇一年（延喜元年）の『日本三代実録』を最後に官選の正史は途絶える。時あたかも藤原氏の全盛時代で、天皇の実権がなくなったので、こうした歴史が書かれなくなったと言われる。しかしその後この関白藤原道長一族の栄華を記した『栄花物語』や『大鏡』『今鏡』『水鏡』『増鏡』の四鏡でさえも、歴代の天皇の事績を語るのを原則としている。

『栄花物語』は第五十九代の宇多天皇（八六七～九三一）のときから筆を起こし、第六十八代の後一条天皇の万寿五年（一〇二八年）二月まで約百四十年間の記事をあつかっている。それぞれの天皇の即位前後から皇后、皇子女について述べ、外戚の大臣たちの権勢の推移を中心にして、公的な諸行事と私的な挿話も差し挟んでいる。しかし主人公は藤原道長であり、彼について語るとき、すでに文学と歴史が交錯し始めている。『源氏物語』に近づいているのである。

文学作品として書かれた紫式部の『源氏物語』（十一世紀前半）では「歴史」について、このような考察がなされている。その「蛍」の巻で、光源氏は歴史論として、『日本書紀』に書かれる歴史について、文学（物語）と比較して論じている。長雨の続く日々の所在のなさに、姫や女房たちが絵物語を書いたり読んだりして夢中になっているのを見て、源氏が、女というものは人にだまされるように生まれついているために、虚構の物語に熱中するのだといって冷やかす。しかし途中で態度を変えて、今度は物語の本質を説明して、これを高く評価する意見を述べながら、次のように言う。

物語というものは《神世より世にある事を記して置きける》ものであるが、《日本紀などは、ただ片そば（きわめてわずか）ぞかし》であり、物語こそ《道々《みちみち》しく、くはしき事はあらめ》と述べている。つまり『日本書紀』などの『六国史』は、人間界の事件の端ばしを断片的に記録しているに過ぎず、物語にこそ道理の通った詳しいことが記されているということになる。この紫式部の意見は、物語という形式に事件の展開の叙述が十全になされるという、文学（物語）優越論と言ってよい。つまり事件についてどのような認識がされるかまで述べられているのであって、事実を記録しただけでは歴史にならない、ということを述べているのである。この見解は紫式部にとって歴史というものが、文学に近づいたことを語っており、それがもともとフィクションに近いものだという認識があるかに見える。

ちょうどその頃までの歴史が書かれたのが『大鏡』である。

南北朝の『大鏡』は二人の翁の会話の聞き書きという態をとっているのも、口承が基本であった日本の歴史物語を想起させる。一方は百九十才、他方は百八十才が語るというのも、長老の記憶こそが歴史である、という感覚をよく説明している。それらは第五十五代の文徳天皇から第六十八代の後一条天皇の時代までの十四代、一七六年の皇室の系譜と、大臣について太政大臣道長に至る二十人の物語で、そこでは、万寿二年（一〇二五年）という道長の生存中の語りで、その栄華の由来を語っているのだ。

ここには記録ではなく、歴史認識が語られているのである。《あきらけき、鏡にあへば、すぎにしも、いまゆくすゑのこともみえけり》という「鏡」がそれにあたるのである。そこに精神の反射があってこそ歴史である、という思いが込められている。《すべらぎ（天皇）のあともつぎつぎ、かくれなく、あらたにみゆるふる鏡かも》と答えている（第一巻、後一条院）。ここに歴史というものが、歴史家の事実認識の記述であり、記録ではない、ということを述べている。これも文学に近いと言わなければならない。しかしむろん「歴史」の「鏡」としてであってフィクションとは区別されている。

『今鏡』も語り手は老嫗の話で、第六十八代後一条天皇から第八十代高倉天皇に至る十三代の天皇の御代における道長以下の大臣列伝であり、『水鏡』は三十四、五才の修業者が昔から生き長らえてこの世の出来事は何でも知っているという仙人から聞いた話で、初代神武天皇から第五十五代仁明天皇までのおもな事件を述べている。『増鏡』は八十才余と言われるが実は百才をかなり過ぎた老尼の話で、第八十二代後鳥羽天皇から第九十六代後醍醐天皇の十五代、百五十年余のさまざまな事件を語っている。それぞれ著者は異なるが、一貫しているのは老人からの聞き書きを述べ伝えているという点である。ここには「記憶」という「歴史」を語るひとつの叙述形式が、その「文学」性のあり方を指摘している。

4　『愚管抄』の歴史観

鎌倉初期に日本最初の史論書と言われる『愚管抄』が書かれた。その著者は、天台宗の座主であった慈円（一一五五〜一二二五）であった。僧侶が日本の政治、とくに天皇について述べることは、日本仏教そのものの神道との融合を物語っている。仏法が天皇の国を守る、という国家鎮護思想である。これは西洋の歴史観において「それぞれの時代は神につながっている」（ランケ）という考え方の日本版である。神と国家のつながり、ということが「道理」というものである、という前提があるのだ。

《としにそへ日にそへては、物の道理をのみおもひつづけて、老のねざめをなぐさめつつ、いとど年もかたぶきまかるままには、世の中もひさしくみて侍れば、むかしよりうつりまかる道理もあはれにおぼえて神の御代はしらず、人代となりて神武天皇の御後百王ときこゆる、すでにのこりすくなく八十四代にもなりにける中に、保元の乱《みだれ》いできて後のことも、又世継の物がたり（『大鏡』のこと）と申す物も書きつぎたる人なし。……保元以後のことは、みな乱世にて侍れば、わろき事にてのみあらんずるをはばかりて、人も申しおかぬにやと、おろかにおぼえて、ひとすぢに世のうつりかはり、おとろへたることわりひとすぢを申さばやと思ひてつづくれば、まことにいはれてのみおぼゆるを（真に理由のあることだと思われるのに）、かくは人のおもはで、この道理にそむく心のみありて、いとど世もみだれ、おだしからぬ事にてのみ侍れば、これをおもひつづくるこころをも、やすめむとおもひてかきつけ侍る也》（『愚管抄』第三巻冒頭）。

これは『大鏡』における百九十才の老翁に代わって、慈円みずからの歴史認識を語ろうとするものだ。この中に「思ふ」「おぼゆ」とか、「こころ」といった自らの判断用語が出てくるのも、そのことを示している。これは決して感情的に物事を判断することではなく、歴史そのものが、やはり天皇を中心とする「道理」に基づくものだ、という確固たる論理があることを語っているのである。第七巻にあるように《世の中に道理の次第に作りかへられて世を護り人を守《も》る》とも言っており、その「道理」は変化するが、しかし西洋的な「論理」とは異なる日本の歴史における一定の秩序があることを語っている。ここには曖昧さはないのである。

この書では神武天皇から成務天皇までの十三代は天皇が政務を一人で補佐なくして行なった「王位の正法《しょうほう》」の時代であったと言う。ところが応神天皇の頃から「神代の気分」がなくなり、仏法渡来の時代までの十二代の間は、「一期一段の衰える継目」であったと言う。欽明天皇の世に仏法が伝わり、推古天皇のときに聖徳太子が摂政になった。天皇だけで天下を治めることが難しくなって、仏法が国を守り、臣下が王を助ける時代に入ったのである。天智天皇に藤原鎌足が協力した。天照大神《あまてらすおおみかみ》が藤原氏の祖先の天児屋根命《あめのこやねのみこと》に「臣家があらわれて世を治めるべき時代になるまで、同じく殿内に侍って防御せよ」と約束したが、それが実現し、鎌足は聖徳太子に続いて生まれたのである。

慈円は決して藤原氏の支配を非難しない。仲哀天皇から光仁天皇（七七〇〜七八一）までの三十六代は「さまざまなことはり」が存在する時期であったが、桓武以後は鎌足の子孫が臣下として天皇につきそった。天皇の母はみな鎌足の子孫の大臣家の娘であったが、仏教の方面では伝教大師、弘法大師が出て、世法と仏法とによって国はしっかりと治まった、としている。

一条天皇（在位九八六〜一〇一一）以後は摂関家としての藤原氏の国政が続いたが、後三条天皇（一〇六八〜七二）が藤原氏を抑えようとして天皇を譲位し院政をしいた。「世の末の大いなる変わり目」にこうした院政が行なわれるようになり、白河院が継ぎ、鳥羽院が行なって、日本が混乱し始めた。それで武者の世になったと分析している。保元の乱、平治の乱があり、やがて平家が政権を握り、源氏がそれを滅ぼした。天皇は武士の心に反して存在し得ない世になった。慈円はここで天皇の象徴である「三種の神器」が、あの源平、壇ノ浦の合戦で、平家方の安徳天皇とともに沈み、神璽《しんじ》が海上にあがったのに、神剣だけが浮かびあがらなかった。宝剣が無益になった経緯の中に、大神宮・八幡大菩薩が、武士大将軍が世を取って、国王は武士の心に反して存在し得ない世になった、と認めたという。

源頼朝が将軍になり、摂政・関白の九条兼実《かねざね》とともに、後鳥羽天皇を助け、国政を担ったためうまくいったかに見えた。頼朝は東大寺を、兼実は興福寺を復興させた。しかし院政に反対していた兼実は失脚し、後鳥羽院が院政を始めてしまった。頼みの頼朝も死に、実朝も殺されてしまい、源氏は断絶してしまった。結局は並みの武士の北条氏が支配権を握った。このような経過は人の仕業ではなく、武士の世であるべきだ、という摂理が働き、宗廟の神（天照・八幡）が思い定めた「道理」がはっきり表れたのだという。慈円はこのような日本国の成り行きは、世の衰えと判断し、百王のうちあと十六代残っている間、仏法・王法を守りきることが仏神の御心である、と述べ、当面の行なうべき政治指針をさえ述べている。つまり後鳥羽院が摂関を排斥し、武家討伐の意志を持っていることを、歴史の必然性に逆らうものである、と考えているのである。

この歴史とはむろん仏教的な末法思想が基礎にあるが、しかしこれが「本地垂迹《ほんじすいじゃく》」の思想と結びつき、日本の政治そのものの在り方に「道理」がある、と唱えている。政治形態としても、代々の藤原氏が持っていた摂関家の存在を肯定している。天皇が院政をしく弊害を指摘し、天皇は優れた臣下に補佐されてはじめて政治がうまくいく君主政治のあり方を指摘している。しかも摂関政治とともに、武家政治の出現も肯定している点も興味深い。それが軍事主義でも危険なものとも考えてはいない。それはある意味で政治の必然であり、それ以上に天皇を頂点とする日本の政治を指導の体系と肯定しているのである。仏の垂迹神たる祖神の冥慮・冥約を守ることだと考えたのである。歴史に神の摂理があるのだ、というこの考え方は、歴史には一定の形があるのだという日本人の歴史観として注目すべきであろう。

5 『神皇正統記』の歴史観

同じように歴史には神の摂理がある、と述べ、それを天照大神《あまてらすおおみかみ》に求めたのが、「《大日本は神国なり》」で有名な南北朝時代の北畠親房（一二九三～一三五四）の『神皇正統記』である。この日本の天皇中心の政治を国際的に比較して、それがまさに重要なことだ、と語っている。日本人の神代からの天皇「正統論」を基軸におく歴史観を述べている。上、中、下の三巻をなし、上巻は第二十九代、宣化天皇までを語っている。

日本は天の祖である国常立尊《くにのとこたちのみこと》が基を開き、太陽の神、天照大神が生まれ、その直系として天皇が君臨している国である。《皇位が連綿として続いているのは世界中、わが国のみであるから日本は神国である》。その国の名前は、「豊葦原瑞穂国《とよあしはらみずほ》、大八州《おおやしま》、耶麻止《やまと》、大日本《おおやまと》、大倭《おおやまと》」などと称してきた。わが国はインド（天竺）、中国（震旦）とその「天地開闢《かいびゃく》の伝承」は異なる。それらの国との違いを示すと、それらの国々は弱肉強食が行なわれ《下賤者も国主に成れる乱れた国である》。日本は、神代から「正理」（正しい道理、筋道）により、皇統一系の国柄である、という。

このように、親房は日本の特質を述べる。これは後の本居宣長の『直毘霊』で受け継がれるものであるが、それはまた、日本は世界で唯一、他国に植民地化されなかった国である、という認識が隠されており、この正統性が高められることになる。

この《下賤者も国主に成れる乱れた国である》という状態は、インド、中国ばかりでなく、彼の知らなかったその後の西洋諸国にも通じることで、君主というものは尊い出であるという信仰がなければ、本来成り立たないと述べているのである。それを唯一、日本が保持している、と。これは一見、国粋主義者の言い方であるが、考えてみれば、そのような純粋性がなければ、それにとって代わろうという輩がいつでも出てくるだろうという考えは、十六世紀はじめに『君主論』

を書いたマキアヴェルリの羨むべき点なのである。

マキアヴェルリは次のように言う。《国家を保持する困難さは、新たに生まれた国にくらべて、君主の血統というものを知っている世襲国のほうが、いたって少ないと言える。後者にあっては、父祖から受け継いだ慣習をおろそかにしなければ保持でき、しかも不測の事態が起きれば、時を待って解決すればよいのである。このように君主は、人並みの心がけさえあれば、万が一、とてつもなく強い勢力が現れて、身分を奪われでもしないかぎり、その君位は安泰である。それにひとたび君位が奪われることがあっても、簒奪者にまた不運がめぐってくれば、容易に取り返せるものなのだ》（『君主論』「2　世襲の君主国」）と。マキアヴェルリはその例としてフェラーラという都市国家の例を出しているのだが、日本の場合の長さは比べものにならない。マキアヴェルリが日本のことを知っていたら、これをさらに強調したことであろう。

北畠親房は『国のはじめについて』で、『古事記』の解釈を試みる。例えば、天地の始原の状態は「気」であったという。「気」が国常立尊に化した、と述べるのだが、これは「道教」の考えが基礎にある。「気」をエネルギーと解すれば、この存在が宇宙を造り出した、という見解に通じる。ある種のエネルギーが日本を誕生させたし、その勅により伊耶那岐《いざなぎ》・伊耶那美《いざなみ》の尊《みこと》は日本の諸島と、天照大神、月読尊《つくよみのみこと》、須佐之男尊《すさのおのみこと》（素戔嗚尊）を始め諸神を生む。日本の地の神の第一代が天照大神であり、第二代が天忍穂耳尊《あめのおしほみみのみこと》が天上におられ、第三代から地上におり、第五代まで日向国に座すという。そのときに八咫《やた》の鏡（私心なきしるし、正直）、八坂瓊《やさかに》の曲玉《まがたま》（慈悲）、天叢雲剣（知恵）の三種の神器の瓊瓊杵尊に渡されたという。

　この象徴物の伝授はヨーロッパの聖杯伝説（キリストが最後の晩餐に用いた杯がブリタニアにもたらされたとして騎士がそれを求めたという。『アーサー王物語』にも出てくるしワーグナーの『パルジファル』にもなっている）や聖剣伝説を現実にとり行なっていることと同じである。あるいはユダヤ教の「ダヴィデの星」などというその王の象徴を伝えることと似ている。また、法王が聖ペテロの鍵（キリストが与えたという）を伝えているのと似ている。

いずれにせよ、「三種の神器」が天照大神の神意であり、その象徴となって、天皇の統治上の心構えを示している。日本では、儒教も仏教も天照大神の神意を受け、渡来して神道の布教に協力した、と親房は言う。天皇は百代に至ると窮まるというが、百とは百姓、百官などという言葉のように、無限を示すもので、天照大神が第三代から地上に降りる際に、神勅を賜わり、そこで《日本は天地と共に無窮に栄える》と述べたという。

人間の天皇としては第一代が神武天皇である。日向を出て、大和国橿原《かしはら》に移り、辛酉《かのととり》の年に即位した。この後、各御代の天皇の政治を見ていくが、常に直系の天皇であるべきだ、という思想である。従って第二十七代継体天皇は傍系からの即位であるが、これも第二十五代の武烈天皇に悪行が多く血統が絶えたためである、とする。継体天皇は賢王であり、これも天照大神の神意であろう、という。この天皇が中興の祖宗と仰ぐべき天皇である、と述べるのである。

第三十代の欽明天皇の時代に釈迦滅後一〇一六年、百済から仏教が伝来してきたこと。第三十四代に推古天皇の時代に聖徳太子が皇太子として摂政となり、十七条憲法を定め仏教を広めたこと。第四十五代聖武天皇が国利民福のために仏教を興隆。東大寺、国分寺、国分尼寺を創建したこと。第四十九代の光仁天皇は第三十八代の天智天皇の孫で「正にかへ」ったというべきこと。第五十七代陽成天皇はその器でなく、私心なき摂政・基経《もとつね》により天下のために廃立されたこと。第八十二代後鳥羽天皇は三種の神器を持たなかったが、伊勢と熱田の大神の加護があっての即位。第九十五代後醍醐天皇のあと、新帝（後村上天皇）は正統の皇位継承者であることなど、忌憚なく各天皇の系譜を後醍醐天皇から述べている。

こうして北畠親房はこれまでの天皇の各時代を論じながら、新天皇の正統性を確認し、時機を得て乱は平らぎ太平になることを念じ筆を擱《お》いている。この考え方も南北朝の戦乱の中であらためて歴史が神意によって展開することを信じる歴史論と言ってよいだろう。

その神が天照大神なのである。これは江戸時代の徳川光圀の撰による『大日本史』の紀記体の神武天皇から後小松天皇までの歴史につながるものである。興味深いのは、こうした天皇を中心にした政治史は、西洋の教皇と皇帝をめぐる政治史と決して別個のものではないことである。ランケがバイエルンの国王マキシミリアン二世の前で行なった『世界史論進講録』の政治史の基調と変わりはないと言ってよいのであろう。ランケは歴史の「進歩史観」を排しており、西洋史を「神の導く歴史」と言っているのである。天皇という神意を受け継ぐ具体的な生きた象徴を中心に展開する日本の歴史はまさに「神の導く歴史」と同じものと言ってよいだろう。

6　戦記物の歴史観

歴史か文学かで悩ませるものに戦記物がある。

すでに平安時代に書かれた、戦記物の最初は『将門記《しょうもんき》』である。この戦記は関東で乱を起こし、九三九年に自ら新皇と称して文武百官をおいた平将門の事件をあつかった和漢混交文の作品である。将門の首が都に到着して四ヵ月ほどで書かれたもので、当時の資料としても貴重であるが、『平家物語』で最高頂に達する戦記物の先駆として、その描写に精彩がある。最後に滅亡した将門が『金光明経』の功徳で救われるのは、すでに朝敵でさえも悪役にしない、日本人の政治観が示されている。

その後、前九年の合戦を描いた十一世紀の『陸奥話記』、すでに朝廷と武家の結びつきが強くなった十二世紀には、皇室内部で崇徳上皇と後白河天皇と組んだ源平入り乱れての物語をあつかう『保元物語』、藤原家と源平の闘いを描いた『平治物語』が書かれている。

そして生まれたのが『平家物語』である。

《祇園精舎の鐘の声、諸行無常の響きあり。娑羅双樹の花の色、盛者必衰のことわりをあらはす。おごれる人も久しからず、只春の夜の夢のごとし。たけき者も遂にはほろびぬ。偏に風の前の塵に同じ》。

この「おごれる人久しからず」と述べる思想は、すでに日本の政治体制では、天皇以外の統治者は、常に交代しうるということを示している。保元・平治の乱で、勢力を伸ばし栄華を誇った平家の平清盛であるが、没落してしまう。刻々と変わる勢力争いがあり、平家はついに壇ノ浦の合戦で終焉を告げる。最初の六巻本の『平家物語』の作者は信濃前司行長という、関白九条兼実《くじょうかねざね》の下に務めた下級の貴族であったが、その後、琵琶法師の語りによって広められ、物語もふくれ上がり、三十年後には十二巻の物語に、そして五十年後には覚一検校《かくいちけんこう》が現れて、今日の『平家物語』が出来上がった。それ自体文学でもあるが、取材された物語は事実をもとにしており、その転変の物語が歴史となっている。歴史は文学である、という一方の歴史の在り方をよく示している。またこの源平をめぐる新しき統治者・源頼朝に対して、その権威を与える天皇の側は、後白河天皇が法皇となり、平家とともに海に沈んだ幼い安徳天皇の代わりに後鳥羽天皇を即位させ、その血統による権威を守ったことを語っている。これも事実である。

このような戦記物はそれ以後、後鳥羽上皇の「承久の乱」を主としてあつかった『承久記』、南北朝時代の戦乱を物語った『太平記』、さらに京都を中心とした室町時代の戦乱を描いた『応仁記』など、戦乱を歴史として語るという軍記物の形式が確立した。これらは事件史と言ってもよいが、常に天皇が重要な主題になっている。

たとえば『太平記』においては、後醍醐天皇は、鎌倉幕府の執権・北条高時の失政を機に討伐を計画した。一旦は捕らえられるものの、楠正成、新田義貞らの加担によって、九代にわたる北条氏を滅ぼした。これが「建武の中興」となるが、足利尊氏がそれに反する動きを示すと、その尊氏討伐の宣旨が発せられ、天皇は都を離れる。吉野に移り、南朝を立てた後醍醐天皇が崩御され、そのあと後村上天皇が即位された。足利尊氏の勝利と死、三代将軍義満の就任まで書かれる。とくに楠正成・正行父子の行状を多く述べており、その功績を讃えているが、そこにあるのは南朝の天皇に対する忠臣ぶりである。やはり、日本の政治においては天皇が中心でなければならないという当為が働いている。文学作品としては『平家物語』より散文的で、思想的にみても仏教的ではなく儒教的である。これはその後の『信長記』や『太閤記』といった織田信長、豊臣秀吉といった武将たちの軍記物にも、主人公の忠君的な態度が主題となっていることに受け継がれていく。

7　江戸時代の歴史観

尊皇と儒教の結合は、やまとごころとからごころで、あたかも矛盾しているかのようにみえるが、もともと日本の道徳とは聖徳太子の思想に見られるように、仏教だけでなく儒教が移入されていたのである。十七条憲法がそのことをよく示しているが、それは徳川時代の儒学を基本にした見方に結びつく。徳川時代では、儒教的な名分（身分にしたがって本分をつくす制度）から尊皇論に結びつける考え方になる。

儒学者林羅山、林鵞峰《がほう》が編纂した『本朝通鑑《ほんちょうつがん》』も、神武天皇から九世紀末の宇多天皇までの正編、醍醐天皇から後陽成天皇までを続編としてあつかい、さらに神代の前編も出された。これは徳川幕府の命を受けたもので、朱子の『通鑑綱目』にならって編集されている。同じ中国の史書である司馬光の『資治通鑑』のように、皇帝の歴史を編年体で書く方法を採用し、正史や実録から小説まで参考にして記述している。この林父子の書も引用書が豊富で、史料的価値も大きい。それも儒教的歴史観が強いものである。

中国では明末から清時代のはじめの陽明学の発生以来、経書を客観的に吟味する実証的な学問が起こっていた。すでに宋代からその伝統はあったが、明末の顧炎武《こえんぶ》が出るに及んで最も盛んになったとされる。一方で、直接歴史学と関係しないが、思想史において考証学的態度を日本の学者たちも身につけていた。中国の『四書五経』と呼ばれる儒学の教典を、その信用しうる最古の文献から研究しようとする態度が生まれていた。日本でもこの態度を学び、山鹿素行や伊藤仁斎など「古学派」が生まれ、直接に孔子の学問に迫ろうとしたし、荻生徂来《おぎゅうそらい》（一六六六〜一七二八）などのように「復古学」と称し、孔子の道はさらにその先王の道であるとした。また考証学派としては井上金峨、大田錦城、皆川淇園などを輩出した。

さらに幕末に薩摩の重野安繹《しげのやすつぐ》（一八二七〜一九一〇）や、佐賀藩の久米邦武《くめくにたけ》（一八三九〜一九三一）、越後の星野恒《ほしのひさし》（一八三九〜一九一七）などがその流れを汲んでおり、彼らが明治以後、西欧の近代歴史学に同じ態度を見出し、これが日本の歴史学の先駆をきったのである。彼らが政府の国史編纂の中心となり帝国大学文科大学の教授となっていった。

他方、儒学者に呼応して国学の方でも、日本の古文化に迫る学者が多く出た。四大人と呼ばれた荷田春満《かだのあずままろ》（一六六八～一七三六）、賀茂真淵（一六九七～一七六九）、本居宣長《もとおりのりなが》（一七三〇～一八〇一）、平田篤胤《ひらたあつたね》（一七七六～一八四三）が名高いが、いずれも『日本書紀』『万葉集』などの古典を文献的に研究し、やはり日本の学問の基礎をつくり上げたと言ってよい。儒教・仏教などの渡来以前における日本の文化の淵源を求めたのである。この中に『群書類従』を編んだ塙保己《はなわほき》一《いち》（一七四六～一八二二）の蒐集、研究の態度と、伴信友《ばんのぶとも》（一七七三～一八六四）の考証学も大きく貢献したことが知られている。

歴史学でも、江戸時代の新井白石（一六五七～一七二五）の、国史上の権力交替の流れを論じた『読史余論』（一七一二年）のような見方などにもそれが反映している。しかし編年体の使用をせず、貴族政治から武家政治への必然性を説き、歴史上の人物に儒教道徳上の価値観により批判し評価を与えている。これは一七一二年（正徳二年）時の将軍徳川家宣《いえのぶ》に進講したもので、流麗な文章と論理性をもって書かれている。

この論理性は神話理解にも一貫しており、彼の『古史通』（一七一六年）においては、神代から神武天皇のこともその説明を試みている。神話に登場している神は、人間であり、「国生み」の神話は、いにしえの人びとの土地開拓のことを示しているのだ、と述べている。その不合理で神秘的な記述の中に、人間のいとなみの歴史が隠されている、と考えているのは興味深い。これはある意味で「近代」的な解釈の試みであり、現代でも学ぶべき態度である、と言うことが出来よう。ここにはすでに近代においての日本史の文献学が出揃っているように見える。すでに『魏志倭人伝』についても論じている。

頼山陽の『日本外史』は、源平の二氏が政治の実権を握るに至った時期から、北条、楠、新田、足利、後北条、武田、上杉、毛利、織田、豊臣、そして徳川の政権の歴史を記述していく。この歴史は、天皇の歴史というよりも、武家の実権を握ったものの歴史と言うことが出来る。しかしこの武門の政治が、決して本来の政治ではないという認識があるのである。

それは、天皇を中心とした朝廷が政治を行なうことが最初にあった、と巻一に述べていることでもわかる。朝廷が国を建てたはじめのとき、政体は簡易であり、文武がひとつであった。国民はこぞって皆兵であり、天皇が元帥であり、大臣・大連が副将となって一体となっていた。そこに武門、武士などがあろう筈はなかったし、その将帥などというものもなかった。したがつて天下が無事であったし、事が起これば、天皇が必ず親征の労を取り、さもなければ皇子、皇后がこれに代わり、兵馬の大権を臣下に委ねることはなかった。大権は上にあって、国内を治め、ひいては三韓、粛慎（中国東北地方のこと）まで朝貢してきた。

ところが官人を文と武に分けたとき（これは唐の制度を真似たものだが）、そこに将帥というものを任命するようになった。これは上世の旨には及ばないことであった。かつては有事の際に「尺一《せきいつ》の符《ふ》」（徴兵の詔書）を下すだけで、数十万の兵馬が立ちどころに集まるが、平時はそれぞれの仕事に戻った。文官も兵陣に臨み、事が落着すれば武装も解いてもとの衣冠を服したのである。世にいう武門、武士はいなかったのである。このように朝廷が大権を手放し、武士の世界になったことを、頼山陽は嘆いているのである。天皇の政治から離れたこのような政治は本来のものではないが、源平の二氏がそのような社会をつくったことから、この「日本外史」を叙述するのだ、と述べている。彼はその神武天皇以来の通史も書こうとしたが、その書『日本政記』の執筆中に五十三才で亡くなった。

林羅山らの『本朝通鑑』とともに、徳川時代の日本史として二大修史事業といわれるのは、水戸藩第二代藩主徳川光圀（義公）によって始められた『大日本史』である。一方が編年体であるのに対して、この書は紀伝体をとっている。紀伝体とは、本紀にその皇帝の一代の年譜を、列伝において民族や個人の伝記、志では特殊な分野の変遷を、そして表といって制度の一覧に分類して記述するもので、中国で『史記』で試みられ、『漢書』で完成した形式である。『大日本史』ではこの中の本紀と列伝を述べ、本紀は神武天皇から百代の後小松天皇までの天皇史であり、史実を尊重した記述となっている。

この書に三大特筆があると言われているが、まず第一が、女帝として位置づけられていた神功皇后を本紀にいれず、列伝の后妃伝に記し、第二に第三十八代の天智天皇の皇子大友が、天武天皇の前に即位した事実を認定して、三十九代弘文天皇として記述していること、第三に南北朝時代の南朝を正統であると主張し、北朝の百代の後小松天皇の記述のはじめに、天皇といわずに光厳院と呼んでいる点である。

とくに南朝を正統としたことは、それまでの通説を覆すものであった。光圀公が「皇統を正閏《せいじゅん》にし、人臣を是非し、輯《あつ》めて一家の言をなす」(梅里先生碑文)とあるように、天皇の正統性を重んじた歴史観をとろうとしたのである。その結果、当時の天皇が北朝の流れを汲んでいたから、この説はすぐ公認されなかった。それとともに逆臣とされていた楠正成が忠臣となり、碑さえ建てられたが、これらの説が一般的になったのは明治維新後のことである。明治四十四年の国定教科書においては、「南北朝」の章が「吉野の朝廷」とされている(しかしこれはまた終戦後、南北両朝の並立が一般化している)。

この『大日本史』の編輯に二百五十年の歳月を要したのは(明治三十九年完成)、これが光圀公の私的な発案にあり、水戸藩の徳川家の事情の変遷によることが多かったからであろう。いずれにせよ、この書のために全国から史料を収集し、史実の正確を期すと同時にその出典を示すという近代史学の先駆ともなったことは特記すべきである。他方「叛臣伝」で時の政府に叛いた平将門(十世紀の「将門の乱」)や藤原純友(十世紀の「承平天慶の乱」)など十九人をあつかい、「逆臣伝」で蘇我馬子一族を記している。そこに天皇を中心とした名分主義により人物の善悪をつけたことは、日本における儒教的な態度をとったもので、歴史をみるひとつの姿勢と言えよう。それを一概に一方的だ、と否定できないのは、現代がマルクス主義歴史学により、逆に、「権力者」に反抗するものを評価する態度もまた、一方的であるのと同じである。天皇と「臣民」的名分論との結合をはかったのは、幕末では天皇の側近にあった元田永孚《もとだながざね》(一八一八〜九一)がこうした立場にいた。

8　明治以後の皇国史観

明治になって、政府が設けた編年史編修の機関が修史局と称せられたが、それは明治二年の明治天皇の宸翰《しんかん》御沙汰書に《修史ハ万世不朽ノ大典、祖宗《そそう》ノ盛挙ナルニ、三代実録以後絶テ続ナキハ豈大闕典ニ非《あら》ズヤ》と明記されているところから来ている。この「修史」という言葉は、史料を並べるだけでなく、それを解釈し、構成叙述することを意味するものである。もともとは中国の『史記』に端を発するが、水戸の『大日本史』によく使われている。

これは『日本書紀』以来の『六国史』を継承し、天皇体系史の正統性を歴史によって確認していく態度が根本にあった。「王政復古」を標榜し、「君臣名分の誼」「華夷内外の弁」を基本としたことは、まさに天皇体系史観を受け継ぐものであったのだ。明治八年（一八七五年）につくられた修史局では八十名の組織となったが、同十年に修史館と改められ、四十二人の人員になって再出発した。

明治十五年（一八八二年）に「国史編輯」の方針も定まり、考証学系の漢学者たち、重野安繹（一八二七～一九一〇）、久米邦武、星野恒ら、のちの帝国大学の史学科、ついで国史科が設置されたときの教授となる人々が『大日本編年史』と呼ばれる書を、『日本書紀』以来の国史を継ぐ、編年体・紀伝体で書くことになった。このことは後小松天皇まで紀伝体で叙述した水戸の『大日本史』を正史として、それを継いでいくものとされた。一方で神道―国学系の学者には皇典講究所があり、ここから大日本憲法や教育勅語の思想が生まれることになる。

中国正史の伝統を天皇体系史に実践するこの方法も、明治二十六年（一八九三年）の『大日本編年史』事業停止によって頓挫する。この事業の中心となった重野は、明治十二年（一八七九年）に「国史編輯ノ方法ヲ論ズ」という講演を行なっている。

《西洋史類ノ如何ヲ採ラント欲スルニ……大ニ和漢史ト異ニシテ、修史ノ参考スベキヲ覚フ。蓋《けだし》其体、年月ヲ逐テ編次スト雖モ、事ノ本末ハ必其下ニ統記シ、文中要旨ノ処ハ往々論断ヲ加エテ読者ノ意ヲ啓発ス、……本邦漢土ノ唯事上ニ就テ記シ去ル者ト異ニシテ、始ニ原ヅキ終ヲ要シ、顛末ヲ具書シ、当日ノ事情ヲシテ躍々紙上ニ現出セシム。其体誠ニ採ルベキナリ》と述べており、西洋史観に注目している。《吾輩ハ原書ヲ読得ザルユヘ和漢訳書ニ就テ一、二ヲ繙閲》したものが、「英人モンセイノ薩摩叛乱記」や「仏人クラセイノ日本西教史」「英人某ノ皇国史」といったものであったと言う。そこで《西土ノ史ハ概ネ私撰ナレバ縦筆牧論ヲ得》ていると述べ、《是ヲ是トシ非ヲ非ト》する姿勢を指摘している。

重野は明治十一年（一八七八年）西洋史学の著述法を学ばせるために、太政官権少書記官・末松謙澄をイギリスに派遣している。そしてG・ゼルフィーという歴史家に歴史編輯の参考となる『史学』という書を述作させている（『日本近代思想体系13　歴史認識』に抄訳）。ここにはすでに、編年史においても、歴史を記述する態度の問題を考え、より客観的に行なおうとする態度があり、それを西洋から学ぼうとしていたのである。『大日本編年史』の編輯停止によく示されるように、これまでの編年史では著述できない事態に直面することになる。ここから日本の「近代」の歴史観の、西洋史観の導入が本格化すると言ってよい。

明治までの「皇国史観」について述べてきたが、これらが、戦時中の平泉澄らの「皇国史観」まで続いたと言ってよいであろう。それは天皇を中心とした政治史であり、その政治や争いに関係する限りで、経済史、社会史、あるいは文化史は必ずしも重要視されない。その全体はやはり、天皇体系史観と言ってよいものである。むろんそれは「皇国史観」という言業で、戦後、批判されたものであるが、しかしそこには日本の根本的な政治史観があり、それはあくまで日本の社会が、天皇を軸にして回転し、動いていったという史実に立脚しているのである。とはいえ、この天皇の存在を否定的に見ることは、長い日本の歴史を否定的に見ることになり、日本の現実の歴史を蔑ろにすることでもある。中学校の歴史教科書にも見たとおり、この天皇についての記述が全くと言ってよいほどないことは、このことをよく示している。たとえ否定的に見るにせよ、天皇を軸にして政治が展開しており、いかにその記述に故意の無視や、誤りがあるかを示している。

この歴史理論には日本の神道への眼差しが強く感じられるが、すでに述べたように、鎌倉初期の日本最初の史論書といわれる『愚管抄』は、神武天皇から順徳天皇までの歴史を仏教的な世界観で述べたもので、作者の慈円は天台宗の座主である。そこには日本の政治の変遷が「道理」として説かれている。南北朝時代の北畠親房の『神皇正統記』では、神代からの天皇「正統論」を基軸に置く歴史観を語っている。これは徳川光圀の撰による『大日本史』の紀記体の神武天皇から後小松天皇までの歴史に継承されていくものである。

それは単に政治の歴史、政権交代の歴史を叙述するものではなく、常に天皇の存在が、天照大神以来の「天の子」すなわち「現人神」という面によって不可侵性を付与され、歴史自身がそれによって正統化される、という一面を持っている。これは戦後一部から「皇国史観」として否定されるものだし、いまだに一部から否定されているが、しかしそれは日本の現実から出たものであり、決して史観による虚構でないことが強調されなければならない。

国家の歴史は、国家という共同体のひとつの理念なり、象徴を前提としなければ成り立たないものである。唯物論的な情念のない国家というものは存在しない。経済的現実と、それにまつわる権力と被抑圧者の闘争の歴史というものは存在し得ない。そこにはそれを超えた共同体の情念のある歴史が存在するのである。日本史を否定する、反権力、階級闘争史観の見方の歴史家たち（学界ではかなりの多数をしめる）が、こうした共同体をはじめから分裂させて見てきたことに他ならない。それこそが一方的なものであり、政治の歴史の現実の記述が皇国史観となっている、と主張することが出来るはずである。

それは「神の摂理」を共同体の歴史に見るという歴史思想と言えるであろう。歴史書を見ると、天皇がどのように詔《みことのり》を発し、どのように行為するか、さまざまな迷いや失敗があるかも窺える。しかし日本の歴史においては、天皇の存在によって、あたかも「神の摂理」のように動いてきたのだ、という歴史になっている。それは大東亜戦争の前後の昭和天皇の詔でも窺うことが出来る。

戦争を始めることにもある必然性があったし、終戦もやむを得ないことであったことを天皇自ら、国民へ語りかけた。それは未だに日本の歴史の中で潜在的な力となっているのである。

後に詳しく述べるが、一八八〇年から八六年に出された、近代歴史学の父といわれるランケの『世界史』では、その中心軸は教皇権と皇帝権のそれぞれがヨーロッパの歴史の中でいかに行使されていたかが書かれている政治と宗教の歴史となっている。それはヨーロッパ人の精神界と世俗界の相克と拮抗の歴史なのである。カトリックの総本山の司祭の長である教皇は今日まで続いており、大きな政治的政権の長である一方の皇帝も、一八〇六年まで続いてきた。二十世紀前半のヒットラーが「第三の帝国」と言ったのも、この皇帝権の継続を夢見たものであることは記憶に新しい。天上の教皇が地上の皇帝に支配権を委ねるのである。

天皇の英訳はエンペラー＝皇帝であるが、しかしこの訳の誤りは明らかである。天皇は、天の皇子であり、天照大神の系譜を継ぐ、あくまで宗教的な存在でもある。天皇にはれっきとした日本神道の長の意味があり、キリストの代理人たる教皇の役割と同じである。決して地上権だけ持つヨーロッパの皇帝と同じではない。

民族の歴史に「神」を見るというのは十九世紀の実証主義歴史家のランケでさえ、主張していることである。それはキリスト教の神であるが、その導きこそが歴史の根底である、という見方は、この「近代」の実証主義歴史家にさえひそかな確信としてあった。実証的な歴史とはあたかも実際に起こったこととの忠実な記録に近いように見えるが、これは幻想に過ぎないことをランケは知っていた。個人的な過去の記憶とは、真実と見えても誰も確信を持たない。黒沢明の『羅生門』で知られる『藪の中』の物語がある。同じ事件の証人でありながら、すべて異なる見解しかない。歴史は実証ではなく、真実は「藪の中」と理解される物語なのである。歴史はあくまで、後世の人びとが記憶と史料からつくる物語なのだ。

西洋ではヘーゲルが歴史に「世界精神」が存在すると説き、その進歩の精神の核に「近代」の「自由」を置いたことは知られている。それは後でまた批判するが、ひとつの西洋中心的な観念論となっている。一方、それを批判する形で生まれたランケも、歴史の動きに「神」を見ていたのであった。

日本の歴史に「神」の系譜を読み込んだのがこの「皇国史観」である。むろんその「神」の系譜の表れが「天皇」の存在である。この「天皇」の概念は、つきつめて考えれば、歴史に「神」の姿を見る考え方と別個のものではない。それはちょうど宗教を司る教皇が、地上の政治に介入しないかに見えて、皇帝に位を授与し、同時に地上の政治世界に宗教を流布させる関係にも似ている。歴史に聖ピエトロの姿を見せ、「神の子」キリストの姿を垣間見せるのである。天皇が聖徳太子以来、摂政・関白に政治を司らせ、とくに武士の世界になって「征夷大将軍」として「神」から地上権を与えているのと似ている。

たしかに「近代」の西洋の歴史には「神話」からの連続性が語られていない。しかしそれは、もともとキリスト教という彼らの宗教が前提となっていることであり、それを語らないだけのことに過ぎない。彼らの「精神」も「神」も、キリスト教的「神の摂理」が根本にあることは明らかである。それに守られている、という幻想もある。ヘーゲルやランケなどの「近代」の歴史観をつくり出した人々でさえそのことを隠してはいない。彼らのアジア観については、のちに徹底的に批判するが、歴史に観念を与え、宗教性を与えることにおいては、基本的に日本の「皇国史観」と隔たったものではない。

さらにいえば、マルクスが唯物論の立場から歴史の観念性を否定し、マックス・ウェーバーが近代人の合理性追求によってそれを批判したとしても、未来に「共産主義」を想定したり、「近代」を絶対化する観点は、それ自体、観念性、非合理性があると言わなければならない。一方ではプロレタリア階級の革命に理想を託し、他方では資本主義精神にプロテスタントの思想を重ね合わせたが、プロテスタントが「神」の存在なしに労働を成立しえないように、プロレタリアも「未来」なしには描けないのである。近代人の基本である「観念」は、またかつての「神」であるのと同じだと述べていることになる。「近代」日本の「天皇」の存在は、まさにそれを体現していると言ってよい。

「建国」以来万世一系の天皇、永遠にわたる一人の天皇を奉戴せる唯一の民、という事実は誇るべきことであって、決して無視されるべきことではない。日本は地上の国々に向って、天の子にして天を永遠の君主とする一個の国家を維持し、「近代」においてもまだ維持し続けていることを、歴史の根本に据えて考えるのは当然である。他の国々は、それを顧望したとしても、他民族との戦いで、不可能になっただけのことなのである。

いずれにせよ、明治以前の日本の歴史は天皇体系史観であったし、それ自身は決して誤りではなかった。それが歴史の記述として、政治社会のみに関わり、文化宗教を含む歴史の全体性に欠けていることが問題であったに過ぎない。それは、「近代」の世界がもたらした人間の全体性への志向が、歴史を限定的に捉えている、という批判に導くのである。

ではヨーロッパで「教皇」の存在、宗教の存在が、物質的な資本主義を成立せしめないか、といえば、そんなことではない。すでに教会は資本主義を容認し、銀行には利子も存在するし、金融資本は立派に運営されている。二十世紀は科学の時代、唯物論の時代というが、科学信仰が「神」の代わりを始めた、と言ってよい。社会主義社会はマルクスが「神」となっていった。その信仰形態がソ連にあったし、中国人民共和国に依然としてある。「革命」＝「救済」を求めていったが、それらの社会は「衰亡」し二十世紀末に崩壊した。

日本の歴史は、天皇中心の歴史だが、それは天皇の存在が「神の摂理」であるはずだという、日本人の古来の考え方の反映である。しかし天皇は「教育勅語」に結晶していく「国家と宗教」の問題を統一している。

明治維新をどのように見るかという点では、これまでこの時代はまさに「近代化」の試みとして、思想・文化までを含む全社会体制・秩序構造の大転換がもたらされた時期として、見られることが多い。学校の歴史でもそのように教えられてきた。

しかし周知のとおり政府は徳川政権に代わって「王政復古」を主張し、神祇官を置いたのである。これ自体は過去への復古であり、徳川政府以前への連続性を意図している。これに維新政府の「四民平等」「文明開化」の掛け声が矛盾する、という見解があるが、これは妥当なものとは言えない。むかしから、人民は天皇の下では平等であり、天皇とともに文明の革新を行なってきたからである。

歴史を語る上で、マルクス主義やウェーバー主義以前においては、西洋も日本も同じ傾向を持っていた。政治においてはそこに権威が必要なために、共同の精神性の象徴として「教会」の長である「教皇」が存在した。つまり西洋の「世界精神」や「神」のまさに具体的な姿として、日本では「天皇」が存在したのである。

しかし西洋の歴史がもし「教皇」と「皇帝」の関係の政治史に尽きるなら、それは歴史の全体性を持たない。あくまで「教皇」と「皇帝」は国民の歴史の象徴的な一面であり、「政治」「文化」「宗教」「経済」などといった諸活動を包含するものではなかった。それはあくまで国家史の具体的な姿であったのである。一方「皇国史観」や「天皇中心史観」もまた、その姿が中心にいたとしても、全体を包含するものとなってはいない。日本の政治史には「中心の空洞」がある、という説もあるが、その象徴的意味を新しい日本史観は留意するべきであろう。

第三章　西洋人は歴史をどう書いてきたか

——旧約聖書と終末論

西洋の近・現代の歴史観が、あたかも長い間につちかわれて、今日に至ったのだと考えてはならない。彼らの歴史観は十八世紀までは、それとは別個の、日本の「皇国史観」よりはるかに神かがりの宗教的歴史観であったのである。それは『旧約聖書』の歴史観を受け継いでおり、今では荒唐無稽に感じられるが、しかし一般にも信じられていたのであった。

人々は、その時間・歴史が、いかに人間の歴史を左右するか、ということを如実に感じていた。それは一五〇〇年前後の「最後の審判」図を見ればわかる。彼らの歴史の終末観の何と強いことであろう。各教会に「最後の審判」の場面が描かれ、人々が神によって裁かれる日々が近いことを切実に感じたのである。それはオルヴィエート大聖堂のシニョレルリの「最後の審判」図からシスティーナ礼拝堂のミケランジェロのそれまで、ちょうど一五〇〇年を挟んで描かれている。科学者でもあったレオナルド・ダ・ヴィンチでさえ、この世の終末を信じて、すさまじい大洪水の場面を描いていた。また北方ヨーロッパを襲ったプロテスタントの動きはまさに、この終末論の危機感の中で、準備されたものであった。

1 『旧約聖書』の歴史観

西洋の十九世紀以前の伝統的な歴史観は、ある意味では日本よりずっと宗教的な歴史観であったことは、意外に知られていない。ヨーロッパの十八世紀までの歴史観はキリスト教的伝統の中でつくられたものであった。『旧約聖書』の「神話」を自らの世界と連続的に考える点では日本の「天皇」史観と同じである。しかし、日本の歴史観よりはるかに現在否定が強いのは、キリスト教そのものの性格に起因している。

それはユダヤ教から受け継いだキリスト教的「救済思想」に基づくもので、それにしたがって歴史観が語られていたのである。人間肯定よりも否定する「神話」の世界があり、あくまで現世よりも来世に人間の幸福がある、とする宗教であるからだ。日本の「神話」はやはり天皇と民族のアイデンティティーを目指しているが、決して現実を否定的に見てはいない。

西洋がいかにも実証的な歴史観を持っていた、などというのは、われわれが「近代」史観に眼を奪われているからに過ぎない。日本の天皇史観はまだまだ天皇そのものの存在によって、「近代」日本でも継続中であるが、西洋の「近代」以降は「宗教」として残され、その象徴が教皇の存在である。西洋「近代」に成立した歴史観は、少なくとも、十八世紀までは普遍的なものではなかったのである。逆に「普遍史」と呼ばれたのは『旧・新約聖書』を基本にした歴史観であった。それは未来の人間の救済を求め、そこに「神の国」の実現を目指したものであった。世界史はその過程として書かれたのである。

その記述のもとになったのは、『旧約聖書』では「創世記」以下の「モーセ五書」「ダニエル書」（二、七、八章）、『新約聖書』では「ヨハネの黙示録」であった。この物語は天地創造に始まり、人間アダムとエヴァの創造を記す。彼らは原罪を犯して、楽園を追放されてしまう。しかし罪を重ねたため大洪水が起こり、正しきノアの家族とひとつがいの動物たちだけを残して死んでしまう。人類史はこの八人から再出発することになる。人々は天に達するほどの高いバベルの塔を築いたが、神はその高慢さに怒り、人々の言葉を混乱させ、この工事を中断させたという。そのとき分裂した諸民族、諸言語は、ノアの三人の息子、セム、ハム、ヤペテをそれぞれ祖として形成された、とされる。その諸民族はアブラハムの時代から国家をつくり始める。この時代以降、「神の国」を担うのは、「神の民」であったユダヤ人であり、イエスが誕生した後はキリスト教会が引き継いだのであった。

「神の国」に対して「地上の国」についての歴史は、「ダニエル書」で語られる四世界帝国論と言われる。アッシリア、ペルシャ、ギリシャ、そしてローマの四つの帝国の時代が語られる。「現在」はキリスト教会とローマ時代となっている。「未来」は神による人類教育がなされ、それが完成される時点で、ローマ帝国は滅亡して、人類史は「終末」を迎えるのである。

この「普遍史」はこうして未来をも記述し、同時に「終末」を強く意識した世界史記述でもあった。この「普遍史」を紹介された岡崎勝世氏は次のように言う。《いうまでもなく、この人類史全体を規定するのは神の摂理である。摂理は具体的には「神の民」とキリスト教会の歴史として現れ、したがつて、その発展段階によって人類史が時代区分される。この始点と終点、さらに方向性を有するベクトル的な時間を表示する年号として、天地創造を起点とする創世記の年号（世界年代）が使用された。キリスト紀元が創始されたのは、五二五年、デオニシウス・エクシグウス（四七〇頃～五五〇頃）によってである。だがそれが広がるには、早めに見積もっても十世紀末を待たねばならなかった。しかもその場合でも、世界年代の補助的年号としてイエス以後の時代に対してのみ使用された》(岡崎勝世『世界史とヨーロッパ』講談社現代史新書)。まずこの歴史の「摂理」という言築や、「普遍史」という用語も、このキリスト教史を正当化する言葉であり、キリスト紀元が創出されるのも、西洋の歴史をキリスト教史と考えたいとする、ひとつの歴史=物語の創造に過ぎない。

2　「普遍史」という「終末論」歴史観

そして「普遍史」には、四、五世紀の神学者アウグスティヌスによって完成されたもの、十二世紀のオットー・フォン・フライジングによって完成されたもの、十六世紀のドイツのメランヒトン(一四九七〜一五六〇)が明らかにしたプロテスタント的「普遍史」に大別できる。このルターの親しき友人であった神学者の「普遍史」が、ドイツを中心として十八世紀まで続くのである。それが、啓蒙主義の世紀である十八世紀に崩壊し始め、本書で述べる第四章以下の「近代」歴史観がとって代わるのだ。

このメランヒトンの『カリオン年代記』(初版一五三二年)によると、カトリックの神学者アウグスティヌス以来一般的であった人類史の六期への時代区分を変え、『旧約聖書』とは異なるユダヤ教の書『タルムード』によりエリアの次の預言を使った。それによると《この世は六千年間存続し、その後、世界は焼かれる。二千年間は荒野、二千年間は律法、二千年間はメシアの時代。そして大きく数多いわれわれの罪のゆえに、不足すべき年月がこれに不足するであろう》（岡崎勝世訳）と述べられている。

その預言に従い「ノアの死」が創世紀元二〇〇七年とされ、イエス生誕が三九六三年となって世界史は三区分された。第三の二千年間についてはやはり人間の罪深さの故に《人類は絶滅させられるであろうし、キリストが自ら語られたように、審判を行なうために再臨し顕現されるであろう》という。その時代区分とともに、人類史は「教会史」と「世俗史」の二つに分けられて記述されることになる。これはアウグスティヌスが区分した「天上の国」「地上の国」に一致する。これらはいみじくも日本の神話の「天津神」の部と「国津神」の部に対応する。

「世俗史」の分野では「四世界帝国論」が基本になっている。第一のアッシリアは、その罪に対する神の怒りによって滅亡する。第二のアッシリアはプルであり、第三はダニエル書のカルディアとされた（カトリックでは無視されていた）。続く世界帝国がペルシャ、ギリシャ、ローマ帝国となっているのも同じである。そのローマ帝国がカール大帝によって現在ドイツ人に継承されている、とする。このドイツ人のローマ帝国を誇り、この帝国が多年にわたってヨーロッパを保護してきた、という。これを第四のローマ帝国の残部とし《喜ばしき再度の審判の日がもはや遠くはない》とする。岡崎氏は最後にメランヒトンのトルコと教皇に対する論理も紹介している。トルコを「エゼキエル書」にある異端者ゴグとマグにあたるとし、「ダニエル書」に《小さな角が神に反抗する恐るべき冒涜の言葉を吐き、いと高き者の聖者と戦い勝利した》と書かれたのが、マホメットとトルコ帝国の預言のことであると言う。教皇については、セレウコス朝のアンティオコス四世に関する記述の場所で《アンティオコスはアンティクリスト、すなわち教皇の予兆だということとは、信じうることである》とする。この点はルターが、やはり教皇をアンティクリストと糾弾するのと同じ見解である。

メランヒトンは一五一五年のヴィッテンブルク大学の就任講演で、哲学を自然哲学、道徳哲学、判例または歴史に三区分した。また一五二〇年には哲学部で歴史教育を重視し、自ら『カリオン年代記』を教科書として歴史を講じている。その後、ほとんどのプロテスタントの大学ではこの書と、スレダヌスの『四世界帝国論』（一五五六年）のいずれかが、教科書となって十七世紀まで使われ続けた。しかしその後、地理的世界の拡大、地動説などが受け入れられ、動揺していった、と岡崎氏は述べている。このことはいかに西洋の歴史観がこの時代まで未成熟であったかを示している。

十八世紀になって初めて、大学で歴史学が独立学問として認知された、というのも、興味深い事実である。それは一七三七年に創設されたゲッティンゲン大学においてであった。ここに十八世紀のヴォルテールを始めとする「啓蒙主義者」たちの意見が大学の場で受け入れられ、このキリスト教的「普遍史」の批判が行なわれたのである。歴史学から終末論が排除され、歴史家が現れたことになる。

3　シュレーツァーの新しい歴史観

そのゲッティンゲン大学のドイツ「啓蒙主義」歴史学の代表者シュレーツァーの『普遍史の観念』（一七七二〜七三年）には、「体系的世界史の概念」確立のためのプランが提出されている。しかしそれを見ると、キリスト教歴史観との妥協の産物であることがわかる。岡崎氏の研究から引用しておこう。

《１「始原世界Urwelt」アダムからノアまで、千六百五十六年間
２「前世界Vorwelt」ノアからキュロスまで、千七百年間
３「古代Alte Welt」キュロスからクロヴィス、楊堅、マホメットまでの千年間
４「中世Mittel＝Alter」クロヴィス、楊堅、マホメットからコロンブスまでの千年間。またはフランク人、中国人、アラブ人の諸帝国の時代から一四九二年のコロンブスによるアメリカ発見まで
５「近代Neue Welt」一四九二年以後の三百年間》

ここであらたな「普遍史」は《全世界、全時代を包括し、全民族、全地域を統合している。その対象は大地と人類である》と述べている。またこの書物は、もはや「四世界帝国論」を基本としてはいない。全世界を対象とする以上は《どの大陸も同等である。……四つの世界帝国にも、神の民やギリシャ人とローマ人にも特別重きを置かれることはない》からである。時代区分もこ

れに応じてケラーの提出した「古代、中世、近代」の三区分が採用されている。ここに「近代」歴史観の三区分法が提出されたのである。

ただこの三時代に先立ってまず「始原世界」がおかれ、キリスト教的解釈によって記述される。そして『ほとんど確かな真実、または真実に近く重要な》こととして、人類がアダムとエヴァより始まり、チグリス、ユーフラテス近傍のエデンに住んでいた彼らが、果物を食べたことで「堕落した」ことが語られる。《当時人間はたいへん長命であった》ことや、《彼らは大洪水で絶滅したこと》などが歴史上の事実のように書かれている。「前世界」における人類の歩みも、具体的にはエジプト人、カルディア人、フェニキア人、ヘブライ人の歴史を描いており、旧来の普遍史と実質的には変わりはない、と指摘されている。そこでは《世界史の記述者は、……無数の特殊的歴史おのおのを、他の部分や全体のプランに関係づけて秩序立てる。すなわちプランがこれらの歴史に形式を与えるのである。……この形式は、一般的には世界史の意図に規定されている》（岡崎、前掲書）という。しかもそこでは「歴史的百科事典」が目指されており、記述の内容も、啓蒙主義特有の文化史、というより今日の社会史に近いと考えられる。

シュレーツァーは一七八五年にその「普遍史」名を捨て、改訂版『世界史』として出版した。そこではあらたに歴史区分を次のように分けている。

《1「始原世界Urwelt」アダムからノアまで

2「無明世界Dunkel Welt」なお寓話・伝説的な世界。現存する最古の歴史叙述者の出現まで。

少なくとも千年間
3「前世界Vorwelt」モーゼからキュロスまで千年間。まだ世界史の叙述がない時代
4「古代Alte Welt」キュロスからクロヴィス、隋（楊堅）、マホメットまでの千年間
5「中世Mittel = Alter」クロヴィスからデイアズ、コロンブス、ルターまでの千年間
6「近代Neue Welt」紀元一五〇〇年以後》

ここでもまだキリスト教の世界が世界史に織り込まれ、『旧約聖書』のモーゼが《現存する最初の歴史の記述者》となっている。一五〇〇年までの「中世」の終わりまでが「世界史」の記述の対象で、「近代」はまだその対象となっていない。しかし現代をあつかわない態度は、未来の「終末」観を排除し、そこでこれまでのキリスト教史観から離れていると言ってよい。未来の「最後の審判」は「概念を形成しえない」と否定している。そして「創世記」の紀元による年号を完全に否定し、キリスト紀元による年号を「時間」を表示する手段にしたことも新しかった。「天地創造」以後を六千年としていた代わりに「人類史」の時間に限定したことになる。ニュートン的「絶対的時間」を取り入れ、それをキリスト紀元の目盛りに変えた、と言ってよい。このことを理論的に論じたのがカントの『世界市民的意図における一般史のための理念』（一七八四年）であった。

ニュートンによる「力学的宇宙論」による、「絶対的時間」の導入は、キリスト教的な歴史観を否定しさり、始めも終わりもない直線的な時間の中の歴史が書かれなければならない、と考え

られるようになった。その最初の地球史がビュフォンによって構想されたのである。しかしそれでさえ、地球の誕生は七万五千年前のことで、旧約の「創世記」の最初の六日間を、まだ記述していたことも知られている。

十七世紀、フランスでは「太陽王」ルイ十四世が登場し、その時代が、古代ローマ時代の皇帝アウグストゥスの黄金時代よりも優れている、という「新旧論争」における認識が、いよいよ「進歩史観」に向かわせることになる。西欧「近代」こそ、最も「進歩」した時代である、という「歴史意識の転換点」がこの時代に始まったのである。そして私がこの書の第四章以後、分析する西洋の「文明史」の基礎概念がつくられていくのである。

こうして、十八世紀までのキリスト教的な歴史観の時代、西洋の歴史は、その中心軸に、「教皇権」と「皇帝権」が相争いながらも、ひとつの均衡を得て、宗教と政治の世界を展開していた。それはヨーロッパ人の精神界と世俗界の相克と拮抗の歴史であった。カトリックの総本山の司祭の長である「教皇」の存在は、たとえそれがローマというイタリアにおける存在であったとしても、一八〇六年まで続いてきた「皇帝」を支え、天上と地上の調和を保ってきた。この「歴史観」が、一八八〇年から八六年に出された、近代歴史学の父といわれるランケの『世界史』まで続く歴史観なのである。二十世紀前半のヒットラーが「第三の帝国」といったのも、この「皇帝権」の継続を夢見たものであった（「第二の帝国」は一八七一年に打ち建てられたプロイセンのドイツ帝国であった）。

第四章　進歩史観と福澤諭吉

日本の歴史観に最も強い影響を与えたヨーロッパの歴史観といえば、その「進歩史観」である。その「進歩史観」によって、日本が常に、「進歩」した欧米から後れをとっている、という観念が生まれたと言ってよい。しかしその「進歩史観」による西洋優越の歴史認識は、決して古いものではない。その考えが生まれたのと導入されたのとは、わずか四、五十年の差だったのである。しかし僅差でありながら、それがあたかも永遠の課題のようになってしまったことが問題である。その経緯を明治時代の啓蒙評論家・福澤諭吉の歴史論にみることは、ある意味では苦い思いを導くものである。というのも、福澤はのちにはその意見を変えて皇室論に傾き、その西洋史観を脱却するからである。

1　福澤諭吉の「進歩史観」とドストエフスキー

福澤諭吉は一八六二年にイギリスを訪れ、「火輪車」（汽車のこと）に乗ってロンドン郊外で開かれた万国博を見学した。会場となった水晶宮は鉄とガラスで出来、当時の科学の粋をあつめた壮麗な展示館であった。それは暗い石造りの建物と異なり、いかにも「近代化」した効率的な産業の時代にふさわしいものであった。福澤は『西航記』に次のように書いている。《広さ凡《およそ》本邦の五万五千坪、高さ二百尺余、屋壁ことごとく鉄柱と破璃（ガラスのこと）を以て営み、絶て土木を用いず。宮内に万国の珍奇物を集め、諸人行《ゆき》て観るを許す》と書き、さらに噴水についても諭吉は、《蒸気機を以て飛泉数百と作り、泉の大なるものは騰飛すること二百尺》と書いている。

この福澤の素直な感動は、ロシアの大作家が同じものを見たときの、冷ややかな対応と対照的である。このロンドンの万博を見たドストエフスキーはイギリスがまるで異教の神「バール神」に屈しているようだ、と述べ、その大きな機械文明に負けた人々として非難しているのである（『冬に記す夏の印象』一九六三年）。つまり「近代化」という異郷の神に屈従したその有様を批判しているのだ。この作家にとってそれが堕落にしか見えなかったことからは、福澤との「近代」に対する身構えの違いというべきものが感じられる。この二人の態度の相違は日本人とロシア人の違い、といえばそれまでだが、遅れているのはドストエフスキーのロシアも同じで、「農奴制」に苦しむ帝政国家であったのである。

さらに福澤は次のように書いている。《世界一商売繁昌の國なれば、諸国の船の出入して、港の賑わしきはいふまでもなく、国中の往来も甚だ便利なり。……本国は、さまで大国にもあらず、凡《およそ》日本国位のものなれども……遠方に飛び地多く……領分あらざる処なし》と述べ、その繁栄ぶりに感心している（『世界国尽』一八六九年）。この西欧見聞記は、開化に遅れた日本を焦り、西洋に羨望を感じている態度と取ることが出来るであろうが、一方では、イギリスと同じくらいの島国である日本もまた繁栄しうるという可能性を論じている、とも取れる。その最新の科学技術面を早く学ぼう、とする早急な受容の必要性を述べている、とも理解できる。

福澤についての論は枚挙にいとまがないが、私が注目するのは、その「近代」の「進歩」に対する楽天的な態度である。彼の「半開国」としての日本の認識は、絶対的な遅れではなくて、日本であっても「文明開化」をはかれば繁栄できるはずである、とする楽天的なものであった。そしてそれが、日本人共通の態度となったのである。決して江戸時代の日本が遅れている貧しい国だった、などと絶望していない。その進取的な態度によって、福澤の『西洋事情』が、海外の事情にうとかった日本人に受け入れられたと考えてよい。彼の後の「脱亜入欧」の意味も、日本が独立国家として生き残っていくためには、国内においては西洋文化を普及させて、アジアの周辺諸国、主に中国や朝鮮に対して「西洋的」政策を採る必要があるだろう、ということである。それはイギリスを始めとする西欧諸国が、アジアへの「領分」をもって進出していることをよく認識していることでもある。

彼は『学問のすすめ』(一八七二年)の中で《人は生まれながらにして貴賤貧富の別なし。唯学問を勤て物事をよく知る者は貴人となり、富人となり、無学なる者は貧人となり下人となるなり》と述べ、新しい西欧の学問を学ぶことが「立身出世」につながる、と強調した。これは、その方が実利がある、という考え方である。

福澤はドストエフスキーの祖国ロシアに一八六二年に訪れており、そこでロシアについて《他の欧羅巴《ヨーロッパ》諸国と違ひ立君独裁という政事の立方にて、国帝一人の思ひ通り勝手に事を捌《さば》く風なり。故に、下々の情合《じょうあい》、上に通じずして、国中に不満を抱く者多し》と批判している。ロシア皇帝が独裁を行なっており、下々の人々の声を聞いていないので、不満がつのっていると述べている。これはある意味で、ロシアの西欧的「近代化」に対する「遅れ」を見ていると言える。しかし、ドストエフスキーの方は、そのような文明史的な態度をとらず、かえってイギリスの「近代化」を批判する精神的な態度をとっており、対照的である。私はこの二人の知識人の態度の相違の中に、のちの日露戦争の帰趨をうかがわせるものがあると思っている。

物質的な文明だけなら、イギリスに追いつくことが出来る。西洋を視察したあと、西洋が進歩しており、日本が遅れていることを痛切に感じたものの、その遅れが決して追い付けないものでない、としたとき、そこに、日本の「近代」が、いかに物質的・表層的なものであったか、が象徴されている。私はそれに感心しているのではない。福澤諭吉の『文明論之概略』にすでに指摘されているが、その「緒言」には《文明論とは人の精神発達の論議なり其趣旨は一人の精神発達を論ずるに非ず天下衆人の精神発達を一体に集めて其一体の発達を論ずるものなり、故に文明論或は之を衆心発達論と云ふも可なり》とある。一人の人間の精神の発達と、天下衆人の精神発達とを混同していることに、ドストエフスキーとは別の「近代」に対する位相を見るのである。すなわち福澤は『天下衆人の精神発達を一体に集めて其一体の発達》という位相でみた「開化」をめざしているが、ドストエフスキーの方は「一人の人間の精神発達」という位相の、貧困化の危険性を察知してある警戒の念を抱いているのである。

すぐ後に福澤は《今の西洋文明は、羅馬《ローマ》の滅後より、今日に至るまで、おおよそ一千有余年の間に成長したるものにて、その由来、頗る久しというべし。我日本も建国以来既に二千五百年を経て、我邦一己《いっこ》の文明はおのずから進歩して、その達する所に達したりといえども、これを西洋の文明に比すれば、趣の異なる所なきを得ず》と述べている。これは「文明論とは人の精神発達の論議なり」ということを、「衆心発達論」とみた態度である。

従って我が国が二千五百年経ているという認識は、西洋と日本との差は「趣の異なる」だけであって、本質（本源）ではないという認識に通じる。西洋文明も、「野蛮暗黒」の時代が「フューダル・システム」（封建時代）であってそれが西暦千五、六百年まで続いた、と指摘している。

さらに本文で西洋を次のように批判している。《戦争は世界無上の禍いなれども、西洋諸国、常に戦争を事とせり。盗賊殺人は人間の一大悪事なれども、西洋諸国にて物を盗む者あり、人を殺す者あり。国内に党与を結で権を争う者あり、権を失うて不平を唱る者あり。いわんやその外国交際の法の如きは、権謀術数至らざる所なしというも可なり。……今後数千百年にして、世界人民の智徳大に進み、太平安楽の極度に至ることあらば、今の西洋諸国の有様を見て、愍然《びんぜん》たる野蛮の歎を為すこともあるべし》と述べ、西洋の戦争を常に行なっていることを一方で批判し、それが「野蛮」であることを指摘している。「衆心発達論」で、文明国の本質を見抜いているのだ。

福澤諭吉は『文明論之概略』において、この文明史観によって日本を位置づけようとしている。その史観はフランス人ギゾーの『ヨーロッパ文明史』（一八二八年）、イギリス人バックルの『英国文明史』（一八五七〜六一年）にまとめられていたものである。めぐりめぐって、明治日本に入り、福澤諭吉らの啓蒙思想になったもの、と言ってよい。

《世界の文明を論ずるに、欧羅巴《ヨーロッパ》諸国並びに亜米利加《アメリカ》の合衆国を以て最上の文明国と為し、土耳古《トルコ》、支那、日本等、亜細亜の諸国を以て半開の国と称し、阿非利加及び墺太利亜《オーストリア》等を目して野蛮の国といい、この名称を以て世界の通論となし、西洋諸国の人民、独り自ら文明を誇るのみならず、彼の半開野蛮の人民も、自らこの名称の誣《し》いざるに服し、自ら半開野蛮の名に安んじて、敢て自国の有様を誇り西洋諸国の右に出ると思う者なし。……然らば即ち彼の文明、半開、野蛮の名称は、世界の通論にして世界人民の許す所なり。そのこれを許す所以は何ぞや。明らかにその事実ありて欺くべからざるの確証を見ればなり。左にその趣を示さん。即ちこれ人類の当に経過すべき階級なり。あるいはこれを文明の齢というも可なり》

　こうして彼の歴史認識は劣等感に陥る。この文明史観は、彼がギゾーの『ヨーロッパ文明史』をほぼ鵜呑みにしたことによっている。福澤は、世界の文明を見ると欧米が最上の文明国で、その後、トルコ、支那、日本などアジアの諸国を半開の国とし、アフリカやオーストリア等を野蛮の国と分ける風潮を受け入れているのだ。福澤は、西洋が常に戦争によって形成されてきた「野蛮」さを、一方で認識していたにもかかわらず、西洋を野蛮とみずに、文明国とみてしまった。このことは、彼の日本文明に対する見方と楽天性と矛盾することになる。だが、まさしくこの「半開」の認識が、日本では一般化してしまったのである。

　ドストエフスキーが、イギリスの万博で機械文明の姿を近代の醜悪さと見たとき、そこにキリスト教の否定という西洋人にとっての精神の堕落を感じた。異教の神「バール神」に屈していると。ところが福澤の方は、彼らのこの文化の問題、精神の問題を忘れていたのである。ロンドンの万博を見ても、他のロンドンの至るところにある教会の姿、すなわち近代なおたくさんの教会堂が立っていることに注意を払っていなかったことに通じる。福澤は西洋を見聞しているものの、西洋における半分の現実を見ていなかったことになる。彼は「近代」だけを見ていたのだ。

たしかに福澤諭吉の『文明論之概略』には、日本における「国民国家の形成」という課題を考える枠組みとしての「文明史への問い」があった。人類の文明の始まりから説き起こして文明進歩の終極――「文明の太平」を展望し、かつ世界の諸文化を比較するという広がりを持たせた。「文明」の進歩を捉える角度も複眼的である。日本と西欧の比較だけでなく、日中の比較も、幕末・維新の同時代史もある。福澤は、西洋産文明史に含まれる西洋中心の偏りとアジア認識の歪みを鋭く見抜き、批判を加えていた。「緒言」にあるように、福澤は日本に文明を「始造」した。同時代の日本に大きな影響をふるった西洋からの文明史を活用しながら、それから「独立」して、国産の文明史を「始造」しようとした。しかしそれは「文明史」のみであり、「精神の発達」の問題が抜けていたのである。

そのような福澤のわかりやすい言業が、その後の日本人に、日本を半開きの国として、進歩の遅れた国としての認識を与えてしまったのも事実である。それは一方で、日本のマルクス主義の歴史観の基礎になったという捉え方も生まれた。

永原慶二氏は『20世紀日本の歴史学』で、《福澤自身を直接歴史家・歴史研究者ということは適切でないが、彼は江戸＝封建、明治＝近代と決定的な断絶の面においてとらえ、その文明史における進歩の意義を人類史的法則的普遍として位置づけ、それをいかにして実現するかに精魂を傾けた》と評している。が、福澤にはそのような段階史観の絶対性はなく、彼がもっと柔軟に考えていたことは、これまでの引用でもわかるであろう。しかしその「近代」の「進歩」説はある意味でマルクス主義的でさえあった。マルクス主義は、未来の共産主義社会を目指すイデオロギーであるから、近代の進歩史観はそこにつなげる意味でも必要な理論であったのである。

《「文明史」は一国の歴史をその固有・特殊の面に見るものではなく、まず普遍・法則的進歩の面においてとらえるものであった。そうした歴史の「進歩」に対する確信は、幕藩体制の急激な解体を目前にした維新期の知識人にほとんど共通するものであり、その潮流は戦前昭和のマルクス主義歴史学、さらに「戦後歴史学」に連なってゆく》と、このマルクス主義史観の歴史家が言うのもそれ故である。

《しかし見落としてはならないのは、このような啓蒙主義進歩史観が、半面「文明化」における明治国家の演ずる役割（上からの開化政策）については全くと言ってよいほど疑いをもたず、その指向する「国民国家」のあり方にほとんど批判をもたなかったことである》にもかかわらずである、と述べられている。この啓蒙が上から、すなわち国家・政府などの権力者によってなされる、というのもマルクス主義図式であるが、福澤はそのような図式とは縁遠かったものの、その口実を与えてしまったのである。

「文明史」を物質の発展と見た例は、やはりマルクス主義史家が評価する歴史家であり、『日本開化小史』（一八七七～八二年）を書いた田口卯吉（一八五五～一九〇五）である。明治初期の啓蒙主義的な歴史家として知られている田口は、大蔵省の翻訳局にいた若い史家でもあった。『自由交易日本経済論』（一八七八年）を著し、『東京経済雑誌』を創刊して、経済こそが文明史の基礎と考える思想を発展させようとした。《凡そ人心の文野は、貨財を得るの難易と相俟《あいまち》て離れざるものならん。貨財に富みて人心野なる地なく、人心文にして貨財に乏きの国なし》と述べ、貨財こそが人心のもととなると説いた。日本の歴史を「貨財を得るの術」の進歩であり、それに支えられた「人心進歩」の程度を尺度として、見直すことが出来るとした。

永原氏は、この経済史観から日本史を考え始めたのが田口である、と述べている。田口は経済史の自立性を述べ、進歩がないと思われていた南北朝から戦国の動乱の時代にも、経済の「進歩」を認めているのである。神話の時代を史実と混同することを否定したのも、その合理的な精神によるもの、という（といっても「神代」は否定したが、「神武天皇の時」は否定できなかった限界があったと指摘されているが）。

田口はその経済の根源の力を人間の《生を保ち死を避けん》という自己保存の欲望に求めている。《此望を達せんが為に、人々は其智力を働かさざるを得ず、故に貨財の有様進歩するや人心の内部が同時に進歩す》る、と述べていたのである。しかし「死」の問題を根源にかかげたなら、単に「貨財」を必要とするだけではない。《生を保ち死を避けん》とする気持ちとは、当然宗教を求め、文化を育む気持ちをもたらす。決して物質的な進展だけに寄与するものではない。

人間はパンのみに生きるにあらず、である。死への畏れを経済活動の進歩の基本とみるだけであったら、それは誤りと言ってよいであろう。むろん宗教や文化の問題がそこに焦眉の問題としてある。田口のこの文明史観が『日本開化小史』だけに終わったのも、その考察の単純性によるものである。後に彼の歴史観が、「歴史は科学に非ず」という歴史観に変わっていくことになるのも当然である。それは当然、永原氏のようなマルクス主義歴史家を落胆させている。

2　ギゾーと福澤の文明史観

福澤の『文明論之概略』が、英語の本二冊をもとにしていることは、慶応義塾福澤研究センターにある彼自身のメモ・草稿があることで、すでに知られている。その二冊とはフランソワ・ギゾーの『ヨーロッパ文明史』と、バックルによる『英国文明史』である。ギゾーの本はフランス語で一八二八年に発刊されたもので、その一八七〇年に出た英訳本である。その他にJ・S・ミルの『代議政治論』や『自由論』も引用されている。しかし主にギゾーのものが中心で、バックル、ミルはそれをときどき補うものに過ぎない。

従って「概略」の意味合いは、主としてギゾーの『ヨーロッパ文明史』の概略を知らしめることなのである。《この本の大意は、西洋の諸説を取捨して我亜細亜側の事実に照らし、以て文明の何物たるを知らしむるものなり》（一八七五年八月三十日『郵便報知新聞』の広告）とあるように、西洋の本にコメントをした、というものだ。福澤自身《直に西洋諸家の原書を訳せず、ただその大意を斟酌してこれを日本の事実に参合》(「緒言」)と述べている。岩波文庫の「あとがき」でも《西洋の書物を「日本の事実」とつきあわせることによって「日本文明」の特質を照らし出すとともに、「西洋の文明」の特徴を理解するさまがうかがえるだろう》と書かれ、註でその該当箇所が挙げられている。

たしかに『文明論之概略』を評価する人々は、これが決してギゾーやバックルを無批判に受け入れたのではなかったことを指摘する。福澤は西洋産文明史に含まれる、西洋中心の偏りとアジア認識の歪みを鋭く見抜き、批判を加えているとするのである。その文明史の範囲は、日本を対象にし、かつ世界の諸文化を比較しており、ヨーロッパの近代を古代と対比するギゾーよりも広い。人類の文明の始まりから説き起こして文明進歩の終極――「文明の太平」を展望する広がりを持っている。その文明史は、日本における国民国家の形成という課題を考える枠組みとして捉えられていた、と。

文明の「進歩」を捉える角度も独自で、進歩の段階論(第二、三章)、人間の関心・活動分野の「単一」から「繁多」への多元的分化(第二章など)、「徳義」から「智恵」へ、「情愛」から「規則」への比重の変化(第七章)など複眼的と言ってよい。その他、抽象的理論「無形の理論」を説明するために「史論」を用いるのが、福澤の手法と言える。新しい歴史像を打ち出しながら、「緒言」の表現を借りれば、福澤は日本に文明を「始造」し、「独立」を確保するために、同時代の日本に大きな影響をふるった西洋産の文明史を活用しながらも、それから「独立」して、国産の文明史を「始造」しようと企てたと言うことも出来る。

しかし問題なのは、「国民国家の形成」が文明の進歩の歴史の中心である、とする、ギゾーの『ヨーロッパ文明史』に強い影響を受けている点である。この問いは、『文明論之概略』の最初から最後まで貫いている。ということは、西洋の文明史が、フランス革命を経たあとの西洋近代の国家形成を論理の軸に置き、その点に向かう日本の近代史の展開を見るということである。日本が「近代国家」として半開の国であり、文明国ではないから「文明開化」しなければならない、とするような考え方がそこから出てくるのだ。

ところでこの「文明」という言葉が、西洋社会に当てはめられたのは古いことではなく、十八世紀フランスの啓蒙主義者からであった。civilisationが野蛮の反対の意味で使われるのは比較的新しかった。十九世紀になってから、西洋諸国が自国を文明、他国を野蛮とみる見方が確立したと言ってよい。

フランス革命に参加した貴族であり数学者であったコンドルセは、『人間精神進歩の歴史』という小冊子を著している。この本は、彼が過激派の手によって投獄されているときに書いたものであるが、ある意味で、フランス革命の基本を述べていると言ってよい。大多数の近代人が抱き続けてきた進歩史観の原型が示されているからである。ここでは人間が群をなし始めた時点から説きおこし、人間が「理性」を用いながら、「学問・技術・芸術・思想」などを発達させてきた歴史を十章に分けて論じている。《自然は人間の理性の前進と能力の展開にいかなる限界も設けていないと信ずる》と述べ、人間の進歩に信頼を置いている。必ずしもフランス革命が、それを目指したと書いてはいないが、そのような目的に向かって進む過程である、という認識がある。

ギゾーはフランスの論客として、その思想を受け継ぐ。はじめソルボンヌ大学で一八一二年以後教鞭をとっていたが、ナポレオンが失脚したあと、王政が復古すると内務大臣の秘書官長となった。一八二八年にソルボンヌに復職して行なった連続講義が、この『ローマ帝国の崩壊よりフランス革命に至るヨーロッパ文明史』である。その後、文部大臣や外務大臣に任命されたりしたが、一八四八年の二月革命で失脚し、イギリスに亡命した。彼は政治的には「王政主義者」であったからである（拙文のギゾーの『ヨーロッパ文明史』の引用は、安士正夫訳・角川文庫・上・下二巻による）。

しかし彼の基本思想は「自由主義」であり、同時にフランス「ナショナリスト」であったのである。フランスが西欧文明の先頭に立っている、という観点から、十七世紀にはルイ十四世とその政府が戦争・外交・内政ともに卓越した指導力をもち、十八世紀にフランス社会が西洋全体に影響を与えた、とする。フランス国民が真の精神的権威を独占しえたという。その中で《自由探求の普遍性、思弁的なものと生活の現実の結合、社会状態いっさいを憎悪、軽蔑し、改革の使命をもつという大胆な自負》、これが十八世紀の人間精神であった、という。まさにそれがフランス革命を起こした精神と言ってよい、と。

ここで注目しなければならないのは、「文明」に二つの事実があり、それは《社会的活力の発展（社会の進歩）と個人的活力の発展（人間性の進歩）である。この社会の発展と人間性の発展とは、いずれが目的でいずれが手段なのか。これは文明史の高度の問題として（存在していることを）提起しておきたいと思う》と述べる。この点で、物質的な文明史観を超えようとしている。この人間性の発展にこそ、文明の要点がある、と考えているのである。

つまり「文明」とは、第一に庶民生活の完成や社会の人間相互の関係の発達という状態である。次に内面生活の発展、人間の能力・感情・思想の発達、知的・道徳的権利の完遂こそが、必要であって、これは必ずしも社会状態の完成度とは比例しない、ということである。《多くの利益と権利は多数の人々に欠けておりますが、多くの大人物が存在し、……文学、科学、芸術はあらん限りの光彩を発揮しています。人類はこれらの偉大な像、人間の本然が崇めるこれらの像の光り輝くのが見られるところ、この崇高な享楽の宝庫の創造が見られるところには、何処にでも文明を認め、文明と称するのであります》というのだ。

ギゾーが《社会的活力の発展（社会の進歩）》と言ったとき、それは物質的な条件の整った社会の活力を想定することが出来る。一方「個人的活力の発展（人間性の進歩）」がある、と言うとき、そこには精神文化の問題の深化がある。《この社会の発展と人間性の発展が、いずれが目的でいずれが手段なのか。これは文明史の高度の問題として存在していることを提起しておきたい》と言っているのは、それが達成するのは西欧近代であることを示唆している。そこで問題なのは、次のような四つの仮定である。

《(1)外的生活が甘美で気楽で何の苦しみもないが、知的・道徳的生活のない無気力な国民
――貴族政体の小共和国
(2)気楽ではないが我慢できる程度で、知的にも道徳的にもある発展段階に達しているが、自由の原理が抑圧されている国民――大部分のアジア民衆
(3)個人の自由はあるが混乱と不平等、力と暴力の社会にある国民――ヨーロッパが通ってきた状態
(4)自由は大きく不平等はまれだが、全体的利害関係が少なく、公共的観念が薄く、進歩のない社会――野蛮人の部族の状態
これらいずれにも文明・開花はない》

文明が人間相互の関係の発達と内面生活の進展と考える観点から、(1)は後者に欠け、(2)は双方とも、(3)はとくに前者が、(4)は双方ということになる。(2)の大部分のアジア民衆、というのは、むろん(4)よりは上であるが、近代の「文明」国よりは下の段階ということになる。こうした仮定から、ギゾーは「近代文明」以外、また「西欧文明」以外の文化を、この範疇に押し込め、否定し、無視する口実を与えたのである。福澤もまた、人間の進歩と社会の発展の並列から、(2)のアジアの民衆を日本に適応している、と考えたのであろう。

この「文明史の高度の問題」とは、ここでは双方をあわせて「文明」と言っているが、社会的な制度や経済的発展を「社会の進展」とし、内面の精神生活から発するものを「人間性の進展」

とすれば、この二つの齟齬の問題と言ってよいであろう。言ってみれば「社会」が発達しているところに、必ずしも「人間性」が発展するものではない、という点にある。物質的に繁栄していたとしても、人間の能力・感情・思想の発達がない場合、そこには独自な精神的文化が生まれない。それは古代ローマ時代や近代の文明がそれにあたると言ってよいだろう。もしギゾーが、この社会と人間性の一致が「近代」にあると考えるなら、私はここに「近代文明」の過大評価があると思われる。

まず、西洋の「近代文明」が《内面生活の発展、人間の能力・感情・思想の発達》すなわち「人間性の進展」のことと考えれば、すでに多くの東西古今の「文化」がその段階に至っていることは周知のことである。例えば、紀元前五世紀のギリシャ文化にそれがあるし、あるいは紀元前五世紀のインドや中国の思想の誕生の背景にそれが存在すると言ってよい。日本でいえば七世紀から八世紀の飛鳥・天平文化に、たとえば『万葉集』といった和歌の最高の表現があったし、鎌倉文化には日本仏教の深化が存在した。そして十三世紀から十七世紀までの西欧文化にすでに、その美術表現の最も発達した形が表現されていたことが知られている。とくに西洋「文化」史でいえば、その内面が、外面の人間関係の強い相互の発達に依拠している時代の文化、ギリシャや「ルネッサンス」の芸術・文化の高度さに比べれば、近代芸術の中に表現されていることは浅く、小さなものになっていることは明らかである。

ふつうこれらの時代は、近代ほど「社会の進歩」がなかったと考えられている。しかし「近代文明」における「人間性の進展」という面では、果たしてどちらが進んでいるか判断に躊躇するであろう。いやむしろ「近代」の方がその面では退化しているという可能性もあると、誰しも認識するはずである。私が言いたいのは、社会的活力と人間性の発展とは決してそれ自体「近代文明」を意味しない、ということである。個人的活力があった「文明」の時代は、「近代文明」だけではないし、無論「西欧文明」だけの問題でもないということだ。「近代」より遅れていた、というのも、「近代」社会の「進歩史観」によるものと思われるのだ。

さらに問題にするのはこの文明がフランスにある、とする考え方である。ヨーロッパにはさまざまな社会や国家があるが、それを統一する「ヨーロッパ文明」があり、それを研究するのはフランスがよい位置にある、とギゾーが言うとき、この「ヨーロッパ文明史」はフランスが中心の文明史であることを示しているのである。それはドイツのヘーゲルがドイツ中心史であるのと対応する態度であり、普遍的であるというよりナショナリズムである、と取った方がよい。

3　ギゾーの西洋文明史観を批判する

ギゾーはヨーロッパの歴史を次のように説く。

まずローマ時代は文明の揺籃期であり、ここには都市的社会、キリスト教的社会、蛮族（ゲルマン人）社会が重なりあって進展していた。従って、相反する要素、すなわち、完全な服従と絶対的な独立の要求、教会の宗教的な支配と政治の軍事的な保護、精神界の力と現世的権力、宗教的、法的規律と蛮族の慣習といった要素が併存している状態があった。ゲルマン民族の大移動の中で「野蛮な時代」に入り、混沌とした状態となる。

五世紀から九世紀にかけて、北からはゲルマン人、スラブ人が、南からはマホメット教徒が侵入して、ヨーロッパは混乱した状態になる。強力な権力の存在や支配原理などは存在しない時代で、これを貴族政治や君主政治、あるいは神政政治の時代であると規定するのは誤りだとする。人間の精神的な状態についても、粗野であり、無知であり、非社会的なエゴイズムにとどまっていた。《各人（ゲルマン人）は自分の一身の利害、自分一身の情欲、自分一身の意志しか気に掛けなかったのだ》という。

この野蛮状態を脱却するために、ゲルマン人は自分の持っていた法（ゲルマン法）を基礎に、それぞれの地方に近代文明の基礎をつくった。他方、イタリア、ガリア地方では、残っているローマ社会を土台に、スペインでは強い教会の力で、フランスでは偉大なシャルマーニュ帝の働きで、イギリスではアルフレッド大王によって、秩序実現へ力が傾けられた。その結果、北、南からの侵略運動が止み、ヨーロッパ人の放浪生活がなくなった。また人間自身の内面的精神状態も変化し、感情も安定してきた。その表れが封建制度で、これがヨーロッパ最初の社会組織であったのである。

封建制度の社会では住民への抑圧があり、封建的な家族精神を生んだが、そこからは個人的自尊心を持った長上者、領主による封建的専制政治が生じた。民衆の中に強い怨恨の感情が植え付けられ、宗教的要素もこの状態を緩和し得なかった。宗教の中心である教会は、俗界の暴力や不公平に対しては勝利したが、教会自身の支配欲は俗界に及んだ。叙任権をめぐって聖職者と世俗君主との対立があり、また教会が異端弾圧に力を借りるような妥協もあった。教会は民衆から遊離することもあったが、また社会改良へ尽力することもあった。

十一世紀に、たとえばグレゴリウス七世が行なったような教会内部の改革運動があった。やがて十二世紀頃にその解放を果たした自治体（コミューネ）の内部に、特権をもつ上層市民階級と下層民との分裂が起こり、上層民の「法儒と妥協の精神」と下層民の「盲目的、放縦、凶暴な民主的精神」の対立のために、自治体は政治的勢力を手にし得なくなった。一方、ヨーロッパ全体の協力をもとに始まった十一世紀の十字軍は、十三世紀に終わったが、それは単なる疲労を生み出しただけではない。十字軍は一方において、精神・思想に広がりや、生活領域あるいは活動領域の拡大、他方、社会に対しても、領主の没落、王による中央集権化を生み、十字軍はいっそう多くの個人的自由と政治的統一を同時に生み出した、と述べる。しかし、原始ヨーロッパと近代ヨーロッパの差は、政府と人民との力関係の有無にある。これが生じたのが、十三世紀～十六世紀の時代であり、それは「性格のない時代」であった、という。

ギゾーはまた君主の統治形態について語っている。王権には三種類あり、国家の人格化である「帝国的」王権と、神の法によって支配される「宗教的」王権、そして選挙王制を基礎に宗教的要素の加わった「蛮族的」（ゲルマン的）王権である。しかしこれらの王権は九世紀中葉から消え失せ、第四の王権である、かなりあいまいな封建的王権が現れた、という。さらに十二世紀にルイ肥満王に始まる「近代王権」が生まれたと述べる。これはとくにフランスで顕著な王権で、あらゆる問題に王が介入し、人民の眼には「公序、全体的正義、共通の利益の受託者および保護者として、社会の中心および紐帯たる大奉行の特質を具えた者」に映じた、とする。

ヨーロッパの旧社会をつくる聖職者の社会、封建貴族の社会、自治体というそれぞれ独立した社会を統合しようという動きがみられたのもこの時代である、という。しかしこれらの特殊社会を傷つけず、しかも唯一の国家・国民・政府の下におこうという試みはすべて失敗した。統一の方法は二つあった。第一はこれらの特殊社会のひとつに他を従属させることで、これはグレゴリウス七世、インノケンティウス三世などを通じて強化を行なおうとして失敗し、またイタリアの自治体が試み、かえって国家統一を妨げた事例をみる。第二はこれらに自由を与え、調和させる方法で、フランスの三部会、イギリスの議会などがその役割を果たした。だがすべては失敗した。社会が統一に適するほど進んでいなかったことを意味する。

この失敗の結果、ヨーロッパは「まるで本能からのように」中央集権への道に入る、という。十五世紀こそ、人民と政府という近代社会の決定的な要素を準備したのである。ジャンヌ・ダルクを支持した兵卒や民衆の姿ほど、百年戦争の民衆的性格を表すものはなく、ここにフランス民族の形成は始まったのだ。諸代の王も国民的統一に寄与し、スペイン・ドイツ・イギリス、そしてイタリアでも、形は異なるが中央集権化が行なわれた、と述べる。

一方精神界では、教会分離、ヨハン・フスの改革運動、ルネッサンス、新大陸の発見が、次に来る革命を準備する。十六世紀に起こった宗教改革は、「自分のために、自分のみの力をもって自由に考え、判断したい」という新しい欲求であった。それは不完全ながら人間精神を解放し、自由探求(libre examen)の道を開いた。

この自由探求と、先にあげた中央集権的絶対君主政とが初めて出会い、衝突するのが、十七世紀「イギリス革命」だ、と分析する。この革命は精神界における専制的権力と、世俗界における専制的権力とに同時に立ち向かう自由探究の闘争であった。一方、ルイ十四世は戦争・外交・内政、いずれをとってもフランスの利益と繁栄と、安全のために卓越した力を持っていたのだが、それも衰退した。

それはなぜか。専制的権力以外に基礎をもたなかったからだ、という。そこには政府永続の保障たる自主的制度という土台が欠けていた。その死後には、沈滞し衰弱した政府と対照的にあらゆる知的活動が発達した社会があった。それが十八世紀の人間精神の昂揚、自由探究とを生み出した。《人間精神が主要な、ほとんど唯一の役者として》出現したのである。フランス国民が真の精神的権威を独占する、という。

こうして、政治権力の国民的な統一と、自由な精神の探求の二つを軸にした文明史の在り方を探り、フランスの「近代文明」が最も進んだ文明を主張することになる。これまでの歴史の段階的な解釈により、われわれは説得させられたかに見える。しかしギゾーはフランス「革命」以後のナポレオン帝政に対して「王党派」であったことに示されるように、現実においては、その理想的状態にあったわけではない。

ギゾーは、人間精神が絶対的権力と自己過信をもつとき何が起こるか、疑問を呈している。およそ権力というものは、それが精神界のものであろうと現実世界のものであろうと、一切の人間的権力は、人間的権利に制限をつけざるを得なくする欠点、弱さと誤りを内包している、という。従って、権力をその正当な限界内に制限することが必要だ、と述べる。これこそが十八世紀末に始まった現世界の専制的権力と精神界の専制的権力との戦いの偉大な教訓なのである、とする。このことはいかなる制度、いかなる精神でも、それが中庸であり、バランスをとらない限りうまくいくものではない、ということである。それなら、それ以前の「王権」の支配する歴史と共通する弊害への指摘とどこが異なるのであろうか。

ギゾーはフランスのナポレオンの帝政以後の「近代王権」社会を擁護するのであるが、この社会がかつての王権社会より「進歩」しているのであろうか。それまで精神界では、教会分離、ヨハン・フスの改革運動、ルネッサンス、新大陸の発見が、次に来る革命を準備する、と述べていた。十六世紀に起こった宗教改革は、《自分のために、自分のみの力をもって自由に考え、判断したい》という新しい欲求であったという。それは不完全ながら人間精神を解放し、自由探求（libre examen）の道を開いた、と述べている。しかしそれは「近代王権」の社会で実現したのであろうか。少なくともギゾーが生きていた時代においては、社会的に実現していないはずである。彼が一切の権力は自己過信に陥るとき、必ず過ちを犯す、というとき、それは「近代王権」だけの問題ではない、ということに気づいていないのである。

ギゾーの西洋史観が「進歩史観」であることは知られているが、しかし本当にそうであるか、この本を読む限りでは決して確認がとれないのである。あくまでこれまでの過去の歴史を否定的に見、現在が最善とする見方であることはわかるが、それがギゾーの生きた十九世紀前半の世界で確認できたことなのであろうか。

それは当然だ、と「近代人」は思い込んでいるのだが、実をいえば「精神の進歩」という点では、それは決して正しいものではない。これはギゾーだけでなく、あらゆる「近代」思想家の陥っている態度と言ってよいが、この「近代」至上主義こそ、「歴史観」の第一の躓きなのである。それがフランス「革命」以後実現したのかどうかを問うたとき、革命時期の「恐怖政治」だけでなく、ナポレオンの帝政時代の圧政は決して「理想化」されるべきものではない。むしろその「自由探求」が圧殺されたのである。

わたしたちは、フランス革命以後、あたかもフランスにその「自由」が生まれたと信じ込まされている。あるいはヨーロッパ世界ではこの「市民革命」と「産業革命」という「二重革命」によって、市民社会と国民国家、資本主義社会が形成された、と説かれている。フランスばかりでなく、イギリス・ドイツでもまた、自国でそれが実現した、と信じている。

しかしギゾーが、フランス「革命」以降の社会に身をおいて次のように語るとき、そこには、すでにその「自由」の状態を実現する社会そのものが不可能である、ということを示唆するのである。彼は権力が自己過信に陥ると過ちを犯す、という。政府というものでも、人民そのものでも、哲学者のものでも、大臣のものであっても同じことであると述べるとき、その「自由」の挫折に気づき始めているのである。

たしかに「自由」を求めたフランス「革命」のように、革命的な動きによる国家の変革は可能であるという理念が生まれた。そしてその理念が、ナポレオン時代自体の中にさえあると信じられて、その理念がフランス人によって世界中に普及された、と思われた。ところが、ナポレオンの行なったことは強制支配そのものであり、それに対する戦いが、かつての王政復帰という復古運動となったことを見なければならない。ギゾー自身もその「王政復古」に加担していたのである。

ドイツにおいても「自由」の精神が生まれ、それへの革命的気運が生じていたことは知られている。ドイツではナポレオンの侵略により、自国の権利という意識が目醒めたのである。それ以後、それまで知識人の抱いていた国家に対する懐疑、または無関心が一変してしまったのである。その戦いの中で、人々の民族と国家独立への気運が盛り上がり、それが敬愛の念をもって見られていることを知った。後述する歴史家ランケは、《民族は神の思想である》として定式化したが、このことはこの時代観に基づいているのである。

ギゾーはさらに、十二世紀のフランスで、ルイ肥満王に始まる「近代王権」が生まれたと述べる。また、この時代、ヨーロッパの旧社会をつくる聖職者の社会、封建貴族の社会、自治体というそれぞれ独立した社会を統合しようという動きがみられた。フランス革命では、教会を批判し破壊した以上、その力と制度を徹底的に批判する必要が生まれた、とギゾーは考える。これは近代の市民社会、資本主義社会が最高の形態であると考える発想ともなった。また、次の世代のマルクスが、歴史は階級闘争の歴史であるというテーゼを出し、古代が君主と奴隷の対立であり、封建制度というのは地主と農奴の対立であり、資本主義が、資本家と労働者の対立であることを肯定するための先駆的な図式ともなった。ギゾーの歴史分析が、マルクスの、階級対立の歴史である、という考え方に、たいへん似ていることに気づくであろう。

ここには、まず文明史の「社会の進展」の見方が中心にあり、一方の「精神の進展」の、内面の問題の歴史がおろそかになっていることに気づくであろう。問題は、賢者の思想であって、近代の制度改革のことではない。それは自由への探究という彼の目的意識と矛盾するのである。

とくに「フランス革命」を始めとする「市民革命」は、キリスト教会のもたらした、社会のよき面、豊かな面を否定してしまっている。その時代こそ、教会堂を中心に市庁舎などが都市の中心に建てられ、社会も教会という精神的支柱をもち、一方で都市の共同体をつくっていた。その時代は、経済社会としては、利益が再生産と結びつく経済原則に従わず、まさに精神の再生産のために建設が行なわれた。修道院から発した教会文化は、地方の農耕、牧畜の世界と結びつき、九世紀から十四世紀に一斉に地方都市の中心を形成するようになっていった。

ヨーロッパはキリスト教会堂を中心に都市が農業と商業を中心につくられ始め、土地の開墾により、社会は発展していったのである。大規模な教会と都市の建設は、まさに精神の豊かさと物質的な豊かさがあいまってつくられたものである。今日のヨーロッパの都市が発生し、そこに教会を中心とした豊かな文化が生まれたのはこの頃である。

それは、十一世紀までの初期段階では「ロマネスク」時代と呼ばれ、十二世紀半ば頃から「ゴシック」時代と呼ばれている時代のことである。一方で十字軍が結成されたのも、それだけ資金があったのであり、また人々のキリスト教的精神共同体が生まれて、イスラム文化と対峙した証拠に他ならない。まさにこの時代こそ、新しい文化の発生であり、ヨーロッパの都市の原型が生まれ、そこに古典と言ってよい「ゴシック」文化が生まれた。このことをギゾーは無視している。

ギゾーの思想は、権力への過信は誤りを導く、という考え方であるが、これは日本の盛者必衰、おごれるものは久しからず、の考え方で、これを福澤が捉えるのであった。だがその歴史観は完全に西欧中心主義であり、とくにギゾーの場合はフランス中心のそれである。

4　福澤諭吉の『文明論之概略』と「アジアの遅れ」批判

このギゾーの『文明史』の「大意」をその英訳から解釈したのが、福澤諭吉の『文明論之概略』第八章「西洋文明の由来」であることはよく知られている。そこではたしかにその大意をつかみ、その筋を追っていることがわかる。これまで述べたギゾーの記述をどう受け取ったかということが、この『文明論之概略』を通して、その後の日本の歴史観に大きな影響を与えただけに興味深い。そのことはすでに、丸山眞男による『「文明論之概略」を読む　上・下』（岩波新書、一九八六年）に詳しいが、しかし丸山氏は、福澤の「典型的な市民的自由市民」という態度を称賛するあまり、あまりその理解の仕方を批判していない（その点、左翼批評家から丸山へ、福澤が大日本国憲法や教育勅語の支持者であることを忘れているという批判があるのだが）。

福澤のギゾーのヨーロッパ史への理解は、その具体的な史実を解釈するよりも、その「野蛮」から「文明」へとする「進歩史観」を受け入れる点に重点が置かれる。

《この野蛮暗黒の時代にありて、耶蘇《やそ》の寺院は自らその体を全うして存するをえたり。》ここでヨーロッパのいわゆる「中世」について語られるのであるが、各行に必ず「野蛮」とか「禽獣」という言葉が繰り返され、その「無政無法の世」に「耶蘇《やそ》教」の功徳がそれを救ったふうに書かれている。その言葉はギゾーにも書かれているとはいえ、そこからゲルマン法も生まれたのであり、その結果秩序も出来、移動生活も終わりを告げたのである。決してキリスト教の教化によるものだけではなかった。福沢が、ギゾーの近代に向かっての「進歩史観」をより誇張する傾向にあることは、前項のギゾーの内容と比較してもわかるであろう。

《野蛮暗黒の時代漸く終て、周流横行の人民もその居を定め、これに於てか、封建割拠の勢いに移りたり。この勢いは九百年代に始まり、千五、六百年の時に至て廃滅したるものなり。この時代をフューダル・システムの世と称す。封建の時代には、仏蘭西といい西班牙《スペイン》といい、各々その国の名を存して各国の君主なきにあらざれども、君主はただ虚位を擁するのみ。国内の武人、諸方に割拠して一の部落を成し、山に拠りて城を築き、城の下に部下を集め、下民を奴視して自ら貴族と称し、現に独立した体裁を備えて憚る所なく、武力を以て互いに攻伐するのみ》

この部分は、福澤はギゾーからは引用していないが、ヨーロッパの「封建制度」をこのように理解することは、日本の戦国時代の戯画化に過ぎず、あたかも原始的な時代にまで社会を単純化している。無論これはギゾーのヨーロッパ観自体の問題であるが、少なくとも家族や、共同体の強さを生み出した時代であり、社会秩序がつくられようとした時代であった。ギゾーは《性格のない時代》とか《すべてが試みられ、成功しない時代》と言っているのであるが、しかし十字軍にしても、教会の呼び掛けに応じたのは各国の君主たちであった。この時代に君主の存在は「虚位」というよりも、いろいろな形を取っており、ギゾーは上記のように三種類の王権がある、と言っている。たしかに福澤もその一例としてフランスのルイ十一世をあげ、その「文を重んずる」の風を多少は評価しているのであるが。

《千五、六百年の際に至りては、封建の貴族も次第に跡を絶ち、宗旨の争論もいまだ平治せずといえども、ややその方向を定め、国の形勢はただ人民と政府との二に帰したるが如し。然りといえども、権を専にせんとするは有権者の通癖にして、各国の君主もこの癖を脱すること能わず。これに於てか人民と王室との間に争端を開き、この事の魁を為し足るものは、即ち英吉利なり》

ここはギゾーの第十一講で、英訳本では「国民と政府の集権化」という題がついているところであるが、この最後の「英吉利なり」というところは、イギリスの「名誉革命」のことを示している。このイギリスの政変を福澤は《国王の位を廃し、一時共和政の体をなしたれども、永続すること能わず》と書いている。ギゾーの講義では、人間精神の「自由探究」の道を開くのと中央集権的絶対君主制が初めて出会った、と書かれているのだが、これを福澤は「君民同治の政体」と述べている。ここには福澤の独自の解釈がある。

これを丸山眞男は《(君民政治とは)政体の表現としては実に特殊というか、奇妙な言葉です。君民政治は治者ばかりの世界ということになりますから、これを逆にヨーロッパ語に翻訳しようとしても不可能です》と述べているが、この点は丸山の方がギゾーの考え方に近いのである。丸山氏にとっては、君と民が同じように統治するなどという考え方は到底とることが出来ない。ここで戦後の社会学者と、明治の学者との相違を如実に示すことになる。

《然りといえども、また一方より国の文明如何を尋ねれば……。王室の政治は不流停滞の際に腐敗をいたし、人民の智力は進歩快活のために生気を増し、王室と人民との間に必ず激動なかるべからざる勢いというべし》。福澤が「フランス革命」を一方で、人民の智力と自由な思想の活発な発揮と、他方で「不流停滞」の極に陥った王室の政治の大衝突と述べている、と取るのが丸山氏であるが、これは福澤にとって、「勢いというべし」であって、それが「革命」支持というところまでいっていないことを示唆している。第一に福澤はまだ西洋に「革命」があある、とは思っていないのである。

この章の最後の文章で《即ち千七百年代の末に仏蘭西の大騒乱は、この激動の事実に見われたるものなり。但しその事の破裂するや、英吉利にては千六百年代の央ばに於てし、仏蘭西にては千七百年の末に於てし、前後百余年の差あれども、事の原因とその結果と、相互に照応する趣は、正しく同一の轍を践むものというべし。右は西洋文明の大略なり》と書いている。

最後で気づくのは、ギゾーの理想化した、フランス国民の、十八世紀末に始まった現世界の専制的権力と精神界の専制的権力との戦い＝フランス革命は偉大な教訓なのだ、という点を、福澤が一切語っていないことである。つまり福澤が「仏蘭西の大騒乱」（まだフランス革命という言葉はなかったが、この言葉の方がこの事件を言い得ている）によって生まれたとされる「近代」というものを、丸山の言うような評価で明言していないところに問題がひそんでいるのだ。

このギゾーの本は上に書いたように、フランス革命の上に立った、フランス文明の宣伝の本とでも言うべきものである。福澤はこの本をコメントしているのであって、それ自体を紹介していない。何よりも、少なくともヨーロッパについては、この本の情報が正しいという選択の余地のない態度が見える。そして日本の文明化を阻む思想として儒教をあげ、その批判を徹底的に行なおうとする。しかし福澤自身、儒教教育を受けており、それゆえ儒教が「獅子身中の虫」だったのである。しかし儒教の中に、西洋思想と同じものを見出すことも行なう必要があろう。西洋の「自由」などという言葉も、同じ状況があるということに気づくことが必要だったはずである。

福澤は儒教の書以外に日本の史書、新井白石『読史余論』、頼山陽『日本外史』を引用している。

《福澤の古代から同時代にいたるまでの日本史理解は、「上古」「中古」「王代」「武家の世」といった時代区分の枠組をこれらの史書から借り、それを満たす多くの史実をそこから引き出しながら、これらの史書を貫く史観をしばしばパロディ化するまで、史実の意味づけを逆転している。……『太平記』や『日本書紀』を参照しているし、……、徳川光圀『大日本史』虎関師錬《こかんしれん》『元亨釈書』（一三二二年）などに眼をとおしていたのだろう》と松沢弘陽氏はその「解説」（同文庫）で指摘している。

福澤は、バックルの『英国文明史』を取り上げ、アジアに対するその偏見を非難しているが、英人にとってアジアといえば、その頃はインドしか知識がなかった。バックルはインドによって、アジアを代表させており、豊かな肥沃な国では宮廷革命や王朝の戦争はあるが、人民の間からの「革命」はなく、自然が課した苛酷は運命をやわらげることはない、と述べる。一方、ギゾーの第七章の「自由都市の勃興」でも、アジアについて、ひとつの階級が完全な勝利をおさめてしまっているため、進歩の主たる原因の「階級闘争」は存在しないと述べており、福澤は《クラスノ争亜細亜ニナシ》（クラス＝階級）と書き込んでいるが、「革命」や「階級闘争」がないと「進歩」がない、という彼らの思想は、いずれもマルクスに通じるものであって、「進歩」史観に共通しているものだ。従って、それ自体アジアに馴染まないものであることを認識しなければならないはずである。

しかしバックルにしてもギゾーにしても、後に述べるヘーゲルにしても、彼らが自国中心主義、西欧中心主義であることに変わりはない。それは一方で、日本の情報がほとんどない状況では致し方ないと言ってよいかもしれない。日本といえば、中国のようにイエズス会の僧侶が滞在していたのと違って、オランダからその情報を得ない限り、伝わらなかった。十七世紀後半から十八世紀にかけての日本の銅、そして陶磁器、漆器を始めとする工芸品などのオランダとの通商関係は、すでに十八世紀後半には僅少であったし、ましてや十九世紀前半においては日本の情報の欠落期であったと言ってよい。せいぜいシーボルトの探索の報告があったであろうが、これも流布したわけではないだろう。日本もまた「鎖国」の状態と考えられていたから、ほとんど具体的な情報は入らなかったであろう。

また中国認識も、十八世紀までは「シノワズリー」の「ロココ時代」を飾る中国趣味の高い文明評価が一般にあった。中国文明についてはイエズス会士の中国紹介によってフランス人の経済観のみならず政治観にも影響を与えたといわれている。啓蒙主義の人々は、中国の官僚制度を高く評価していた。またフランス人の中国「文明」観は清・中国への新たな認識であった可能性が強い。ケネーやテュルゴーの重農主義経済思想が中国の農業に対する情報から得られていたことは島恭彦『東洋社会と西欧思想』（一九四一年）がつとに指摘していたところである。

後藤末雄氏は『中国思想のフランス西漸』（東洋文庫、一九三一年）で、《百科全書派が政府に求めたものは、思想の自由、すなわち信仰、税制の改革、重農制度、人材の登用、一言（をもって）すれば「道理と信仰の自由と仁愛」》を要求したに過ぎなかったと述べている。以上の要求は中国では古来実現されて、国民はすでにその恩恵に浴していた。それ故、《革新哲学ことに百科全書派は、いかほどにヤソ会を唾棄していたにせよ、この派の中国通信を自説の依拠として中国思想にその論拠を求めたのであった。……フランスにおいては中国思想の中心説たる仁愛政治、民本主義等の諸思想が百科全書家の主張に影響し、これに利用されてフランス革命が勃発し、ルイ王朝は倒壊したのであった》。後藤氏は続けて、当時、革新思想によってフランス大革命が起こったとするならば、その思想に中国思想もまた影響を与え《圧政政治の打倒、人類解放の大事業に多大な貢献を寄与したものといわねばならない》とまで述べている。さらに氏は、フランスの「革新思潮」が明治時代の「自由民権運動」に影響したことに触れて、《中国思想はまずフランスに先制して革新思想と共同して現代の実証的社会を建設し、ついに遥々フランスから革新思想と相い携えて我が国に渡来し、徳川幕府によって重用された儒教思想と邂逅し、再び革新思潮と提携し、遂に我が日本においてその精華を完全に発揮したと論断》するに至ったとさえ述べているのである。

しかしこのような認識は、西洋の知識人においては全くない。儒教など否定的に見さえすれ、それがフランス革命をもたらした一要素などと思いもしない。それはキリスト教史観の後、「人間性」の「近代思想」を自らが打ち建てたと考える。ギゾーは《一方における社会の発展、他方におけるユマニテ（人間性）の発展》を語り、ユマニテを文明のより重要な要素とみなした。

そのまさに十八世紀後半から、中国、インドが植民地になって行く時代と対応する。日本についても中国の属国としか見られなくなった。十四世紀のマルコ・ポーロの情報では、日本は中国の向こうの「金の国」であったし、それをめざした十五世紀末のコロンブスもまた日本を目指した。そうした記憶も彼らから、はるかむこうのお伽話として消えるのである。ロンドンの大英博物館やルーブル美術館には、東洋はインド、中国のものが増えていき、日本のものは何も入らなかったから、アジアはこの二国が中心だと思われるようになった。

こういう経過を知らぬ福澤諭吉は、日本が「半開」の階級の下の国という自己規定をしてしまったのである。しかし経済史家の川勝平太氏の研究で、日本は「鎖国」の時代に、イギリスと並んで生糸工業で先進国となっていたことを指摘されている。実際は明治時代に、「近代西洋」と対抗する経済力をすでに貯えていたのである。

むろん福澤も、西欧をそのまま肯定しているわけではない。《また西洋諸国を文明というといえども、正しく今の世界にありてこの名を下すべきのみ。細にこれを論すれば足らざるもの甚だ多し。戦争は世界無上の禍いなれども、西洋諸国、常に戦争を事とせり。盗賊殺人は人間の一大悪事なれども、西洋諸国にて物を盗む者あり人を殺す者あり。国内に党与を結で権を争う者あり、権を失うて不平を唱る者あり。いわんやその外国交際の法の如きは、権謀術数至らざる所なしというも可なり。ただ一般にこれを見渡して善盛に趣くの勢あるのみにて、決して今の有様を見て直にこれを至善というべからず》《今の欧羅巴《ヨーロッパ》の文明は、即ち今の世界の人智を以て僅かに達し得たる頂上の地位というべきのみ。されば今世界中の諸国に於いて、たといその有様は野蛮なるもあるいは半開なるも、いやしくも一国文明の進歩を謀るものは、欧羅巴《ヨーロッパ》の文明を目的として議論の本位を定め、この本位に拠て事物の利害得失を談ぜざるべからず》

しかし福澤の「進歩史観」が、キリスト教でもマルクス主義でもない、とすれば、何を基準に「進歩」というのであろう。《今後数千百年にして、世界人民の智徳大に進み、太平安楽の極度に至ることにあらば、今の西洋諸国の有様を見て、愍然たる野蛮の歎を為すこともあるべし。これに由てこれを観れば、文明には限りなきものにて、今の西洋諸国を以て満足すべきにあらざるなり》

ここには知徳による「太平安楽」の世が漠然と語られる。ヘーゲル流の「自由」でも、マルクスの「共産主義」でもない。或いは彼は浄土真宗の家に育ったから、「浄土」のようなものかもしれない。何に向かって行くのかが明快に指摘できなければ「進歩」を述べる根拠は薄いと言わなければならない。仏教ではそれが根本思想で「三法印の一」である。万物は常に変化して少しの間もとどまらない、ということなのだ。日本人には「諸行無常」の変化があっても、それは「進歩」というものではない。

第二次世界大戦の戦争は、そのことをよく示したし、社会主義もまたそのことを示した。そこには何も「進歩」がなく、変化どころか「退歩」しかなかったのだ。アメリカでさえ、武器の進歩と、物質の改良があったに過ぎず、民主主義の流布でさえも、それ自身「進歩」ではない。民主主義の流布のために戦争を行なうようになったのである。しかし民主主義はもともと手段に過ぎず、それがよい政治の基本思想ではない。よい統治は選挙による民主主義がなくとも、行なわれることもあるのだ。それはひとつの方法、過程に過ぎない。

コンドルセ以来、西洋では「科学・技術」の「進歩」はますますめざましく、日本もまたその恩恵に与り、さらに現代ではそれをリードするに至っている。交通手段は言うに及ばす、われわれの日常生活にも入り込み、インターネット、人工授精、遺伝子治療、臓器移植、クローン技術などにまで及んでいる。一方で軍事技術の発展が、あの原爆の数百倍の規模の水爆まで可能にしている。

現代においては、支配階級とも言えるのは、「テクノクラート」（技師、財政家、教師や医者等々の専門家）、とくに最も高度な専門家としての「科学者」たちと言ってよいかもしれない。しかしこうした専門家たちは、実は自分の専門を誇ってものを全体的に見ることを知らず、「大衆人」の典型なのだ。さらに悪いのは彼らは専門家の傲慢さで、他人の言葉に耳を傾けない傾向がある。《彼らは今日の大衆支配を象徴するとともに、大部分を構成している》のである。オルテガのこの有名な指摘は、さまざまなところで引用されるが、しかし改めて繰り返すべきであろう（『オルテガ著作集２』白水社）。このような専門家をつくり出した十九世紀の「大学」、とくに世界をリードしたドイツの大学をきびしく告発するのである。彼は『大学の使命』（一九三〇年）で《研究を大学の支配的地位につかしめた偏向は、大いなる不幸であった。第一の重要事、すなわち教養が大学から押し退けられたのはこの偏向による》（井上正訳、前掲書）と述べている。テクノクラートがいかに知識を振り回しても、その下にある「教養」がなければ、それは生かされない。その基礎があって、はじめて全体像を描くことが出来るのである。このオルテガの指摘こそ、今陥っている現代の罠である。福沢諭吉の「進歩」は、このような日本の「大衆人」を望んだことになる。それはヨーロッパでつくられた「大衆人」の概念であった。

第五章　アジアは本当に遅れていたのか

——ヘーゲル歴史観が世界史を歪めた

1　東京大学お抱え教師フェノロサはヘーゲル主義者であった

「近代進歩史観」の歴史概念の根底をつくりあげたのが、ドイツのヘーゲルの「歴史哲学」であることは知られている。日本で最初にドイツの歴史観をとり入れたのは、東大総長であった加藤弘之である。この人物ははじめ蘭学を修め、幕末にプロシャ（プロイセン）の公使が条約締結のためにやって来たとき、蕃所調所の教官となっていた。万延元年（一八六〇年）、プロシャ国王が幕府に電信機を贈呈したときに、その伝習を受けるためにドイツ語を習い始めたのであった。明治十年（一八七七年）の東京大学の創設にも関わり、ドイツ思想を取り入れることに積極的であった。はじめは天賦人権、自由平等を説き、のちに社会進化論を唱えた。

そして明治十一年（一八七八年）に「お抱え教師」として東京大学に招聘されたのは、ヘーゲル学者のフェノロサであった。彼は法隆寺の救世観音の発見者として日本美術史の分野で名高いが、東大で教えたのは哲学だったのである。彼は赴任すると、シュヴェーグラーの英訳本『哲学史概要』を用いて、デカルトからヘーゲルまでの哲学を講義した。彼はドイツ人ではなくアメリカ人であったが、日本において初めてヘーゲル哲学を紹介したのであった。講義では英語のウォレスの『ヘーゲルの論理学』が使われた。また実際には、政治学や経済学まで教えており、文学部の主要講座の大半を担当していたという。

フェノロサの講義を受けた者の中に、井上円了、三宅雪嶺、井上哲次郎、清沢満之らがいた。

井上円了は一八八二年、すでに『哲学要領』を出し、ヘーゲルに近い弁証法的発展史を説いている。ただ井上は、仏教と西欧哲学を結合しようと『仏教活論序論』『真理金針』を著し、ヒンズー教と仏教、とくに大乗の「華厳宗」と「天台宗」の二派の「理体」を強調した。その点でヘーゲルの「汎論理主義」「汎神論」に近い考えを持っていた。一八八五年、大西祝《はじめ》が『西洋哲学史』を著し、西洋哲学を見渡す概論を出したし、三宅雪嶺は一八八八年に『哲学涓滴』を発表し、シュヴェーグラーやフィッシャーの影響下に、デカルトからヘーゲルまで論じた。

井上哲次郎はフェノロサについて次のように言っている。《氏は進化論者であったが、普通の進化論者の如くただ進化論を講ずるのみでなく、独逸の哲学をも併せて講した。その中に於いても特にヘーゲルの哲学を力説した。ヘーゲルの哲学にあるところの進化思想と、科学的な進化思想と、この両者を打って一丸となし、その上に出ようと努力したのである。それ故に、決して当時流行の物質主義に迎合したものではない。やはり一種の理想主義であった》と述べている（『フェノロサと明治文化』一九四四・六八年）。この「進化論」とはダーウィンの『種の起源』に発する動物の進化論であるが、それはまた歴史の進化論にも当然結びつくものであった。井上はその後、一八八四年から九〇年までドイツに留学し、K・フィッシャー、ツェラー、ヴントの教えを受け、帰国後、東大で儒教と中国思想の研究のかたわら、シュヴェーグラーらの影響のもとに『西洋哲学講義』を講じている。清沢満之は一八八六年の『西洋哲学史講義』の中で、ヘーゲルを高く評価し、アリストテレスや釈迦に比肩すると述べたことで知られている。ヘーゲル哲学を法華経の十如是と関係づけているのも、仏教思想の方から理解しようとする姿勢があった。

このように、ヘーゲルは哲学者として導入されたが、しかしその「歴史哲学」は広く文明の「進歩史観」の根底の思想として流布されることになった。京都大学でも、日本史家の西田直次郎はコンドルセなどの進歩史観を取り入れると同時に、人間精神の発達史としての人類史という立場からヘーゲルの史観を重要視したことも知られている。

このようにフェノロサが東大の学生たちに教えたヘーゲルの思想は広まっていった。一九〇〇年代にすでにヘーゲル派の翻訳書が多く出され、とくに一九一四年頃からクローチェ、フィッシャー、ディルタイ、K・ハルトマン、マルクスなどが訳され、ヘーゲルの『歴史哲学序説』も一九二九年に出されるようになった。彼が美術史を重視したのも、その歴史観の表れであった。このフェノロサの受容が、それ以後の日本の歴史認識に大きな影響を与えることになる。

ところで、ヘーゲルにとって日本というものは眼中にない。東洋については中国を論じているのだが、それも否定的で、ヘーゲルを読む者はすべて「東洋の劣等性」に対して頭を悩ませることになる。それがとくにマルクスの歴史観に深い影響を与えたため、ヘーゲルの思想そのものは忘却の彼方に置かれても、繰り返し反芻されることになったのである。この劣等感を持たされたのは、日本の知識人が、日本と彼が批判した中国とが同じであると考えたからである。

哲学の方で京都学派といわれる西田幾太郎、田辺元らが「世界史の哲学」を論じたのも、ヘーゲルの歴史観を前提にしたものであった。「近代の超克」という題の座談会で知られる「世界史的立場と日本」の論議も、そこにはヘーゲルの「遅れた東洋」の中の日本の姿が出発点となっている。それを大東亜戦争への突入の中で、逆転させようとしたものであった。

新渡戸稲造が一八九八年に有名な『武士道』を書いた動機のひとつも、ヘーゲルの歴史観に対する反論である。《私は、ヘーゲルが博い学識を深遠なる思考によって推しすすめ、かつ論じた見方、すなわち、歴史とは自由の展開および実現であるという見解を、おおよそ受け入れるものである。私の明らかにしたい点は、武士道の教え全体は徹底した自己犠牲の精神に染め上げられており、その精神は女性のみならず、当然のこととして男性にも要求されたということである》(奈良本辰也訳)と言うとき、この後半の武士道への肯定が、ヘーゲルの「東洋的専制」という規定について抗弁をしていることがわかる。

《封建制度のもとでは容易に武断政治におちいりやすい。私たちが最悪の専制政治から救われているのは仁のおかげである。支配される側が「身体と生命」を無条件に預けると、そこには支配する者の意志だけが残る。そして自然の成り行きとして、しばしば「東洋的専制」と呼ばれる絶対主義の極限の発達をもたらすのである。あたかも西洋の歴史には一人の専制君主もいなかったかのように。私はいかなる種類の専制も支持するものではない。だが封建制を専制と同一視することは明らかに誤りである》(同訳)。新渡戸はこのように言っている。

新渡戸稲造の『武士道』は、もともと日本のようなキリスト教でない国が、なぜ道徳的に発達した国になりうるか、というヨーロッパ知識人の疑問に応えて書かれたものであった。どうして宗教なくして道徳教育が可能か、という問いの答えとして、日本における「武士道」の存在をあげたのであった。新渡戸は福沢と同様、ギゾーを読んでおり、《封建制度と騎士道は後世に健全な影響をもたらした》という点を、彼の「武士道」評価に結びつけている。

ギゾーにならって封建主義を専制と異なることを述べたあと、さらに新渡戸稲造は次のように付け加えているのである。《フリードリッヒ大王が「朕は国家の第一の召使いである」と書いたとき、法律学者たちは、自由の発達が新しい時代に到達したのだ、と正しくも信じた。あたかも時を同じくして日本の東北の山間部にある米沢では、上杉鷹山はまさに同一の宣言を出していたのだ。「国家人民の立てたる君にして、君のために立てたる国家人民には之無候」》と述べている。ここに主張されているのは、君主制でも自由の発達はあるのだ、という思想である。

ここで予想できるのは、封建主義であろうと、人間の「自由」は保たれうる、という発想であった。たしかに「武士道」の源泉は、孔子のいう儒教であり、「義」「勇」「仁」「礼」「誠」「名誉」「忠義」であった。それはあたかも《個人には共同の意志の命じるままに素朴に行動し、共同体権力が自分に対立することを知らない》というヘーゲルの言葉に合致するかもしれない。しかし《中国には、平等はあっても自由はないから、政治形態は専制政治とならざるをえない》という中国と日本とを同一視する必要はない。

日本人にとって（あるいは中国人を含めてもいいかもしれない）「自由」とは何か。それを新渡戸のいう儒教精神に求めてはならないことは確かである。日本人にはその心性に、ひとつの宗教体系におさまらない思考がある。そのことは新渡戸が「大和魂」という章で語りたかったことかもしれない。そこでも「サムライ」の精神の気高さを説いているだけかもしれないが、しかし「大和魂」という言葉に、日本の神道だけでなく、自然への信仰、とくに人間の在り方についての示唆がある、と思われる。

ところで、ヘーゲルの訳が次第にこなれてくるにつれて、ヘーゲルの「歴史哲学」がさらに話題になるようになった。最近、その訳者の長谷川宏氏が編んだ『思想読本　ヘーゲル』にある、氏と戦後のマルクス主義者の代表のひとり吉本隆明氏との対談にも、未だにヘーゲルとの格闘が見られる。

《ヘーゲルの歴史哲学のなかで、アジア的な時間というがうまく組み込まれていない。……東洋世界と言うのは、進歩的な歴史の大きな時間の流れの中にうまく組み込まれていない。ヘーゲルにとってアジア的な世界は、制度的にいうと家父長社会である。家族を原理とする社会である。……アジア的専制、と述べている。家族を原理とするということは非常に自然に近いものだ、ということになる》と激しく不満を述べている。《自然というのは、季節では春夏秋冬があり、植物もその単位で変化していくのであって、循環構造になっており、そこには進歩が出てこない。ヘーゲルは自然については述べていない》と指摘している。この発言をみても日本の知識人にとって未だにヘーゲルの呪縛が大きいことがわかる。杉田正樹氏の『ヘーゲルと近代日本』でも、江戸の思想史家である子安宣邦氏の『アジアはどう語られてきたか』（藤原書店、二〇〇三年）

という書物でも、その呪縛が開陳されている。

ヘーゲル的な進歩史観を取り入れ、「文化史」を日本の歴史の中心軸に持ち込んだ歴史家に西田直次郎（一八八六～一九六四）がいる。西田は京都大学の国史専攻の第一回の卒業生であった。この「文化史」は歴史の文化部門史ではなく、歴史を究極的に「文化価値」を基本にして見る全体史とする、という概念に立っているのが興味深い。その意味では同じ「文化史」を書いた辻善之助（一八七七～一九五五）のような実証主義的な記述と異なって、ヘーゲル的な価値意識の影響を受けている。

西田は大正九年（一九二〇年）から十一年までヨーロッパに留学をし、まずコンドルセ（一七四三～九四）の『人間精神進歩史』（岩波文庫、一九五二年）に衝撃を受けた。彼の『日本文化史序説』（一九三二年）にはそのことが書かれているが、そのようなヘーゲルの進歩史観につらなる、フランスの文明史観から出発して、日本の文化を考察しようとしたのである。カール・ランプレヒト（一八五六～一九一五）やH・リッケルト（一八六一～一九三六）といった同時代のドイツの歴史家の影響を受け、歴史の類型化や「文化価値」を見出す方法を学んだ。さらにW・ディルタイ（一八三三～一九一一）の「生の哲学」を学び、歴史が人間社会の発展を問う学問であり、それが人間の精神のあり方に関わるものである、という認識を持ったのであった。

この「新しい歴史学」は、日本における大正教養主義的な理想主義と結びついていた。「近代」の「文化的価値」として、「企業的精神」「個人主義的精神」「資本主義的精神」の三つの精神を見てとった。それはM・ウェーバーの考えと似ているが、異なるのはその発展史観であり、理想主義的傾向である。またその資本主義そのものを肯定する考え方は、その社会的矛盾や民衆の苦難を説くマルクス主義的な歴史家から批判されることになる。

一方でこのヘーゲル的な理想主義的歴史観は、西洋にのみ「文化価値」があるという西欧中心主義を肯定することでもあった。後に西田は「皇国史観」になっていくのであるが、その理想主義的傾向が、日本の国体にそれを見ることにつながるのは、よく見て取れることである。

2　ヘーゲル史観は西洋中心主義である

さてヘーゲル史観は、人間の歴史に目的を持ち込んだことで、よく知られている。一八二二年から三一年にかけて、ヘーゲルはベルリン大学で「世界史の哲学」と題して講義を行なったが、そこで述べたことは、世界史を貫くものは人間の「理性」である、ということであった。そして歴史における発展の目的とは何かといえば、それは「自由」の実現のためであると述べた。

世界史とは何か。《精神がみずからが自由だと意識する、その自由の意識の発展過程と、その意識が現実にうみだすものの発展過程をしめすものである》と『歴史哲学講義』で述べている。つまり《世界史とは意識における自由の意識の進歩である》と考えるのである。その段階から考えると近代がその最も進んだ段階である、という認識があった。

歴史というものは、自由の精神の発展段階である。まず人間は自己が自由であることを知らない、精神の自然性の中に没入した状態がある。そこから一人の「皇帝」だけが自由である状態、ついで精神が自由の意識へ進展した状態が第一段階である。自然性の殻をひきずり、自然性からの分離は不完全で部分的であり、人間そのものが自由であることを知らず、いく人かの者だけが自由である状態が第二段階なのである。そして自由の純粋な普遍性への高揚という状態（人間が人間として自由であることを自覚した状態）の三段階を踏む。ヘーゲルが世界の文化、宗教、社会、国家の在り方を考察し、歴史の段階を設定したのである。

《世界史は東から西へとむかいます。ヨーロッパは文句なく世界史のおわりであり、アジアははじまりなのですから。東それ自体はまったく相対的なものですが、世界史には絶対の東が存在する。というのも、地球は球形だが、歴史はそのまわりを円をえがいて回るわけではなく、むしろ、特定の東を出発点とするからで、それがアジアです。外界の物体である太陽はアジアに昇り、西に沈みます。とともに、自己意識という内面の太陽もアジアに昇り、高度なかがやきを広く行き渡らせます。世界史は野放図な自然のままの意思を訓練して、普遍的で主体的な自由へといたらしめる過程です。東洋は過去から現在にいたるまで、ひとりが自由であることを認識するにすぎず、ギリシャとローマの世界は特定の人々が自由だと認識し、ゲルマン世界は万人が自由であることを認識します。したがって、世界史に見られる第一の政治形態は専制政治であり、第二が民主制および貴族制、第三が君主制です》（『歴史哲学講義』長谷川宏訳）。フランス革命の意義とその影響で、歴史は閉じるということを、死後、ヘーゲルの「歴史の終焉」説が有名にした。

ここにヘーゲル世界史観の要約があるが、それは、アジアからヨーロッパへと歴史が移り、現在はゲルマンの世界にその世界史の目的の実現を見たという発想である。最近のウォーラーステインのような、ヨーロッパがもたらした「近代世界システム」が世界をおおっているという見方には、このヘーゲル史観は未だに生きている、と見てよいだろう。さらに「グローバリゼーション」の名で、世界経済が統一されていく、という最近の見方もまた、このような欧米中心主義の見方のひとつになるだろう。これらは、十九世紀前半のヨーロッパ知識人の到達したヘーゲルの歴史観から出発したものである、と考えることが出来る。

日本人の見方では、アジアであろうとヨーロッパであろうと交流はあったが、各地方が並立して発展してきた、という見方が公平であろうと思われるが、この見方も日本においてさえまだ常識となっていない。しかも日本人にとって、人間の歴史に目的をもたせるのもおかしいし、歴史が段階を踏むというのもおかしい。これは第三章で述べたキリスト教的歴史観の反映としか思われないし、第一章の日本の歴史観を調べても、そのような「進歩史観」はとられていないのに気づくであろう。

ヘーゲルが東洋というとき、そこに日本が入っていないのは、イエズス会の宣教師たちの情報が中国に限られていたからである。十九世紀前半の情報では無理であったかもしれないが、日本自身が思想的にあたかも中国の属国のように考えられていたのも原因であろう。この最東端の国が、「近代世界」において最も成功した国家のひとつとなったことは、予想さえつかなかったことであろう。ともあれ、ヘーゲルのこの歴史観をあらためて批判する以外にない。

ここで注目すべきなのは、彼の世界史の展開について、国家という問題が中心になっており、単に個人の「自由」という問題は必ずしも中心課題ではないということである。《世界史においては、国家を形成した民族が問題の中心になる》というのも、《国家こそが、絶対の究極目的たる自由を実現した自主独立の存在であり、人間のもつすべての価値と精神の現実性は、国家をとおしてしかあたえられないのだから》（『歴史哲学講義』）である。この考え方は、結局、人間にとってその共同体の倫理の中に、その自由の理念が生きた善として姿を現したものである、という考え方である（『法哲学講義』）。それは国家こそが、そこに「理性」の最高形態をもつという考え方にも通じるのである。このヘーゲルの国家観を、第一章で述べたような天皇体系の国家の理論づけに使われうるとするヘーゲルの解釈があってもおかしくないことになるのだ。

ヘーゲルのこのような考え方は、すでに見たコンドルセやギゾーの考え方と同じ「西洋近代」を理想化しようとする「進歩史観」である。しかし彼らフランス人の「社会の進歩」についてよりも、その進歩の在り方が「理性」とか「自由」といった抽象的な用語で集約した点でドイツ的観念性が顕著であるということが言えるだろう。「世界史は一般に時間の中における精神の展開」であり「世界史においては一切のものを精神の現象と見る」という観念性は、ドイツ人のものなのだ。

さらに歴史が、ゲルマン人の共同体において目的を達成したとすれば、歴史自身が終わってしまう、という珍妙な説が成り立ってしまうことになる。少なくとも日本人は「それは西洋はそうかもしれないが、日本は異なっている」という認識をもつのが当然であろう。日本人が、歴史は自然と共同体とともに展開するが、しかし人間だけがある目的に向かって進む、とは考えなかったことは第一章でみてきたことである。

しかしこの知識を受け取った日本人たちは、そのヘーゲルの考え方をそのまま受け入れていた、と言ってよい。ヘーゲルの二十世紀の弟子コジェーヴが日本に来た際に、日本だけが、歴史が終焉したわけではない、という不思議な言説をしたことは知られている。日本のヘーゲル学者は相変わらず、日本が遅れているアジアの国である、と思っていた。二十世紀末に社会主義の終焉により、F・フクヤマがあらたに「歴史の終焉」を述べたときは、日本も西欧の一員であるかのように思うようになっていたのは記憶に新しい。フクヤマはヘーゲルの「歴史」を二十世紀まで延ばしたのだ、と言ってよい。

3　なぜアジアへの偏見が生まれたのか

ヘーゲルの東洋への見方は、東洋には精神の独立性はない、精神の「自由」の認識がない、ということである。この個人の「自由」が欠如しているという観点から、「東洋的専制」とか「アジアの停滞性」の見解が生まれている。なぜアジアが一番、遅れた段階にあると考えられたのか。なぜこのようなヘーゲルの東洋思想理解がなされたか、少しく検討してみよう。

ヨーロッパ人にとって東洋は、少なくとも十八世紀半ばまでは決してこのような認識ではなかったことは知られている。ドイツ啓蒙主義の旗手とも言われたクリスティアン・ヴォルフは、一七二一年に中国の方がヨーロッパより道徳的に進んでいる可能性があると述べ、さらに日本もよき文明国として述べている。またカントも『永遠平和のために』の註で、日本の鎖国について触れ、西欧諸国の植民地会社の詐欺まがいの無理非道をみたら、日本の鎖国も無理からぬ、とさえ述べている。そこにはまだ優劣の認識はなかったし、フランスのヴォルテールなどの啓蒙主義者たちも、イエズス会の中国報告から、政治体制まで進んだ状況にあることを語っていたのである。

ヘーゲルが中国思想について彼の見解を述べたのは、初期のイエナ時代からの研究に基づき、一八二一年から二二年にかけてベルリン大学で宗教学の講義と歴史哲学の講義を行なった機会であった。この『哲学史講義』では、東洋人の真の価値は個人の意識の放棄に結びついている、と述べている。それ故すべての特殊的なものや、「個人」が捨象されるときはじめて崇高なるものが現れる、という。東洋文明は《わたしたちに対して適用され満足を与えるようなものではなく、正義の形態というよりむしろ正義の抑圧形態のごとく感じられる》と述べ、東洋文明を西洋の近代文明と対等またはそれ以上だという議論に釘をさしている（『哲学史講義』上巻、長谷川宏訳）。

ヘーゲルによれば、孔子の思想は通俗道徳である、という。孔子は実用的名知恵の持ち主で、思索的な哲学は全くなく、あるのはただ、善良で有用な道徳の教えで、そこにはなんら特別のものはない。《それは、いたる所、どんな民族にもあるもので、特筆すべきものではない》とさえ言う。ここには《理性的な主体はない。客体として主体に対立し、主体を従わしめる通俗道徳、すなわち実定的な道徳が存在する》だけだ、と述べている。

ところでヘーゲルの読んだ孔子の書物とは、フランス人の宣教師クープレ、イントルチェッタらによる『中国の哲学者・孔子』所載の『論語』訳である、という（堀池信夫『中国哲学とヨーロッパの哲学者　下』明治書院、二〇〇二年）。この書は中国における宣教師の布教のために出されたもので、すでにキリスト教の優越性を前提としたものである。中国哲学（儒教）の中にキリスト教との関連性を見出し、中国人を改宗させる意図をもって書かれたものであった。中国にもキリスト教と同じような「神」が存在するという、儒教と同じ「有神論」として一致する宗教として理解しようとしていた。ここに儒教とキリスト教を似ている、と言いたかったイエズス会派の意志が反映している。

ところがその「神」の内容が異なっていることをヘーゲルは強調する。東洋の思想は、本質的にほぼ宗教的性格を持っているが、哲学的な思索のように見えるため、宗教的観念が哲学と見なされがちである、という。ヘーゲルの『宗教哲学　中巻』によると「天」は最高のものであるが、この実体は精神のそれと区別されるものである。それは無規定的・抽象的な一般性のものである。それは物理的・道徳的な連関一般を無規定的に総括したものでもある、という。

東洋には「自由」の意識が欠落しており、個人が確立していない。「自由」の原理のもとに個人が確立したギリシャ世界や、個人の「自由」の原理が強いキリスト教世界では、神あるいは神々は人格の形をもって現れる。ところが、東洋では自由や個人の思想が欠けているために、主観性の契機がなく、宗教的観念が人格の形をとって現れない。一般的な観念という性格を持って現れるのである。ここでヘーゲルがいう一般的な観念とは儒家の「天」や「理」、あるいは道家の「道」などのことを指している。

これら「神」の代わりの二思想の「天」「理」あるいは「道」とは、中国にとって最も古いものであると同時に、また、現在も信じられていると指摘する。つまり中国は古代においてすでに、今日のような状態に達していた。それは「客観的な存在」とそれに対する「主観的な運動」の間に対立がないために、変化というものが一切なく、いつまでも同一のものが繰り返して現れるのだ、という。その停滞性が、我々が歴史的なものと呼ぶものに取って代わっている、と言い切っている。《だからシナは……本当の意味ではまだ世界史の圏外にある》というのである。

さらに堀池信夫氏の前掲書によりながら、ヘーゲルの見方を考察してみよう。中国の物事の原理の書というべき『易』を見ても、《その「一定の符号」をくみあわせた図（八卦）……それが一定の意味をもつ符号となっている》、という。だから思考は具体的であり、その具体性が概念的に捉えられたり、思索的に考察されたりすることがない。つまり思考が、日常の観念からとられ、日常の直感や知覚に基づいて表現されるため、この具体的な原理を読み取るにあたって、一般的な自然法則や精神法則を感覚的にもせよ把握することはない、と指摘する（『哲学史講義』上巻）。

「天」と並んで地上には皇帝がいる。皇帝のみが「天」と語り合え「天」に祈り「天」とつながっており、それゆえ地上の一切を統治できる。しかしながら、「天」は超越的な力をそなえる実体ではなく、無力で抽象的なものに過ぎない。人間が尊重する諸法則は「天」が賜与したものではないし、自然を統治するものも「天」ではない。それでいて「天」とのつながりによって、地上において皇帝が一切を与え、一切を統治する。むしろ実権は皇帝にある。これもおかしい、ということになる。ヘーゲルの目には、「天」は結局、我々の目に見えている青空なのである。従って「天」によって与えられる「礼」もヘーゲルにとっては、単に現実的な「規範」とか「度量」に過ぎないことになる。

皇帝のみがひとり「礼」（規範）を与える。臣民は、皇帝がその「礼」に対して表する尊敬を、皇帝に対して表しさえすればよい。皇帝は「天子」として、「天」と擬制的・親子関係、擬制的・血縁関係を結び、その形式において「天」を背後に負いつつ、「礼」を通じて、あらゆる地上的支配権を手中にしているのである。こうして「皇帝」のみが「自由」である、という認識が生まれてくる。

ヘーゲルは「道教」についても、宣教師レミューザが「道」を「ロゴス」と訳したことを批判している。堀池信夫氏によると、この見解は北京存住のイエズス会宣教師アミオの報告に基づいているという。そのアミオは次のように述べている。《このすぐれた教説（老子の教え）において、師（導士、maitre）と呼ばれる人は、独身で生活するために、この世界を放棄し、多数で共用の住居に一緒に住んだり、あるいは各人がひそかに隠遁生活のなかで一人住まいをする教派に属している。……彼らは神（Chen）となるべく、あるいは仙（Hien）に上昇するのに値するものたるべく……努めるのである》。《道という言葉は、中国人においてはきわめて広い意味がある。それは我々が一般にフランス語で、徳（vertu）、知（science）、理性（raison）、基準（doctrine）などの言築で表現するものを意味する》という。

ここでは「道」が西洋の「理性」と同じであると解釈しているのにもかかわらず、ヘーゲルは、これは《全く無規定のもの（抽象的普遍）であり、それがまた道（理性）と名付けられている》と述べる（『哲学史講義』上巻）。それは概念化されたものではない、というのである。「道」の力は、それが完成された自由なものであったなら（つまり神のようなものであったら）、それによってすべては存在し、それ自身すべてのものの存在であるべきであるが、この段階ではいまだ自由は承認されていない、とする。意識において、精神の本質的な区別はされているものの、精神はそれ自身としての自由を持たず、精神としての現存を果たすことが出来ていない、という。ここで、精神の自立性の問題が語られ、中国では精神の独立が個別的・偶有的であり、未だ確立していない、と述べる。なぜならそれは精神の自由の観念が与えられていないからだ、と述べている。これも「道」というものが「自由」という言葉に結びつけられない理解の仕方からきているのである。

ヘーゲルの批判は、この道教の思想が、究極で根源的なものが「無」である、とすることに及ぶ。レミューザが《中国人は精神はしばしば、本来真空（vacuum）や無（nihil）を意味する「hiu-wou虚―無」という語で示す》（『老子の生涯と思想』）ことに拠っている。レミューザは精神が「無」「空虚」と言っているのだが、その真の意味をヘーゲルは理解できない。彼によれば「精神」とは絶対者（絶対的主体）のことであり、「精神」を「無」とするわけにいかないのである。ヘーゲルは「道（理性）」も「無」だと解してしまう。こうしてヘーゲルの『宗教哲学講義』の中で、アジアの宗教が遅れているという認識の根拠が出される。たしかに中国の宗教は、呪術のような直接的宗教から脱してはいる。しかし自己に対して、ある力が実定的な関係において成立している状態がある。つまり自己は「自由」でないし、関係の中でからめとられている、ということになる。

たしかに東洋では「道教」といい、「儒教」といい、それはすべての存在が「関係性」に依拠しており、実体そのものには意味がない、という基本的な思想があることは確かである。従って東洋人は西洋人が「理性」とか「自由」という言葉を絶対化している、と感じる。「理性」とか「自由」それ自体も、関係性の中でしか捉えられないということを、東洋人は知っているからである。

またヘーゲルにおいては歴史に関して、そこに起きることが、「理性」に反する不合理なものであっても、それが自我（人間本性）の営みである以上、それは承認せざるを得ないものであった。中国において「理性＝道」によって、超自然的飛翔能力や不死が獲得できるなどと言われる場合、このようなことは歴史的「理性」の範囲に入ってこない、という。《哲学がこういう表現に止まるかぎり、それは初歩の哲学です》（『講義』既出）というが、それは彼流の理解から出ているに過ぎない。

キリスト教の「神」でさえ「超越的な力をもつ存在である」と言ったとしても、それが人間化した姿をとるからといって「天」や「道」同様、きわめて抽象的で、実体があるとは思われない存在である。一方ではキリスト教の「神」を全面的に認め、一方では同じ概念をもつ「天」を認めないのも、それはレトリックの問題に過ぎない、と言ってよいだろう。キリスト教絶対化の精神からは、疑問が出ることはない。

こうして、ヘーゲルと道教は宣教師の翻訳を媒介にしてまた平行線をたどるのである。

4　仏教への知識の欠如

堀池信夫氏の前掲書によると、ヘーゲルの中国思想の理解は、すべてイエズス会の宣教師を通してであることがわかる。はじめからキリスト教を絶対化した立場からの情報によっていたから、すでに否定的な見解を出すことは容易であった。一方で、この宣教師たちの書には、仏教についての記述はないことに注目すべきである。というのもこの時代は中国では儒教が支配的であったから、仏教の問題を省いたのである。ヘーゲルが中国の思想を「儒教」「道教」にだけ求めているのはこの情報の欠如にある。この仏教への無理解については《道教徒たちは老子のことをブッダ、つまり人間の姿のままで永遠に生き続ける神だといっています》（『哲学史講義　上巻』）なども言っていることでもよくわかる。仏陀と老子と混同しているのである。それも道教に仏教の影響がある、と言いながら、この混同があるのは、仏教のことを何も知らなかった証拠と言わねばならない。この誤りはカントの『自然地理学』にも似たものがある。これ以上の知識しかない、ということが明らかである。

ヘーゲルの近代のゲルマン・ヨーロッパの理想化の基礎は、キリスト教は最も高い宗教だ、という認識から出ている。キリスト教は道徳よりも「愛」の宗教だ、というのである。ヘーゲルによると、宗教の理想は「実践理性」と「道徳法則」の合一にあり、その合一において神的なものの存在が立ち現れる、という。その場合、「客体」（道徳法則）が人間に対して主体的（実定的）位置に立たぬようにすることが肝要である、とする。その時、実践主体と客体の合一がなされるのである。そこで合一が可能にする理念としてヘーゲルが挙げるのが「愛」である。「愛」において、人間は客体とひとつになる。愛は合一であって、その時主体と客体の間には支配・服従関係は成立しない。主客の支配服従関係を超える新たな次元がそこにある。ヘーゲルは、この意味における「愛」こそがイエスの教えであるとし、イエスの教えは愛の宗教である、と規定するのである。「愛」は「神」であり、「神」は「愛」である。「愛」は、そして「神」は、対立を止揚し、すべてを融和する。愛は限界を持たない合一である。ここにおいてイエスは、愛の体現者として立ち現れる。

ヘーゲルはこのように、キリスト教の「理性」的自由の教えの高度性をしきりに主張している。

イエスの教えでは、カントにおける「理性道徳」による信仰、すなわち理性の法則としての道徳法則が、神の命令として把握される限りにおいて成立するもの、とする。それは「純粋理性」によって啓示されたと認められる実践的原理以外何も含まないものである。従ってヘーゲルによれば、イエスとは、ユダヤ民族の伝統的掟たる律法を要請するユダヤ教に対して、どこまでも《内心の理性の自由に従って生きる教え》を説いた者と位置づけられる。

ところがイエスの後、キリスト教はイエスの理性的「自由」に反して、教会の掟によって人間を縛る宗教となっていく。掟によって人間を縛るという点において、これはユダヤ教に等しい。ヘーゲルは、内心の「理性」の「自由」に基づかず、外的な権威（律法や教会法）、あるいは超越者に基づく信仰に「実定宗教（規定された宗教）」という名称を与え、これを真の信仰とは認めない、という。

しかしイエスが「父なる神」を「信仰」する限り、彼の「理性」の「自由」などないはずである。その「信仰」を「愛」という言葉で置き換えるわけだが、それはどうしても「理性」とは矛盾せざるを得ない。ヘーゲルにとって「理性」が、「悟性」と区別された弁証法的思考の能力であるといっても「愛」はそれを超えてしまう性格のものであるからである。

「愛」自体イエスの教えに限ったことではない。儒教でいう「仁愛」もその精神であるが、それよりも仏教における仏陀の「慈愛」はまさにそのことを示しており、それは「理性」とともにある「愛」の概念であり、イエスの「愛」の《神が自らを犠牲にして、人間をあまねく限りなくいつくしむこと》と等しいのである。それは一方で、仏教が迷いの根源として否定的に見る愛欲と区別していることで理解される。仏教の宗教としての高度性はキリスト教と変わるものではない。仏教についてカントが、キリスト教の一派とさえ見たことがそれを示している。

仏教が仏陀を人間自身としたために、抽象的な「神」への信仰否定の余波を、その「慈愛」の精神の否定にまで及ぼす必要がなかったのである。「愛」は神仏習合の思想において、一方で親兄弟のいつくしみ合う心。人間や生物への思いやり、万葉集巻五にある「愛《うつく》しみは子に過ぎたるは無し」の精神であるとともに、ひろく「慈愛」の精神をもつことによって、高度の宗教になっている。したがって、ヘーゲルが考える諸宗教の発展段階で、高度の宗教と自然的宗教とを分けているが、截然と分けられるものではないのである（ヘーゲルの『宗教哲学講義』における諸宗教分類表参照）。

ヘーゲルの仏教への理解の欠如だけでなく、ここで日本の「神仏習合」という宗教の存在を全く無視していることも、日本人としては明確に認識しておかねばならない。ヘーゲルは（後のマルクスも）、中国とインドは視野に入っていたが、それ以外の地域は時代として視野に入っていなかった。ヘーゲルの東洋観が（マルクスのそれも）日本を全く視野に入れていなかったのに、日本人がヘーゲル思想を日本への認識に採用することも誤りだったのである。ヘーゲルの思想は明らかに「ヨーロッパ中心主義」で、「仏教」のあるアジアのみならず、日本にもあてはまらない、と考えなければならなかった。

ヘーゲルの「理性」の自由とはその精神の状態であって、それ自体は「理性」の目的とはならないはずである。「理性」が「自由」となったところで、その状態が、理想的な状態であるとは限らない。近代ドイツが「自由」を獲得したあと、彼によって、「歴史」が「終焉」した、と受け取られたとき、それは同時に「芸術の終焉」と理解されたのも皮肉である。「自由」から芸術を創造することが出来なくなった状態を示しているからである。「自由」が目的になったとき、それ自体は何ら精神の自由な創造の契機にならず、かえってその「自由」の桎梏《しっこく》によって、人間は停滞してしまうことを、ヘーゲルは認識できなかったと言えるであろう。

そのことはキリスト教の、「神」の存在の問題にも通じる。キリスト教が「神」を「絶対的な超越者（transchendent）」としたために、近代科学によって「神」が創造神として否定されると、その「啓示（revelation）」だけを信仰する、という形態が崩壊せざるを得なかった。キリスト教そのものが崩壊してしまうことになった。残るキリスト教は、《教会の掟によって人間を縛る宗教》とならざるを得ない。掟によって人間を縛るという点において、これは「高度」の宗教ではなくなる。ヘーゲルは、内心の理性の自由に基づかず、外的な権威（律法や教会法）、あるいは超越者（近代の場合は「自由」とか「民主主義」がそれにあたるだろう）に基づく信仰に「実定宗教（規定された宗教）」という名称を与え、これを真の信仰とは認めないからである。現代のヨーロッパ社会が、この状態にあることは確かである。

ヘーゲルの『歴史哲学講義』の最後に、歴史にはヨーロッパ人の「神」がいることを述べている。《歴史に登場する民族がつぎつぎと交替するなかで、世界史がそうした発展過程をたどる、そこで精神が現実に生成されていくこと――それこそが正真正銘の弁神論であり、歴史のなかに神の存在することを証明する事実である。理性的な洞察力だけが、聖霊と世界史の現実とを和解させうるし、日々の歴史的事実が神なしにはおこりえないということ、のみならず、歴史的事実がその本質からして神みずからの作品であることを認識なさるのです》（長谷川宏訳）。

この神は一神教の神であり、キリスト教の神であることは確かである。歴史のヨーロッパに向いていく運命の中にキリスト教という一神教の文脈がある、と言ってよい。歴史がヨーロッパ優越を述べる前提として、キリスト教の他の宗教に対する優越があったことに気づくとき、それは全く揺らいでしまう。ヘーゲルの、仏教や神仏習合の知識を欠いたアジアへの認識が、架空のヨーロッパ優越の精神であったことは明瞭である。

第六章　ランケの実証主義史観が未だに学界を支配している

1　東大お抱え教師リース

明治二十年（一八八七年）二月、東京帝国大学に外国人教師としてドイツからルードウィッヒ・リース（一八六一～一九二八）が着任した。ベルリン大学のランケの弟子であったリースはまだ二十七才という若さであったが、ヨーロッパ近代歴史学を教えることになった。これに伴い同年九月、同大学にリースを主任教授として、西洋史を主とした「史学科」が創設され、同大学文科大学に明治二十二年（一八八九年）に「国史科」が開設された。

こうして日本の大学においてはじめて、日本・東洋・西洋史学の三つの分野で歴史の講義が行なわれ始めた。この歴史の三分法が、その後の日本の歴史学研究そのものをそれぞれ孤立させ、貧しいものにさせていくことになる。総合的な視野を欠くことになるからである。それはリース自身が西洋史学だけの知識しかなかったことによると言ってよいだろう。そのリースとともに、日本の学者、坪井九馬三《くめぞう》と箕作元八《みつくりげんぱち》などがいたが、日本の西洋史学は西洋学者の追随が基本とならざるを得なかった。そのランケ流の「実証主義的」歴史学の方法論が大きな影響を与えたと言われるが、まず、「西洋中心主義」の知識が、無批判な形で日本の学徒に入り込んだのである。

二十七才という若さで日本人に歴史学を教えるという、ある意味で無謀なことが行なわれたのも、まさに西洋人学者であれば、日本人学者と異なって西洋の「進んだ」学問を教えることが可能だ、と考える、日本人学者の劣等感がよく表れている。これは二十五才で来日したフェノロサの場合と同じであった。ランケの弟子であったリースはのちにベルリン大学に赴任するだけの実力をもっていたが、日本史に関しては全くの門外漢であった。彼の教えることは、西洋史についての、ランケ流の歴史学の方法論であって、日本の歴史そのものにどのように影響を与えたか、となると具体的な研究が欠けていたのである。

このリースの指導によって明治二十二年（一八八九年）に「史学会」が創設され、その初代会長になったのは重野安繹であった。重野はもともと儒学系で、清朝考証学といわれる学派の学者であったが、ランケ流のヨーロッパ近代歴史学と、その歴史の考証という点で一致していた。永原慶二氏は『20世紀日本の歴史学』の「近代実証主義歴史学の誕生」の章で、重野が官学の中心的存在として国家・政治を重要視する立場にあったから、国家、政治史を中心に「外交史の優位」を主張している点で、ランケ史観を取り入れることはふさわしかった、と述べている。ランケの厳密な史料批判は、歴史を公平に判断し、偏見私意を入れないようにとする、あらたな日本史学として必要と感じられたに違いない、と指摘する。重野が水戸学の『大日本史』が『太平記』を安易に史実としがちであるのを批判し、この『太平記』研究を行なっている。《世上流布ノ史伝多ク誤ルノ説》とか《学問は遂に考証に帰す》（いずれも講演から）と述べている。永原氏はその後の実証主義的な日本の歴史家たちを、ランケの影響下に置いている。

例えば岩倉使節団に随行して、欧米社会を直接見聞し著述した久米邦武の、歴史家としての研究を評価する。そこで神道をはじめて客観的に考察し、《神道は祭天の古俗》と述べたことを挙げている。神道を宗教として、祭政一致・廃仏毀釈を主張する神道家に対して、「神」信仰をどの民族においても共通に見出せる「祭天の古俗」といっているのがそれだというのだ。

久米は神道の諸祭祀には習俗性があり、宗教性が欠如していること、伊勢神宮は皇室の宗廟ではなく宮趾に過ぎないこと、三種の神器は祭天の祭具であり、新嘗祭、大嘗祭は天を祀る儀式であることを主張している。要するに宗教ではなく「祭天の古俗」のひとつに過ぎない、と。

しかしこれが実証的であるかというと、必ずしもそうではない。神道そのものが、そこに祀る対象の神々を明示している限り、それに対する信仰があり、その行為そのものが宗教でなくて何であろう。それを原始宗教とするか、民族宗教とするか、あるいは世界的宗教とするか、さまざまな見解があるとしても、それが宗教でないとすること自体は誤りであることは言うまでもない。戦後、神道がひとつの宗教である、とすることによって、伊勢神宮、靖国神社などへの祭礼が特別視されることへの批判があるが、神道が国民に支持されていることが重要なのである。神道が、国民の伝統的な信仰（これは神仏習合を含めて）として重視されていることが重要であり、これが特権化されることは何ら不自然ではないのである。これはヨーロッパ人が、宗教の自由を唱えながらキリスト教を特別視することと変わりがない。神道を宗教でない、とするならキリスト教でさえ宗教ではない。

また久米は「神は人なり」と考え、神話を史実に引きつけて捉え、これを朝鮮、シナを含む東アジアの民族に共通するものとして考えた。《世には一生神代巻のみを講じて、言甲斐なくも、国体の神道に創《はじまり》たればとて、いつまでも其の襁褓《きょうほう》の裏にありて、祭政一致の国に棲息せんと希望する者あり》と述べている。神話の世界を観念の世界だ、という指摘に受けとられ、この点において、この久米説が神道―国学派により、これを国体を汚し、教育勅語に違背すると攻撃されることになる。帝国大学教授の職を追われ、この論文が掲載された雑誌『史学会雑誌』と『史海』が発禁処分になるという政治的な介入に出会った。これを指して、永原慶二氏は前掲書で「アカデミズム実証主義歴史学」が後退してしまった、と述べている。

しかし久米は、《君臣上下一体となりて結合したるは国体の堅固なる所にて、思へば涙の出る程なり》と述べ、彼自身、国体を批判するものではなかった。これこそが神道そのものは宗教であり、信仰があってこそ存在する、という証拠である。久米の実証主義史観といっても、キリスト教や仏教を宗教として固定する余り、その多様性、つまり「祭天の古俗」性を無視しているだけのことである。

一八九五年、帝国大学に史料編纂掛があらたに設置され、日本歴史の史料の蒐集・編纂が行なわれることになった。『大日本史料』が発行され、それは政治史中心の編年体をとっている。また経済・社会、民衆生活などに関わる史料を、各年ごとに「年末雑載」として掲載する方法をとった。いずれも《政治史・外交史中心とするランケ流歴史観と連なるものといえるであろう》（永原、前掲書）と言われる。つまりそれ以後、今日まで継続されているこの『大日本史料』であるから、ランケの実証的な史観が、日本の歴史をつくったという。永原氏は《明治二十年から三十年にかけて成立した政治史中心の実証主義歴史学は、国家の修史事業を基盤として成立したこと、またそこで中国の「正史」編纂・考証学系学問およびL・リースによって教導されたランケ流にヨーロッパ近代歴史学の影響が強烈だった》ことを述べる。そこでは《父・久米邦武事件以後、現実政治への距離をおき、史料の蒐集・考証が歴史研究の主題とされるような気風が強まった》と書いている。

ここではランケの史学が、政治史中心の実証史観としか捉えられていないが、実証というものが、政治的意図やイデオロギーなくして成り立ちうるか、という疑問がないことが問題なのだ。このランケ流の歴史学とは《歴史は一回的なものであって、そこには人類史的な「普遍」「法則」を求めるものではないし、したがって諸民族の歴史認識に共通する歴史学上の概念を設定する必要もなかった》と受け取られている。果たしてランケ史学とはそのような単純なものであっただろうか。

2　ランケの歴史観

たしかにランケの方法論が、日本史に史料批判による「実証主義」を持ち込んだと言うことも可能かもしれない。だが、それを言うランケの思想基盤は理解されていたのであろうか。彼の歴史観を検討してみるべきだったのである。

ランケ（一七九五〜一八八六）は大著『世界史』でよく知られているが、これはランケの最晩年のもので、十三巻もある。まさにこの歴史家の全生涯の仕事をまとめたものである。しかし残念ながら、十五世紀までで未完に終わった。しかし他の著作、処女作の『ローマ的およびゲルマン的諸民族の歴史』、その付録である『近代歴史家批判』、そして『ローマ教皇史――十六、十七世紀における教皇の教会と国家』、あるいは『宗教改革時代のドイツ史』『プロイセン史九巻』『十六、十七世紀フランス史』『十七世紀イギリス史』など、いずれもヨーロッパ史の重要な部分が、膨大な資料を駆使しながら論じられている。西洋で、緻密な史料批判の学問としての歴史学の確立者であることは知られるようになった。しかし、彼の「世界史」の全体像は、ほぼ『世界史の流れ』（村岡哲訳、ちくま学芸文庫）で理解することが出来る。これは一八五四年に、バイエルンの国王マキシミリアン二世の前で行なわれた講義録であるが、「世界史」を概観している。

ランケは、一方では歴史は科学だ、と考えていたものの、他方では、歴史の書き方は従来のように文学的手法に従うべきだ、という確信をもっていた。とくにランケは、歴史は科学と芸術を結合すべきだ、と強く主張した。《事実、ランケ、ブルクハルト、ゲルヴィヌス、トロイゼン、トライチュケ、モムゼンなど、ドイツ語圏における十九世紀の偉大な歴史家たちは、学問的素養をもつ一般的な読者を想定して著述したのであり、自らすぐれた書き手であろうとした》と、歴史家イッガースは述べている（G・G・イッガース『20世紀の歴史学』早島瑛訳）。

ランケが、ヘーゲルのように歴史を超越する理念を認めないことはよく知られている。しかし同時に、このイッガースの指摘のように歴史は文学的手法によるものだ、と考えていたのである。

このことは「実証主義」が決して史料の分析ではなく、ある文学的態度の結果であることを示唆しているのだ。まずランケは、ヘーゲルの歴史観を次のように批判する。《哲学者たち、とくにヘーゲル学派の人々は……人類の歴史は、あたかもひとつの論理の過程のように、正―反―合という形で、肯定と否定という関係で織り成されている、というのである。しかしスコラ哲学では生命は滅びるものであり、したがって歴史についてのこのような見方、すなわち種々の論理的範疇に従って自己発展する精神のこのような過程もまた、さきにわれわれが却けたところに帰着するであろう》（『世界史の流れ』同訳）と述べ、歴史にある論理があるとする「発展史観」を退けている。《「世界精神」がいわば詐術によって事件をひき起こし、あるいは自己の目的を達成するために人間の激情を利用するとなる学説の基底には、神と人間の品位を著しく損ねる考えが潜んでいる》と、ヘーゲルの歴史哲学そのものを否定しているのである。ランケの実証主義は、あくまでヘーゲルなどの歴史哲学観との対決の中で生まれたものであって、単なる実証主義とは異なるものであることに気づかされる。それをイッガースのように文学的ととるか、私のようにイデオロギー的ととるか問題であるが、しかしそこに彼の「進歩主義」への批判があることは確かなのだ。

そして彼は歴史の本質を次のように述べる。《われわれが歴史を追ってゆきうるかぎり、無条件の進歩は物質的なものに関係のある領域では認められる。この方面では、非常な異変でもないかぎり退歩ということはまず起こりえないだろう。ところが、精神的な方面は認められない。もちろん、精神的理念も外延的には進歩することがある。たとえば、美術や文学の生んだ偉大な作品が、今日では以前よりもはるかに多数の大衆によって楽しまれている、と主張することは出来る。しかし、ホメロスよりも偉大な叙事詩人たろうとしたり、あるいはソフォクレスよりも偉大な喜劇作家たろうと欲するのは、まさに滑稽千万というべきであろう》（前掲書）と断言する。ここには、物質的な歴史は進歩があっても、精神の歴史は進歩など考えられないとする、歴史の本質が語られている。これはヘーゲルだけでなく、ギゾーなどの文明史観そのものへの批判となっている。

ギリシャの時代の精神の高さを讃え、近代の精神的な営みを「外延的」なものである、とするのである。たとえば彼は古代のプラトンと、近代のシェリングを比較する。《プラトンの後にもはやプラトンは現れ得ない。私はシェリングの哲学上の功績を決して認めないわけではないが、しかし彼がプラトンを凌いでいるとは思えない。プラトンは言葉も文体も、ともかくその文学的な点で無比である。ただ内容についていえば、シェリングが先学たちから伝えられた材料をプラトンよりも多く利用できたということは否定できない》（前掲書）と述べている。ここにも物質的な進歩と、精神的な進歩が同一ではない、という強い認識がある。

《進歩という概念は、種々の物事に対して適用されうるものではない。それは、すでにみてきたように、一般に時代の結びつきについてはあてはまらない。すなわち、ひとつの時代が別の時代に隷属するとはいえないであろう。さらに、この概念は美術、文学、学問および国家などにおける天才の創造物については用いられえない。なんとなれば、これらのものはすべて神に直接の関係をもっているからである》（前掲書）。

芸術家、学者のみならず政治家などによる「天才」的な創造物は「進歩」する中でつくられるものではない、と断言する。そしてそれが「神」に関係すると述べている。ただ自然に対する認識、つまり科学的な認識や精密科学の方面では、進歩は無条件に存在する、と述べる。一方で、哲学や政治学の方面の精神活動の進歩を否定するのである。このような考え方は当然、精神において、決して無視することが出来ない極東の精神活動に対して視線を送る理由となるはずである。歴史家の言葉としては重いものを持っている。

つまり彼の「実証主義」、すなわち「事実に基づく」歴史観は、ヘーゲル流の超越的理念の歴史支配という形の従属化に強く反発したところから始まっている。ランケにとってヨーロッパの歴史の上には、一個の理念が君臨しているのではなく、またそれが時代によって次々と支配的民族に継承されてきたのでもない。ラテン系、ゲルマン系諸民族はそれぞれ独自の理念・原理をもちつつ共存しているのである。《諸民族は神の思想である》と彼は言う。偉大なる民族はそれぞれ神的理念を刻印されているゆえ、その間に序列をつけることは出来ない、とこの歴史家は言うのである。

ランケはヘーゲルのように歴史を超越する理念を認めないにせよ、私の考えでは、歴史の中で生まれる理念に注目しているのだ。その理念が、最高の政治的な形成体である「国家」において存在する、と主張するとき、そこに当然西洋中心主義、そしてキリスト教的な歴史観が入らざるを得ない。

歴史的現象のうちで政治的なものが最も本質的なものであり、国家はそれ自体のうちに最高の原理をもつ個体であるという。またランケは他の現象、とくに文化に注目しそれが歴史における高貴な果実であり、神的なものに直結する、と述べている。しかし文化は道徳的力としての国家に支えられてはじめて開きうる華であり、歴史を形成する原動力は彼にとってあくまで政治的なものであるとする。ここに歴史現象に対するランケの価値序列が認められる。

この「国家」というものを重視することは、ランケ自身の思想であるとともに、それ以前の歴史がツキディデス以来、主として政治を考察の中心を置いてきたことに由来する。ヘーゲルを批判しながらも、「国家」を《主観的意志と普遍的なものとの統一》《人倫的全体》であるとし、《国家にはそれ自身を維持するより以上の高い義務は、ひとつもない》と断言していたヘーゲルの国家観が、やはり彼に影響していることは否定できない。ランケの「実証主義」は、まさに「国家」の歴史のためであり、それは信頼なくしては存在しなかったのである。そのことはヘーゲルがそうであったように、「西洋の」というかっこつきの史観であることは明らかである。その「国家」への信頼は紛れもなく、それを守護するキリスト教の「神」が存在したからであった。たしかにその「実証主義」史観は、反権力、反国家のために使おうとする「マルクス主義」史観の意図とは明確に一線を画しているのは確かであるが。

3　ランケはアジアをやはり軽蔑していた

　ドイツの学者であったランケの姿勢は、当然、ドイツ「国家」とヨーロッパの諸「国家」の歴史を語ることであった。そしてその態度は、ドイツ人であれば当然のことである。「実証主義」といっても、その国家的アイデンティティーなしでは理解することは出来ないからである。

　しかしそれ故に、我々にとっての問題は、東洋が完全に無視されていることである。ランケの世界史観の中には、全く東洋は、ましてや日本など眼中になかった。ランケのいう「世界史」とは、《すべての古代史は、ちょうど多くの河流がひとつに合して湖に注ぎこむようにローマ史のなかに流れ入り、そうして近世史の全体は、再びこのローマ史から流れでる》（前掲書）という言葉に示されているように、古代ローマからの連続として捉えられる。それはオリエントから発しながらも、ギリシャ・ローマを経て、ビザンツィン、中世末期まで、すべてヨーロッパから見た、自らの歴史をつづっているのである。そこには西洋史が、ゲルマン民族の大移動によって、古代のローマ史から断絶しており、八世紀末のカール大帝の擁立は、イスラム勢力によって、ゲルマンのキリスト教たちが、漸く大同団結し始めた過程であるという、「実証史的」な西洋史観がない。

　それは『世界史』の印刷されなかった序文に、次のように書かれていることからでも理解できる。《様々な民族の歴史を……集めてみたところで、それだけで世界史にはならない》と述べ、西洋以外は、密接な連関があるという理由がなければ、「世界史」に入ってこない。一四五三年のコンスタンティノープルの陥落まで書かれているのだが、そこには密接に連関があるはずのイスラム世界、そしてモンゴルの進出など、重要な視点が欠けている。ヨーロッパに入らない他の国々の動きへの視点がないのである。ランケにとっては、西洋だけが歴史に「連関」がある、と信じられている。これは今日のウォーラーステインの、ヨーロッパの近代経済の「世界システム」が世界を支配しているという信仰にもつながる、西洋中心主義以外の何ものでもない。

彼の書物は、十九世紀中葉、ヨーロッパが世界の政治的な支配権を握ったときに書かれたものである。ランケを読む者は、ヨーロッパ「近世史の諸時代」が、それまで次から次へと戦争の歴史であったことをいやが応でも納得させられる。それによると、ランケにとってアジアは、「野蛮世界」であった。唯一、アジアについて書いた部分を引用しよう。ランケは言う。《アジアに眼を向けてみるならば、たしかに文化がその地に由来し、またこの大陸がいくつもの文化段階をもってきたことは認められる。しかしそこに歴史の運動はむしろ逆行的であった。というのは、アジア文化は最古の時期がいちばん盛んであり、ギリシャ的要素やローマ的要素が優勢であった第二・第三の時期はもはやそれほど大したものではなく、蛮族（蒙古族）の侵入とともにまったく終わりを告げてしまった。同じように、進歩の概念は地理学の上からも確認されえない》（前掲書）。ここではモンゴルのヨーロッパへの進出も蛮族の侵入であり、それが西洋に大きな衝撃を与えた、という認識もない。この点に関してはヘーゲルの認識と変わるものではない。

日本経済を、江戸時代の鎖国により、自立的な状態を生んだと指摘している経済学者川勝平太氏は、新たな研究によって、このランケのアジア観を強く批判している。まさにランケが《アジアにおける文化はまったく終末を告げた》と述べたその元朝が崩壊した後にこそ、アジアにおいて、中国における明・清帝国、インドのムガール帝国のような旧を倍する文明の隆盛を迎えている、と述べている。《木綿・絹・陶磁器・茶・砂糖等をあげるだけで、それらの帝国の文物が近世ヨーロッパにおける「近代世界システム」の形成に（そして江戸期の「鎖国」経済の展開にも）いかに計り知れない恩恵を与えたかたやすく認識できる》と指摘している（『日本文明と近代西洋「鎖国」再考』NHKブックス）。

川勝氏は、ランケが、《当時の東洋に瀰蔓していた野蛮は、現今においてなお支配を続けている。われわれ人類の一般的進歩なるものが考えられないものであることの、明白な実例をここにみる》と述べ、さらに、《イギリス人はその貿易をもって、全世界を支配しつつある。彼らは東印度を、そして、中国をヨーロッパに向かって解放した。これらすべての国はいわばヨーロッパ精神の脚下に平伏しつつある》とまで述べているのを引いて、ここでの問題は、しかし、アジアを文化破壊者ときめつけるランケのヨーロッパ的偏見であり、アジア蔑視である、と非難している。

《私（ランケ）が到達した根本思想のひとつとして、絶対に正しいと確信していることは、ヨーロッパ・キリスト教諸民族の複合体は、渾然たる一体として、あたかも単一国家のごとく考えられるべきである》とランケが論じている。このことは九世紀以降、カール大帝の登場とともに起こる神聖ローマ帝国の理念に即している。

西欧社会が、軍事力を物産複合の不可欠な構成要素としてきたことは事実である。たしかに十五、六世紀はポルトガル・スペイン、十七世紀のオランダ、十八世紀のフランス、十九世紀のイギリス、そして二十世紀のアメリカと近代西洋における覇権国家は変遷したが、そのいずれも経済力と軍事力とを物産複合のひとつのセットとするシステムをつくりあげたことに変わりない。「近代世界システム」とは、西洋の世界侵略のシステムと複合しているのである。しかしそのこととランケの西洋中心主義とは別の問題である。基本的にランケのヨーロッパ史の認識が間違っていることを指摘しなければならない。こうしたランケの「実証主義」から、いかに西洋は先入観によって支えられているか、わかるであろう。

4　宗教と国家

日本人の私にとって、ランケの歴史観で興味深いのは、「宗教」と「国家」の問題である。これは日本の天皇と国家の関係を考える上でも示唆的であるからだ。ランケは歴史をつくり出すのは、国家、教会、個人という三つの要素である、という。《これら三つの要素はすべて必要であり、全ヨーロッパの歴史は特殊的なものと普遍的なものの対立に基づいており、また教会こそは実に、人格的特権と国家の普遍的傾向との中間にあって独自の発展をなす第三のものに他ならない》と述べている。教会が、国家と個人の間にあって、第三の役割を演じているというのだ。これは別の言葉でいえば、まさに教会と国家がともに個人を支配し、三つの要素があってこそ歴史が成り立っていくというのである。

このことで、イスラム教の国家について次のように言っている。イスラム国家において《宗教や信仰を原理とする支配が拡がっているのを見る。イスラム信仰を公言しない者は、国政にも軍事にも参与できない。なぜならば、宗教の原理と政治の原理とがまったく区別しがたく君主に集中されているからである》（前掲書）。この指摘は、イスラム社会が、教会と王権が分離されておらず、宗教が政治を押さえている状況を述べていることになる（これは今日でも状況は同じである）。

《政治に関しての東方と西方との大きな違いはこれで、結局、東方の国家は完全に国民化されることは出来ない。というのは、西洋では一般に教会と国家を国民化することが原則とされるのに反し、東方では国家も教会も人民の底層にまでは及ばず、彼らはいつも両者から閉め出されていたからである》（前掲書）。国家、教会が不分離であるために、人民にあまねく政治がとり行なわれることはない、というのである。

それなら西洋で、この教会と国家がよく人民を統治できているのであろうか。これは教皇権と皇帝権という二つの権力によって、ヨーロッパが支配されてきた歴史を見る必要があるだろう。例えばこの二つがどのように機能していたか、二つの激烈な闘いがあったときのことを論じてみよう。そのひとつはドイツ皇帝のハインリッヒ四世と教皇グレゴリウス七世との間に生じた、司教や修道院長などの叙任権をめぐる闘いである。

十一世紀半ば、北フランスのノルマン人が南イタリアに侵入し、そこからビザンチン人を駆逐した。このとき教皇レオ九世は、ビザンチン人（ギリシャ人）と結んでノルマン人に対抗したので、ノルマン人によって捕らえられた。しかしその教皇としての権威は失われず、ローマに帰ることが出来た。皇帝ハインリッヒ三世は、ノルマン人に南イタリアのベネヴェント地方を与えた。これは皇帝がノルマン人と協調するとともに、イスラム教徒の脅威に曝されていた教皇を助けたことにもなった。

教皇ニコラウス二世はノルマン人とも和解し、ノルマン人もまた教皇の臣下となった。皇帝の臣下よりも、教皇を好んだのである。このノルマン人のドイツ帝国からの脱落は、皇帝に大きな打撃を与えた。皇帝側は、教皇アレキサンデル二世がその選出の際に、ノルマン人と手を結んだことを非難した。その教皇の権威のもとに、シチリアを征服しようとした。このとき南イタリアでは教皇が皇帝になり代わっていた。ローマ教皇は単に教会の長であるだけでなく、ノルマン人と手を結んで地上権さえ手に入れたのである。こうして皇帝権と教皇権が、地上で争うことになった。

ランケは、教会権と皇帝権の争いの主なる点は三つあったという。《一、教皇の選挙に際して皇帝は決定的な影響をもつべきであるか。二、皇帝は司教を任命すべきか否か、また司教は一般に皇帝に服属すべきか。三、教皇は皇帝を裁く権利をもつべきか》（前掲書）である。ここには明らかに、二つの地上的権利の争いが露呈していた。一に対しては、本来は皇帝は介入できないものであるし、二についても教会の人事であるから、その権利を持つべきではなかった。三については教会が精神的優位の立場から、裁くことが出来る立場にあった。しかしこの時点では、あたかも同等な権利があるかのようにふるまっていたのであった。一については皇帝の影響下に置かれていたし、二については、ハインリッヒ四世のもとにおいては、ドイツの司教もイタリアの司教も皇帝の権利によって任命されているものも多かった。

しかし教皇が優位に立つべきだと主張する者もいたのである。教皇は皇帝が聖職売買に罪を犯したとして責めた。しかしランケが言うには、皇帝《ハインリッヒ四世という人物はおそらくその悪しき習慣に関わっていなかった》と主張し、濡れ衣であると述べている。ランケはここで歴史家の判断として、教皇がこの時代にその権利を主張し始めたと判断し、ここに教皇と皇帝の重大な紛争が起こったとしている。《教皇が皇帝を断罪し退位させうるとは、国王や皇帝にとっては前代未聞のことと思われた。そこで、皇帝は、このような越権を断固斥けるべく、ただちにドイツの司教の会議をヴォルムスに召集した（一〇七六年）が、この司教たちは、かえって教皇がその犯した罪のゆえに退位させることが出来るとした。教皇が皇帝を倒そうとする威嚇を実行に移す前に、この会議は教皇が廃位を宣言したのである》（前掲書）。

しかしこの皇帝の反撃は、教皇の、まさに教会の組織の人事を握る、という権利の確立に役立ったのである。グレゴリウス七世とラテラノ宗教会議はただちに皇帝を破門し、《「全能なる神と聖ペテロの名において」彼がもはや皇帝でありえないと宣言した》のである。《ドイツの司教や諸侯は、教皇が皇帝を破門する権利をもつこと、とくに皇帝があえて教皇に反抗する場合は然り、ということを承認することになった》。これは教会にとって最大の勝利となった、とランケは言う。《ところで、一年以内に破門が解かれないと、世俗的に地位をも失うという法律があった。そこで諸侯は皇帝に対し、この期間中に教皇の赦しを得るよう働きかけることを求めた。もしそうしなければ、服従を拒否せねばならなくなる、というのであった。そこで皇帝は教皇に屈服することを約束し、厳冬の最中アルプスを越えて教皇のもとに赴き、折から何人かのドイツ諸侯の招きに応じ皇帝廃位のためにドイツに向かっていた教皇と、カノッサにおいて出会った。そうしてこの地でハインリッヒは、もとより悔恨などとはいえないにせよ、求められた懺悔をなし、教皇は破門を解いた》（前掲書）。こうしてランケは、かの「カノッサの屈辱」を語るのである。

この時代の皇帝の、教皇への服従という事態には、皇帝権の優位から教権の優位に移る歴史過程がよくうかがわれている。そのことはヨーロッパの政治体系の確立の意味でも大きな影響を与えたと言ってよい。「教権」という宗教的権威こそが、皇帝という地上的な統治者に権威を与えるのだ、という政治的体系を確立したことである。これは政治の統治というものの原理的な基礎をヨーロッパに築いたことであり、ヨーロッパ自身の飛躍を約束したもの、と考えられる。それは神聖ローマ帝国の「皇帝」が、「オーストリア皇帝」となる一八〇六年まで続いたし、その後、ナポレオンによってその後継者を任じていたことでも知られている。

しかし一方でローマの教皇については、一七八九年のフランス革命も、一八四八年の二月、三月革命、そして各地に共和制政権が出来ても、一向に打倒される対象になっておらず、今日まで及んでいる。ローマのあるイタリアでは、一八六一年にイタリア王国が成立し、また一九二二年以降、ムッソリーニがファシスト政権を樹立、三六年には帝国を称したが、ヴァチカンとは協定を結んで温存を図った。むろん第二次大戦後、一九四六年にイタリアが共和制になっても、教皇を廃止することなど及びもつかなかった。宗教的権威は今日まで続いているのである。つまり「皇帝権」が共和制の代表に移っただけで、ヨーロッパ全体の「教権」の地位は揺るがない。むろんイギリスに新教各派による国教会があり、北ヨーロッパがルター派教会に支配され、またアメリカを含むカルヴァン主義の教会があったとしても、それはカトリックと類似の「教権」の変形に過ぎない。いずれにせよ、宗教の力を借りなければ国家が成り立たないことがよくわかる。

このことは、元来統治というものは、そこに政治的な統治ばかりでなく、精神的な統治があり、それがあいまって大きな力となることを示している。その意味では、いずれかが欠けている統治というものは必ず短命に終わるし、堕落していくのが常である。ランケの『世界史』は、それが西洋中心主義であり、政治中心史であることは確かであるが、それが教権と皇帝権の角逐の歴史であることが示唆的である。意外にもヨーロッパの統治の歴史が、教権の優越ということによって、安定したものとなるという過程を語っている。とすれば、このことによって、日本の歴史というものを見直す上でのよすがになるのである。

5　日本の天皇史とランケ史観――道鏡と桓武天皇の比較

ランケの宗教はキリスト教であり、彼はこれこそが唯一「世界宗教」の理念をもっているとする。それは第一に、複数民族の大きな複合体によって信仰される宗教であり、一民族の宗教ではないことを挙げている。そして、国家が成り立っているところではじめて教会が成立すると述べ、それはローマ帝国におけるコンスタンティヌス大帝において、教会が認知されたことを念頭に置いている。

この意味から言えば、アジアにおける仏教もまた「世界宗教」と言えるであろう。その意味では日本が仏教という「世界宗教」を取り入れたときに日本国家が成り立っており聖徳太子という存在がそれを認知したこととよく似ている。仏教がはじめて「国家仏教」としての役割をもつようになったのである。だがこの「仏教」はあくまで日本に古来からあった神道と儒教、道教などを融合したことにより、一民族の宗教をも吸収しているのである。これはヨーロッパのキリスト教がゲルマン諸国の土着宗教を吸収していたことに似ている。

このときすでに微妙な形で、日本にも教権と皇帝権の二つが存在し、ヨーロッパの歴史のあり方と同様な姿をとっていたと考えられるのである。それは推古天皇という存在の教権であり、聖徳太子のもつ皇帝権の二つである。あたかも推古天皇と聖徳太子とが一体と見られるが、聖徳太子はあくまでその摂政であり、天皇ではなかったのである。ここではヨーロッパにおける対立の過程はないものの、聖徳太子が「十七条憲法」を制定したり、「冠位十二階」を施行したりし、地上の王の役割を演じて対照的な立場にあることがわかる。しかし摂政はあくまで、推古天皇の神祇（天神地祇＝天の神と地の神）という教権の後ろ盾があったから成立している。推古天皇が聖徳太子を立てたということは、無論すでにこの教権の方が確固として優越していたからである。

聖徳太子は、日本の仏教の教典たる『三経義疏』を著し、法隆寺を建立し、彼自身が教皇の役割を演じているように見える。しかし「勝鬘経」「法華経」などを講じたのは推古天皇の命であり、法隆寺を建てることが出来たのも、女皇からたまわった播磨国の水田百町によっているのである。それ以後聖徳太子信仰が生まれ、その像が『救世観音』に化身されたり、聖徳太子の各世代の像さえ造られて礼拝されていく。しかしそれは天皇の像ではなく、神像や仏像とも異なって、あくまで「主神従仏」の形において太子自身の像として信仰されたからである。

推古朝からすでに形成されているいわゆる国家の「律令制」は、あくまで地上の政治の賜物であった。それ以後「大化改新」や「大宝律令」の制定に至るまで、律令政治が着々と実現されていく。

天武天皇から聖武天皇にかけて、日本は天皇により統治されたと言うことが出来よう。この時代こそ天皇が直接指導力を発揮し、その天上的な力と地上的な力、すなわち教権と皇帝権をともに発揮し得た時代と考えられる。無論『日本書紀』には、それ以前にも天皇の統治がすばらしいものであったことは書かれているが、それが実際にそのとおりであったか証拠づけるわけにいかない。しかしこの白鳳から天平にかけての時代こそ、そのことが明確にわかるのである。

天武天皇は武力で「壬申の乱」を制したあと、政治を安定させ、中央集権の実を挙げた。畿内の氏族を取り立て、位階秩序を再編するとともに、官人として国家の運営に参加させた。外交でも朝鮮半島で唐の勢力を追い払った新羅と国交を結び、唐との交渉を断った。官人の武装を整え、乗馬に習熟すべきことを命じており、礼儀を重んじる風を励行させた。一方で、伊勢神宮の祭祀を重んじ、広瀬・竜田祭《たつたのまつり》を国家の祭りとし、地方の国造《くにつくりのみやつこ》に命じ、諸国の大祓《おおはらえ》に奉仕させたりした。これは神道の諸行事を自ら統括し、神祇の祭祀権を天皇に集中させたことになる。また仏教を尊崇し、鎮護国家のために大官大寺の造営を行ない、寺院や僧尼を統括していった。『日本書紀』に見られるように修史事業を行なわせ、天皇の系譜、歴代の事績をあつめ、諸氏の由来を調べさせた。

このように天武天皇は、天皇の祭祀的な教権と、同時に政治的な皇帝権を共に施行し、天皇体系の基礎を創ったと言うことが出来よう。『続日本紀』には《飛鳥浄御原《あすかきよみはら》の大宮に大八州（日本のこと）を統治された天皇（天武帝）は、徳が四海を覆うほど広大で、皇威は八方に轟き、人柄は慎み深く、道理に明るく、文才に秀で、天地に条理を通し天下を統治されました》（宇治谷孟訳）と語られている。その後の持統天皇は天武が進めた、その体制を推進し、文武天皇は「大宝律令」を施行した。女帝の元明天皇のときに平城京に遷都したし、やはり女帝の元正天皇のときに『日本書紀』が発刊された。だがこの時期に右大臣にまでなった藤原不比等らの補佐によって政治が行なわれたのである。これはのちの藤原氏の摂関政治という地上権のもととなった。

しかし不比等の死のあと、聖武天皇の時代（在位七二四～四九）において、その教権が一層強化され、今度は文治主義によって天皇の役割が発揮された、と言うことが出来る。地上的な政治においては、長屋王の死のあと、橘諸兄《たちばなのもろえ》が天皇を支えた。聖武天皇は諸国の東大寺を建立し、世界一の盧舎那仏《るしゃなぶつ》を造顕《ぞうけん》するとともに、その鎮護国家の実を地方に及ぼすために、諸国に国分寺を建立させた。みずから「三宝の奴」と称し、仏教を広めるとともに、聖武の聖が聖徳太子から取ったと言われるように、太子の思想を広め、国家をそれによって統治しようとしたのである。また聖武の武が、天武天皇の武であり、その武力は、藤原広嗣の乱などを抑えることにも発揮されている。

『続日本紀』には天皇の政治を行なう例として次のような記述がある。

《聞くところによると、天地のたまものとしては、豊年が最も好いという。今年は穀物が稔りがよく、朕は大へん嬉しく思う。天下の人々と共にこのよろこびを享受したいと思う。

そこで京および諸国の今年の田租の半分を免除せよ。ただし淡路・阿波・讃岐・隠岐などの国の租と、天平元年以前の公私の出挙《すいこ》で未納となっている稲は、ことごとく免除する》（天平三年八月二十五日）（同訳）。

《朕は天下に君主として臨んでようやく多くの年を経た。しかし徳によって人民を導くことはまだ障りがあって、人民はいまだ安らかに暮らしていない。終夜眠ることも忘れて、憂いなやんでいるのはこのことである。またこの春以来厄災の気がしきりに発生し、天下の人民で死亡するものが実に多く、百官の人たちも死亡で欠けてしまったものが少なくない。まことに朕の不徳によってこの厄災が生じたのである。……そこで人民に免税の優遇措置をとり、生活の安定を得させたい。天下の今年の田租、および人民が多年にわたり背負っている公私の出挙の稲を免除せよ。公出挙の稲は八年以前のもの、私出挙の稲は七年以前を限度として破棄せよ》（天平九年八月十三日）（同訳）。

《朕は君主として全国に臨み、すべての人々をはぐくみ、日が傾くまで食事をとることも忘れ、夜は寝るのに床をのべるのを忘れるほどである》（同年十二月二十一日）（同訳）など、統治者としての天皇のあり方を実行している姿が記されている。

一方、聖武天皇は出家をするほど仏教に対する信仰が強かった。しかし神道にも心を配り、天平勝宝元年（七四九年）には八幡大神の託宣を聞き、宇佐八幡の一行を迎え、宮廷あげて大仏開眼にならぶほどの盛儀を執り行なっている。八幡大神は八幡大菩薩として、神仏融合の実をあげている。大仏造立もまさにこの神道からの御託宣によって決意されたものである。「世界宗教」のひとつである仏教を神道に融和させ、聖武天皇はその後の日本の文化そのものの深化に大きな役割を演じた。『続日本紀』には、人民にあまねく大いなる福をもたらすようにと、《全国の神宮を修造させ、去る年には全国に高さ一丈六尺の釈迦の仏像一体宛を造らせると共に、大般若経一揃い宛を写させた。そうしたためかこの春から秋の収穫まで、風雨が順調で五穀もよく稔った》。

そこで経文を考えてみると、金光明最勝王経の「滅業障品」の言葉どおりである、と述べ、《そこで全国に命じて、各々つつしんで七重塔一基を造営し、あわせて金光明最勝王経と妙法蓮華経をそれぞれ一揃い書経させせよう》（天平十三年三月二十四日）（同訳）と書かれている。

勅撰集ではなかったが、大伴家持らが編纂した『万葉集』が生まれたのも、その統治下においてであったし、漢詩集である『懐風藻』が編まれたのもこの時代である。今日まで伝わる天皇主宰の「歌会」など天皇家の行事も、この時代つくられたものが多い。『古今和歌集』の序文で、『万葉集』を指して《古《いにしへ》よりかく伝はるうちにも、平城の御時よりぞ広まりにける。かの御代や歌の心をしろしめたりけむ》で、この聖武天皇の時代の和歌の繁栄を讃えている。天皇自身、歌の心をよく理解していた、と書かれ、柿本人麻呂や山部赤人などが輩出したと述べられている（中西進『聖武天皇』ＰＨＰ新書）。

しかし聖武天皇の宗教的文化的権威の大きさが、天皇の死後裏目に出たと言えよう。天皇自身の能力、精神性によっていたこれらの力が、その存在が消えると、実体のないまま受け継がれようとする。聖武天皇のあと、第一皇女であった孝謙天皇が即位したが、女帝は僧侶道鏡を信任した。その支持で法王となった道鏡は、まさにその宗教的権威をかさにきて、政治まで執り行なおうとした。ヨーロッパの法王と同じ地位になったと言ってもよい。しかし道鏡には、この女皇しか後盾はなかった。宇佐八幡神の託宣と称し、天皇の地位につこうとしたが、和気清麻呂などがその嘘をあばき、それは不可能となった。こうした側近の貴族によって擁立された光仁天皇は、この道鏡を退けた。しかしこの天皇以後は、今度はその政治力が伴わず、それが藤原氏の手に委ねられることになったことはすでに指摘されている。

ここで天皇が保持していた「教権」と「皇帝権」の分離が実質的に行なわれたと言ってよい。和気清麻呂や坂上田村麻呂といった忠臣によって天皇の地位が守られたことに示されるように、優れた政治家の補佐によってのみその地位が権威として守られる、という形が出来上がったのである。

このような分離は、例えば皇国史観と言われた平泉澄《きよし》氏の『物語日本史』を読んでもわかるように、桓武天皇のところでは和気清麻呂と坂上田村麻呂を称賛し、あとはほとんど文化史に転じるのも、政治が藤原氏の摂関政治に移っていくことによるのである。たしかにその後の天皇に政治力がないわけではなかったが、すでに政治の中心は摂関家の手に委ねられている。これ以後、天皇の権威は精神的なものとなり、その具体的な力は小さなものになっていくのである。

一方、天皇の宗教的権威は守られていく。道鏡を追放した光仁・桓武天皇は仏教改革を行ない、天皇を中心にした宗教界にするために律令政治に則って綱紀粛正を行なっていったのであった。律令の施行細則である「延喜式」（九〇五年）では、天臭は延喜式内社として諸国の名神を編成し、冠位を授け、神田を付与したし、また「僧綱制」などをしいて、僧官の任免権も天皇と朝廷が掌握した。つまり地上の神道と仏教界を天皇が支配したのである。それはヨーロッパで、法王が司教などの叙任権を支配したのと似ている。戦後の日本史家が、天皇を俗権の王権とみて、これを永原慶二氏のように、前近代的な王権のあり方などと見るのは誤りであることは明らかである。

これ以後、天皇がいわゆる「教権」と「皇帝権」を共に持つことはなかったと言ってよい。十二世紀はじめの後鳥羽上皇、十四世紀の御醍醐天皇など、その復権をめざす動きはあったし、「皇国史観」論者もそのことを強調する。しかし天皇は君主ではあり続けたものの、政権は藤原氏の摂関政治から源頼朝以後の武士の勃興による征夷大将軍の武家政治に委ねる他はなかった。しかしそれが天皇の精神的権威、宗教的権利を保持するのに重要な鍵となったことを忘れてはならない。

ランケの『世界史』の政治史中心の記述方法は、その「教権」と「皇帝権」、すなわち天上界と地上界の代表の確執と協調を描いていたが、それこそ、日本の天皇と政治のあり方を見事に照射するものであった。それは「皇帝」を民主主義選挙で選ぶ「近・現代」の今日まで続いている、ということは言うまでもない。そのことにより、世界で最も安定した政治が行なわれ、凡庸な政治家でも、安定して政権を維持する可能性を得るのである。日本の歴史はその点において、ランケ歴史学から学ぶべき点があるのである。彼の実証学は、そのような西洋の政治を見る視点から生まれたものであり、ただの実証学ではなかったのである。

第七章　階級闘争史観は日本に合致しない

第一章でみた教科書の歴史観が、これから分析するマルクス主義の歴史観であることは指摘したが、この考え方も、これまでの「進歩」史観、「自由」目的史観、実証史観を文字どおり「批判的」に継承したものであることは明らかである。しかし日本にこれが移入されたとき、それは歴史から生まれたこの「史観」の実証ではなく、この「史観」を日本の歴史にあてはめようとしただけであることが、大きな欠陥となった。マルクス主義自体も歴史観として、ヨーロッパの歴史を説明することは困難であったのにもかかわらず、それをあえて日本の歴史に導入したとき、大きな悲劇と喜劇を生んだのである。むろんこの派の歴史家たちはそれを感じてはいないのだが。

1 マルクス主義史観の日本への移入

《ひとつの妖怪がヨーロッパを徘徊している——共産主義という妖怪が》とマルクスとエンゲルスが『共産党宣言』で記したのが一八四八年のことである。一八四八年のフランスの二月革命、ドイツの三月革命などに端を発する政治的動きは、すでにヨーロッパにその「妖怪」が忍び込んでいたことを示していた。『共産党宣言』はマルクスが発したのではなく、ヨーロッパ社会そのものが胚胎したものであった。この「妖怪」が、それ以後、約一世紀半にわたって跋扈し、ロシア革命を始め社会主義圏をつくってきたし、資本主義国の多くの知識人を捕え続けた。

しかしその「妖怪」が日本にやって来たのは、一九〇〇年のあと、とくに日露戦争の頃に過ぎなかった。すでに生まれて半世紀以上も経っていたのである。まだまだ資本主義社会として成熟していなかったとか、社会主義思想そのものが、アジアにまた広める宣伝力をもたなかった、と言われる。しかしすでに明治時代中期には、日本の資本主義社会は成立していたのである。

一九〇一年（明治三十四年）に日本で最初の社会主義政党である社会民主党が結成されたが、本格的な動きは、一九〇六年（明治三十九年）の頃、堺利彦らが日本社会党、西川光二郎らが日本平民党を結成してからである。幸徳秋水が米国から帰国したのはその頃である。天皇暗殺計画のあった「大逆事件」が起きたのも一九一〇年（明治四十三年）のことであった。やっと明治末年（一九一二年）から昭和初年（一九二五年）にかけてマルクス・エンゲルスの『共産党宣言』や『資本論』の訳が出された。日本共産党が生まれたのも一九二二年（大正十一年）のことで、これも明らかにソ連のコミンテルンの後押しによっていた。

日本の西洋思想の導入はほぼ半世紀遅れ、というのがだいたいの事実である。これまで述べてきたギゾーもヘーゲルもランケも、そしてこれから述べるウェーバーなども、日本で翻訳され理解されたのは、思想が生まれて四、五十年も後のこととなる。それも大学の外国人教師によって始められている。受け入れる思想情況が成熟している、していないという問題と必ずしも関係していたわけではない。このことは、マルクス主義そのものも、日本社会の要請から必要とされたのでは必ずしもなく、他の新しい西洋思想の導入と同じ事情をもっていたということのように見える。

戦後はその導入が十年ほどは早まったかもしれないが、思想が理解されるまでには二、三十年はかかっていることからも、マルクス主義も、他の西洋思想と同じペースで導入されたと言ってよいようだ。マルクス主義もまた他の西洋思想と同じく、日本の伝統的な生活と介離する歴史観であるがその奇妙なアンビバレントな情況に耐えるのは、生活感を欠いた知識人だけということになる。

しかもマルクス主義の日本への導入は、他の思想とやや異なることがあった。それはマルクスの次の言葉に由来する。この思想が《従来の哲学はただ世界をさまざまに解釈していただけである。問題は世界を変革することなのだ》と言い出したことである。それはマルクス主義思想を学ぶことは、それがただちに実践活動に直結する、ということであったのだ。学者もこれを無視することは出来なかった。マルクスが《これまでのすべての社会の歴史は、階級闘争の歴史である》とした理論の呪縛が、歴史観と共に、学者の党派的運動と結びついたのである。それこそが、今日まで続いている問題なのである。《共産党員が歴史教科書を書き》という笑話もそれに由来する。

マルクスは第五章で述べたヘーゲルの歴史哲学の批判を徹底的に行なった。それはある意味では日本人の、観念性よりも現実性を好む傾向に適合していたと言えるかもしれない。ヘーゲルの、歴史は「世界精神」の展開あるいは「摂理」の実現過程である、という思想よりも、マルクスの、歴史をつくるのは現に生きている社会の階級関係である、という考えは理解しやすかった。人間の物質的生活の生産によって歴史はつくられる、というのだから。

マルクスにとっても世界史は、ヘーゲル同様、発展の過程をたどるものであるが、その発展とは「物質的生産諸力」のことであり、そしてその「生産力」を可能にする「生産様式」の進歩のことである。マルクスのこの「唯物論」的視点からみるとき、近代は「資本制生産様式」による最も「生産力」の発展した段階である、という認識が得やすかったのである。それは決して理性的なものが現実化した世界ではなく、歴史の目的が完成した世界でもない。

ヘーゲルが「近代」を「理性的世界」、つまり人間が真に「自由」になった世界として把握したのと全く反対に、マルクスは「近代」世界を、人間が「疎外」された「非理性的世界」として把握したのである。「近代」世界はマルクスにとって、何よりも査本家階級によって労働者階級が支配され、従って人間による人間の支配が貫徹した非人間的な現実からなるものであり、革命によって根本から変革されねばならぬものだという認識は、学者に、単なる歴史分析だけでなく、変革の運動を要請したのである。近代は歴史の完成した世界ではなく、前史の終わりの段階に過ぎない、というのである。

マルクス主義史観は日本史に《これまでのすべての社会の歴史は、階級闘争の歴史である》とした理論を持ち込み、はじめて「皇国史観」と異なる歴史の基本の骨格を与えたと言ってよい。わかりやすく言えば、この社会すべてが闘争を必要とする悪意に満ちている社会だ、とするテーゼは、社会の一部の人たちや故郷を追われ迫害された人々にはわかり易くとも、日本人の社会に最も馴染みにくい世界観であった。しかしそれが真実だと思い込んだ日本の知識人たちが多かった。それは学ぶべき西洋の最新の思想のように思われたのである。

2 マルクス主義史論の本質と「アジアの停滞」

マルクスはその一節で、歴史理論をどう構成するのか、その方法を経済史から明らかにしている。いわゆる歴史的発展は、一般に「最後の形態」が過去の諸形態を自分自身に至る段階だとみなす、というものである。これだけ聞けば、何も不思議なことではないと思うであろう。現在は過去の集積の上に立っている、ということだ。しかしその「最後の形態」とは「近代資本主義社会」のことと限定しているのである。《この社会の諸関係を表現する諸カテゴリーは、及びこの社会の仕組みの理解は、同時にまた、すでに没落してしまったいっさいの社会形態の仕組みと生産諸関係とを洞察することを可能にする》と述べることによって、歴史を経済社会に限定し、あとは二次的なもの、としたのであった。これは上部構造は下部構造が決定するというテーゼになっていく。

彼は代表作『資本論』の中で次のようなことを言っている。《いかにして貨幣が資本に転化され、資本によって剰余価値がつくられ、また剰余価値からより多くの資本がつくられるかは、すでに見たところである。ところで、資本の蓄積は剰余価値を、剰余価値は資本主義的生産を、これはまた商品生産者の手中における比較的大量の資本と労働力との現存を、前提とする。したがって、この全運動はひとつの悪循環をなして回転するように見え、我々がこれから逃れ出るには、資本主義的蓄積に先行するひとつの「本源的」蓄積を、すなわち資本主義的生産様式の結果ではなく、その出発点である蓄積を想定するほかないのである》（第二十四章、長谷部文雄訳）。

この「本源的蓄積」についての内容はすべて、それまでの資本が、資本主義時代以前の「封建的」「氏族的」所有者の掠奪や詐欺的行為、横領、暴力によって行なわれた、と指摘する。《教会所領の掠奪、国有地の詐欺的譲渡、共同地の接収、横領的にかつ仮借なき暴行をもって遂行された封建的及び氏族的所有の近代的私有への転化……十五世紀末以来の被収奪者に対する血の立法、労働賃金引き上げのための諸法律……アメリカにおける金銀産地の発見、原住民の掃滅、奴隷化、鉱山内への埋没、東インドの征服と掠奪との開始、アメリカの商業的黒人狩猟場への転化、これらのものによって資本主義的生産時代の曙光があらわれる》（同訳）というのである。しかし考えてみれば、資本主義時代以前がこうした権力者の暴力的な時代であるという規定は、西洋の歴史を知る者にとって、誤っていると思わせる。後述する文化史家ブルクハルトが述べるように、前時代にこそ、われわれの時代より文化がゆたかな社会があったという事実があるからである。さらに西洋の国家や宗教、文化は、西洋でいえば十二、三世紀の都市文化の成立、商業の発展とともに成立しており、その時代が決して収奪と暴力で生まれたものではないことを物語っている。

マルクスは「近代資本主義」の成立を、否定的にせよ、最も進んだ社会の「最後の形態」と考えたのであった。この点において、肯定的ではあるが「近代」を最高のものとする、ヘーゲルの思想と同じ「進歩主義」史観であることは間違いない。むろんヘーゲルのように近代の「自由」を歴史の目的と考えたのではなく、それを否定してさらに未来の「共産主義」社会を夢みたのであった。そのような意味でも、マルクスはいわばヘーゲルの批判的後継者であった。

そしてマルクスの『資本論』において唯一、日本について記述された次のような文章は、日本がまだ資本主義の段階にも至っていないことを述べていた。《日本は、その土地所有の純封建的組織とその発達した小農民経済とによって、たいていはブルジョワ的先入見にとらわれているわれわれのすべての歴史書よりもはるかにヨーロッパの中世像を示してくれる》と書いているではないか。日本はマルクスにとっては生ける「中世」なのである。これは今でこそ奇妙な感想であることはわかるが、長らく日本のマルクス主義者を悩ませてきたのである。これはマルクスが、日本について書かれたオルコックの『大君の都』(第二十一章)を読んで日本を皮肉ったものであるが、しかしマルクスの言葉は絶対であった。

このマルクス史観の、常に現実を否定的に見る見方は、私たち非キリスト教の東洋人にとって、人間が楽園追放以後、罪人である、というキリスト教の再現のように感じられてくる。人間の「労働」はその「罪」に対して神が与えた「罰」である、というキリスト教の見方は、階級社会の中で「疎外」され、「隷従」する労働者像という見方と重なってくるのだ。「労働」は必ずしも苦痛ではなく、逆に喜びであるとする東洋人の考え方はそれとは馴染まない。そしてキリストの誕生以来、未来の「最後の審判」後の天国に向かっていく時間は、未来の「革命」により「共産主義社会」の実現に向かっていくマルクスの「歴史」の時間と等しいものと思わせる。マルクス主義史観を武器、道具としてこの現在の現実を変革する、という考え方は、現在の人間は救われておらず、常に「救済の宗教」を求めるとする姿勢に似ているようだ。マルクスにとって「革命」とは、人間をこれまでの歴史における「疎外」と「隷従」の状態から最終的に解放して「自由の王国」をもたらすはずのものである。そこで、まさにかつてキリスト教徒が待ち望んだ「救済」の実現と等しいものになるのだ。これは第三章で述べたキリスト教的歴史観の変種のように見える。

これはひとり私のような東洋人だけの感想ではない。ユダヤ人ではないドイツの哲学者もまた同じことを述べている。カール・レーヴィットは《ヘーゲルが宥和的認識によって与えようとしたものをマルクスは革命的実践によって実現しようとするものであり、この革命はキリスト教徒が信仰を通して待ち望み、そしてむしろ来世に期待していた救済を現実の歴史的世界において実現しようとするものである》（K・レーヴィット『ウェーバーとマルクス』）と指摘する。レーヴィットは、マルクスの「唯物史観」、徹底した「無神論的世界観」の奥底に、意外にもユダヤ＝キリスト教的な救済史観が深く流れ込んでいることを強調している。《現代のヨーロッパ精神はキリスト教の超越神信仰と来世信仰から解放されて自由になり理性的になったと思い込んでいるが、実際には、キリスト教信仰にかわって歴史への信仰、すなわち進歩信仰や救済史的歴史観が広がっただけである》と語っている。《マルクス主義はその救済史的歴史観によって現代人の歴史への信仰をかつてないほど強めたのである》とさえ述べている。

さらにマルクス主義の歴史観はヨーロッパ人の宗教観と一致すると述べたのに、ロシアのベルジャーエフ（一八七四〜一九四八）がいる。この一旦はマルクス主義を信奉した哲学者は、マルクス主義は社会科学などではなく、明確な終末論を持った裏返しの宗教である、と喝破している。彼は次のようにキリスト教との対応を述べる。

キリスト教には次の五つの物語がある。《一、神による楽園の創造。二、人間始祖の堕落による罪の始まり。三、神と悪魔の善悪闘争の歴史。四、終末におけるメシアの降臨による救い。五、その後の千年王国》。それに対応して《「共産主義」は、一、原始共産社会。二、階級の発生による悪の始まり。三、階級闘争の歴史。四、プロレタリアートによる革命。五、理想的な共産主義社会》というのだ。科学的といいながらマルクス主義の歴史観は宗教的な情熱を燃やす、宗教と同じである。

こうした論理の同一性は、マルクスの広汎な著述の根幹をなすものである。キリスト教徒でもユダヤ教徒でもない日本の知識人にとっては、それを理解することは容易なことではないはずだ。逆にその理解の困難さが、西洋に対して無知な日本の知識人にとって魅力となり、その論理に取り込まれ囚われてしまう。批判は階級的な中傷に過ぎないと思わせてしまうのである。

無論彼らはキリスト教を始め、あらゆる宗教を否定する。彼らの「唯物論」とは、啓蒙思想以来、西欧「近代」の「神なきヒューマニズム」「科学万能主義」「合理主義」「功利主義」と呼応するものである。その非宗教的社会が「共産主義社会」を生み出す前提だとすれば、そのような「近代」をつくり出さなければならない。ロシアの大文学者ドストエフスキーは、『カラマーゾフの兄弟』に書かれた〈大審問官〉の物語でイワンという人物に、そのような「唯物論」的人間、すなわち「近代的人間」を象徴させている。しかし彼は精神と理性のバランスが崩れ、狂気に陥ってしまうのである。そして三男のアリョーシャの素朴な信仰をもつ魂のみが、その狂気を救う。つまりそれが宗教であり、イエス・キリストの思想であった。いずれにせよ、われわれ非ヨーロッパ人は、こうしたキリスト教――マルクス主義の思想的罠に陥ってはならないのである。

ところで、キリスト教と通底するマルクス主義史観が、もし西洋の資本主義の成立を分析する理論としてだけであったら、私たち日本人は、西洋社会の理論として関心を払わなくてよいかもしれない。マルクス主義は、西洋経済社会を解釈する一方法として見ることが出来るからである。ところが、この理論は、アジアを含めてすべての社会に通用するようなものとして提示されていることに気づく。マルクスはアジア、とくに中国をヘーゲル同様に取り上げたのである。

ヘーゲルが、中国には「歴史」の究極の目的である「絶対者の自己実現、自由の実現」という「精神のダイナミズム」が欠如していることを指摘したことはすでに第五章で触れた。「精神の自由」へのベクトルが存在しないということから「停滞性」を説いたのである。これに対し、マルクスは「歴史」を《原始共産制から階級社会、階級社会から共産的社会へ》という歴史の必然的な展開と考え、この社会的発展を「アジア的生産様式」「古代的生産様式」「ゲルマン的生産様式」という三段階の生産様式の発展と捉えた。このうち最も古い段階である「アジア生産様式」がほぼヘーゲルの「停滞性」に対応すると言ってよい。その階級社会の「古代の奴隷制」の最初の形態としてアジア世界を見たのであった。

マルクス史観では「アジア的奴隷制—古代的奴隷制—封建制—近代資本制」という見方は継起的に出現するかのように語られる。マルクスが「アジア」を停滞社会とみるだけでなく、それが歴史の最も古い原初的な段階としたことは、ヘーゲルで予告ずみであったにせよ、マルクス主義に関心をもつアジアの知識人にトラウマを与えることになった。彼は「アジア」が最も遅れた社会形態である、というのだから、ほとんど永遠に「ゲルマン的生産様式」すなわち「近代資本主義」に到達し得ない社会であることになる。

それはマルクスの誤読である、というマルクス研究者もいる。それは継続的に起こるという歴史的発展を見たものではなく、資本主義社会を基準にしてそれ以前やそれ以外の社会を、比較するための類型を提出したに過ぎないというのだ。しかしそのように読み取る余裕もなく、アジアとヨーロッパの現実の違いを感じている「マルクス主義」知識人はそのとおり読んでしまったのである。それは日本が西洋より「近代化」しているにもかかわらず、一部の知識人には奇妙なことに、未だに続いている。

3　戦後、日本史学界はマルクス主義史観に把えられた

このマルクス主義移入については、さすがに外人教師が国立大学で取り入れ教えたわけではなかった。しかしこれもある意味では、他の西洋思想の導入と同じパターンを繰り返した、と言ってよいだろう。それはやはり西欧の一国（アジアをおおう国家であっても、社会主義そのものは

西欧の思想であった）社会主義ソ連の強い影響であるからだ。大正十一年（一九二二年）ロシア・ソ連の「コミンテルン」日本支部として非合法に日本共産党が結成されたのであった。

日本共産党は「天皇制打倒」「寄生地主制の廃止」「労働者・農民の政府の樹立」という、天皇をツァーリ（ロシア皇帝）と代えれば、ロシア共産党と目標を一にする政党としてつくられたのであった。マルクス主義者の日本分析に関するこのような考え方自体、日本人にとってはまだ熟していなかったものである。むろん体制の転覆を目指していたことはすでに知られていたから、この共産党の結成の後、大正十四年（一九二五年）に「治安維持法」が成立したのは、当局の当然の反応であった。「治安維持法」は「国体」の変革、「私有財産制度の否認」を目的とする活動を罰するもので、共産党取り締まりを主として想定されたものであったことは明らかである。

先程述べたマルクスの言葉にある《哲学者はこれまで世界を解釈してきたにすぎない。重要なのはそれを変革することである》という文句にあるとおり、学者もその方向で対処することになった。日本の歴史観を変えるだけでなく、それを社会で実践的に変革する意図を同時に持ったのである。《これまで日本はさまざまに解釈されてきた。重要なことは変革することだ》と日本のマルクス主義知識人は考えたことになる。ソ連のコミンテルンの指示による非合法の共産党の結成に参加したのが、労働者ではなく、ほとんどが知識人であったことはそのことによる。

その例は、マルクス主義史観を日本の歴史に適用する形で理論的に展開した野呂榮太郎（一九〇〇〜三四）にあった。野呂は慶応大学に在籍した頃から執筆を始め、大正十四年（一九二五年）

頃から昭和八年（一九三三年）までの十年余りの間に一連の労作を発表した。彼はその非合法時代の共産党の中央委員であった。彼は『社会問題講座　第十三巻』（新潮社）に「日本資本主義発達史」を著した。「天皇制絶対主義」「国家権力の階級的基礎としての地主的土地所有関係」、また第一次大戦後のさまざまな矛盾をはらむ「日本資本主義社会の現状」をまとめて一九三〇年（昭和五年）『日本資本主義発達史』を刊行したのであった。これが後に、マルクス主義史観「講座」派の基本書となるものである。

この野呂という人物は、義足で肺結核という肉体的負担の中で、酷しい運動の中心者として活動したが、昭和八年（一九三三年）に治安維持法により逮捕され、その健康も悪化し死去した。それで一部では神格化されているが、よく言われるように、彼は北海道の貧農・開拓民の出身ではない。子供たちを大学に行かせるだけの裕福な地主の出身であり、義足をしていたのも運動会でころんで足を痛めたことによる（鷲田小弥太『野呂榮太郎とその時代』一九八八年）。慶応義塾に入り、同じ慶応の野坂参三の影響を受け、非合法の共産党に入党する。この頃、東大にも新人会、早稲田にも「建設者同盟」が結成され、社会主義運動が大学でも支持者を得ていた時代であった。彼はその中心的人物となっていた。

「講座」派理論では、明治維新をどう見るかが重要である。その基本的性格は「ブルジョア革命」ではなく「天皇制国家権力」の本質である「絶対主義」と見ることだという。日本資本主義には「半農奴制的寄生地主制」という異質の経済制度が構造的に結合しているという分析をしている。

また日本資本主義は、明治三十年代に確立期に入るとほとんど同時に「帝国主義」に転化し、軍事的性格を強め、全体として「軍事的・半農奴制的」資本主義というべき特殊な型を形成した、と述べる理論である。これが明治維新の基本テーゼであるという。すなわちこの理論では、明治以後の日本の社会における「絶対主義天皇制」権力が、その地主制を階級的基盤にもちながら、急速に高度な「資本主義生産様式」を発展させたとする。そして世界資本主義の「帝国主義」連鎖の中に取り込まれ、産業部門間で発展水準を著しく不均等にした。こうして日本資本主義発達の特殊性を理論的に捉えるのが、野呂の見解であった。

昭和七年（一九三二年）から、後に「講座」派の原典となる『日本資本主義発達史講座』全七巻が岩波書店から発行されることになった。野呂の他、大塚金之助、平野義太郎、山田盛太郎、羽仁《はに》五郎などが加わり、日本の「階級対立の激化」、「国際的矛盾の高まり」とどう「解決」の方向をとるか、という切実な問題をもって書かれたという。この「解決」とは治安維持法下の用語で実は「変革」のことであった。この企画は一九三二年、コミンテルンの指導のもとに作成された日本共産党の「綱領」的文書、いわゆる「三十二年テーゼ」が、当面の主要課題として「天皇制の打倒」「寄生地主的土地所有制」の廃止などを挙げている点で一致していた。まさに共産党の綱領と内容は等しいものであったのである。史家はコミンテルンの命令通り書いたものではない、と言っているが、内容がほとんど同じであることは、それを知っていて、その権威を利用したと言う以外にない。

このマルクス主義歴史観で問題なのは、それが「共産党」のためであり、それによる社会の「変革」のために書かれたということである。歴史家である永原氏は前述の『20世紀日本の歴史学』で、野呂自身が共産党員として、現実の変革の運動にたずさわっていたので、《独善的なイデオロギーの産物ではなく、現実の変革に向き合う基礎認識としての客観性を指向していた》と述べている。その歴史観と共産党員であることは不可分であったのだ。この理論は戦後も変わりはない。学者と実践とは不可分だという見解が、歴史教科書問題の根幹のひとつなのである。

これに対し、それ以前の昭和二年（一九二七年）に発刊された雑誌『労農』による、山川均、櫛田民蔵、大内兵衛、向坂逸郎らの見解と論争となった。というのもこの「労農」派は、明治維新を「ブルジョワ革命」とし、これからは《民主主義革命の任務をともなうプロレタリア革命》を行なわなければならない、とするものであった。同じ社会主義「革命」を志向するグループであったが、こちらはソ連のコミンテルンの影響ではなく、後に「社会党」の路線となる理論であった。この論争というのも共産党と社会党の基本路線として政治運動と直結していることによって、熾烈さを増していくことになる。

野呂の死後「講座」派の論客では羽仁五郎が、やや「労農」派に近い見解として、明治維新を「不徹底のブルジョア革命」と分析している。幕末の「百姓一揆」、都市民の「打ち毀し」などを「人民闘争」とみてその意味合いを評価した。一方服部之総《はっとりしそう》は明治維新を「上からのブルジョア革命」と「下からのブルジョア革命」の両方の側面がある、と述べ、明治政府の政策と、民衆側からの闘争の両方に「ブルジョワ革命」の過程を見た。

このような近代史の分析ばかりでなく、古代史においては渡部義通が、マルクス主義史観の上に立ち、日本の「古代」の律令制社会が「奴隷制社会」であるか「農奴制社会」であるか、「私有民」である「部民《べみん》制」と「奴婢制」の研究などを行なった。一方早川二郎（一九〇六～四七）は律令制社会の班田農民を「農奴」と見、その社会そのものを「封建主義」であると考えた。このようなほとんど言葉遊びの歴史学を、永原氏はさも重要だといわんばかりに『20世紀日本の歴史学』で紹介している。

これらはいずれもマルクス主義史観の「古代―奴隷制、中世―農奴制、近代―資本主義の労働者制」の図式を日本においてあてはめたものに過ぎない。渡部はマルクス主義歴史学による日本通史の叙述の必要性を痛感したという。そして『日本歴史教程』をグループで刊行し始め、近代以前の日本の歴史規定を行ない、日本的「奴隷制社会」から「封建制社会」への移行史を、マルクス主義史観に沿って考察したのであった。後に述べる藤間生大《とうませいた》、松本新八郎、石母田正《いしもだしょう》などの研究が始まった。

ところで、マルクス主義史観に徹底しない社会経済史も現れた。昭和五年（一九三〇年）に「社会経済史学会」が、マルクス主義経済学と異なった学界として創立されたという。それは国家・経済を研究する学会であった。一方で二年後に「歴史学研究会」が結成され、マルクス主義の歴史家も参加した。しかし戦時に突入していく時期と重なって、こうした動きも停滞していったという。逆に『日本仏教史』『日本文化史』などで、実証的な文化研究の成果を出していた辻善之助が指導する史料集の刊行もされている。辻に関わる『畝傍史学叢書』で、文化史系の歴史研究が数多く出版された。永原氏も指摘するように、森末義彰『中世の社寺と藝術』、奥野高広『皇室御経済史の研究』、家永《いえなが》三郎『上代仏教思想史研究』、海老沢有道《えびさわありみち》『切支丹史の研究』などが次々と出されていった。他にも『日本歴史全書』や『日本歴史学大系』といった叢書が戦前の昭和期に出されたことから、大東亜戦争が間近であった時期においても、マルクス主義以外では決して自由な言論が封殺されていたのではないことがわかる。

「マルクス主義史観」と「皇国史観」とが、共に〝無思想〟〝脱政治〟の実証主義歴史学への批判と不満から生まれている、という永原氏の指摘は、共に、歴史観というものが党派性を帯びざるを得ない、という点をよく語っている。氏は羽仁五郎と平泉澄が共に、東京帝国大学国史学科を卒業しながら、二つの道を歩んだことを記している。羽仁がハイデルベルク大学でクローチェの『歴史叙述の理論及歴史』を訳出したが、それを平泉が『史学雑誌』に紹介し絶賛した。クローチェはランケ流の個別史の考証と、年代記的記述の政治・外交史を主とする実証的歴史学を批判し、それが「正」しくはあっても「真」たり得ないとし、彼が歴史認識・叙述における「思想性」「現代性」を重視したところに共感したのだ、という。

マルクス主義歴史学の「講座派」の歴史が書かれていくときに、平泉は、『国史学の骨髄』(至文堂、一九三二年)、『建武中興の本義』(至文堂、一九三四年)などを出し、活発に国粋的な政治活動を行なっていった。神儒一致の垂加神道派、尊皇論に強い影響を与えた山崎闇斉、水戸学国体論者の会沢正志斎、常陸出身の攘夷派志士・佐久良東雄《あずまお》などを美文調で語り、若者の心をゆさぶったことは知られている。昭和七年（一九三二年）に平泉は朱光会を創立したが、その綱領には《吾人は天皇中心主義を信奉す》とか、《吾人は建国に則り日本の建設を期す》、《吾人は大日本精神を宇内に宣布せんことを誓う》などと書かれていた。これを永原氏は《天皇制の精神と帝国主義のイデオロギー》などと言うがその点では、マルクス主義の「講座」派もまた政治イデオロギーであることに変わりはない。

4　戦後の日本の歴史学

何度も引用してきた永原慶二氏の『20世紀日本の歴史学』では、まさにマルクス主義の歴史学がいかに20世紀の日本の歴史学界を制覇していったかが書かれている。氏は日本の「中世史」の権威でマルクス主義歴史学者を標榜しており、この本ばかりでなく、『歴史教科書をどうつくるか』（岩波書店）や『「自由主義史観」批判』（同上）など、教科書問題でも、その立場を貫いている歴史家で、最近他界された。つまり、この書は戦後の日本の学校の歴史観が、多少の変化はあっても、一貫してマルクス主義史観のもとにあることを主張したものである。

マルクス主義の歴史観は、戦後の歴史教科書をひもとけばわかるように、古代―中世―近世―近代と区分けされている。一見、単なる時代の区分のように見えるが、その内容をみれば「古代・

奴隷制社会」「中世・近世・封建社会」「近代・資本主義社会」という社会体制を指す内容を含んでいることがわかる。それがマルクス主義的な図式と言ってよい。この区分には経済学的な階級史観があり、常に階級間の闘争がある、とみる「唯物史観」である。「封建社会」を経て「資本主義社会」に至ったという歴史展開は、現代日本を未来における「社会主義社会」への途上にあるとする見方が隠されていることは言うまでもない。この考え方しか戦後教えられていないため、その思考パターンがあらゆる日本人に浸透している、と言ってよいかもしれない。

その戦後のマルクス主義日本史の研究の例として、永原氏はまず石母田正の例をあげている。《戦後歴史学の一番花は一九四六年（昭和二十一年）の石母田正『中世的世界の形成』と藤間生大の『日本古代国家』（ともに伊藤書店）の発刊である》と書いている。この書で《問題意識による衝迫がなければ、少なくとも戦争末期の暗幕を降ろした部屋のなかで書物を書くだけの気力はもてなかった》と述べているように、石母田が戦争末期における、天皇制を意識して書いたことが語られている。それは書名にあるように、「古代から中世へ」というマルクス主義的図式を日本史で実証しようとするものであった。

すでに第一章の中学教科書批判で指摘した部分に関係しているので、取り上げてみよう。永原氏はこの書物を次のように要約する。《「古代から中世へ」を……東大寺領の伊賀国黒田荘というひとつの荘園に舞台を絞り込み、荘園領主東大寺・藤原実遠《さねとう》・群司から武士団を形成して領主制を指向した源俊方《みなもとのとしたか》在地の反荘園領主的勢力としての黒田悪党らをこの移行期の代表的階級・階層・

集団として登場させ、それらを諸勢力の相互の対抗と戦いのなかでくり広げられる転換期の歴史をダイナミックに描き出した》。要するに伊賀国にあった荘園「黒田荘」を取り上げ、その「古代」の終焉と「中世」の幕開け、というマルクス主義的な「歴史の必然」を述べようとしたと言ってよい。黒田荘は「古代」の象徴であった東大寺の直轄領であり、「中世」の担い手であるべき「黒田悪党」を始めとする在地武士団が、東大寺に戦いをいどむ歴史なのである。これは天皇制国家が崩壊するマルクス主義的な「歴史の必然」を描こうとした著作に他ならなかった。

しかしそれは成功したであろうか。残念ながら、その「古代」の旧体制に戦いを挑んだ「中世」の武士団は、いずれも東大寺の前に敗北してしまったのである。東大寺が内部の腐敗で弱体化していた時期に闘った「黒田悪党」でさえも、最後には鎮圧されてしまった。石母田自身がこの書の末尾で書いているように、それは《蹉跌と敗北の歴史》であったのである。

「古代」権力のはずの東大寺は「神人《じにん》」と呼ばれる人々によってその支配の末端が担われていた。その「神人」は、《有力者に対しては追蹤法懦、百姓に対しては猛悪なる人間であり、中世社会においても最も腐敗せる人種》であった。「悪党」は彼らを殺傷さえしたが、同時に地元の庄民から掠奪を行なっていた。「悪党」は「神人」以上に、民衆から孤立した暴力集団に過ぎなかったのである。石母田にとっては、この「悪党」は、天皇制をこらしめる新しい勢力でなければならず、それも成功しなければ、「歴史の必然」を説明できなかった。彼らの倫理的頽廃はおかしく、本当は《悪党が村落民全体の生活を代表するような健全な地侍であり、かかる立場から寺家に対抗するとすれば、それは小規模でも「住民と協同した」土一揆的形態をとるはずであり、何ら道徳的頽廃の傾向は発生するはずはない》のだった。この言葉には、民衆はもともと正義であるはずだ、というマルクス主義信仰が入っているととってよい。この「黒田悪党」が敗れた理由を、石母田はその「孤立性」にあったと考えた。革新勢力が民衆から孤立している限り、天皇制は「何度でも復活する」というのが、石母田の言いたいことであったのだ。

この歴史家の意図に反して、十五世紀になっても、黒田荘は東大寺領にとどまっていたのである。そのうえ庄民たちの意識も、歴史の進歩に逆行した。――庄民たちは、外部からの武士団が入ってくることを恐れ、東大寺の支配を（逆に）懇願したのである。東大寺は武力だけでなく、宗教によって住民の心を支配していた。そして石母田は、《古代世界は外部からの征服のない限り存続しなければならなかったであろう》と述べ、《われわれはもはや蹉跌と敗北の歴史を閉じなければならない。戸外では中世はすでに終り、西国には西欧の商業資本が訪れて来たのである》と、この本を結んでいる。

この「古代」と「中世」という時代区分が、「天皇制」を中心とした支配形態から、「領主制」となる支配形態へ、という変遷を意味し、さらにそれが、「古代・奴隷制」から「中世・農奴制」へと移ることでもある。それを証明しようとしたのであるが、それが出来なかったことになる。その失敗の原因は、「マルクス主義的図式」の結論を現実の歴史にあてはめようとしたからに過ぎない。つまり、石母田の発展史観は、歴史現実には何の関係もなかったのである。それにもかかわらず、この書は戦後の「名著」として褒めそやされている（『日本史の名著』吉川弘文館編集部編、一九九〇年参照）。

このように石母田氏には、歴史の「発展段階理論」の観念が強く、「古代」として奈良時代の天皇制と貴族とを西洋のローマ帝国の皇帝と貴族と比較したり、平安時代の「地方武士」をゲルマンの「未開」と同じように見たりする。ローマ帝国の崩壊と、唐帝国を中心とする「古代」の東アジアの秩序の崩壊とを並行して考えるのである。しかしこれは、一方が三、四世紀のことで、他方は九世紀のことであって、そこには五〇〇年も格差があるばかりでなく、まず「古代」「中世」という「発展理論」が先にあって、それをあてはめるという発想自体に誤りがある。それぞれの文明圏が、固有の変化をもっていることをまず認識していないところから生ずるものだ。石母田氏の理論を見ていると、日本史の学者がヨーロッパを知らずして、ヨーロッパの史観を鵜呑みにする典型を見る思いがする。

戦後「マルクス主義」の歴史家たちは哲学・社会科学などの分野の人々とともに、昭和二十一年（一九四六年）一月「民主主義科学者協会（民科）」を設立した。その歴史部会の機関誌として、同年十月に『歴史評論』が創刊された。戦前から石母田たちがつくっていた『歴史学研究』も、同年六月号から再刊され、この二つの雑誌が戦後「マルクス主義」史学の拠点となったのである。彼らは「非政治的な実証主義」を批判していった。「墨ぬりの教科書」のあと、教育の民主化のためにあらたに刊行された国定国史教科書『くにのあゆみ』も《天皇崇拝教育の残滓、とか戦争責任の追及がない》と非難したのである。

小熊英二氏の『〈民主〉と〈愛国〉——戦後日本のナショナリズムと公共性』（新曜社、二〇〇二年）という書物は、戦後のこれらの〈民主〉の側の動きを語っている点で興味深い。《文学において、政治的中立を装う「芸術至上主義」が批判されていたが、歴史学でそれに相当するのが「実証主義」であった。中立を装う「実証主義」は、最終的には帝国主義の側に加担する、ブルジョワ思想にほかならないとされていたのである》。石母田は共産党員として、積極的に行動した。共産党の「民族」は「民衆」と同義語であった。《『歴史学研究』復刊第一号でも「少数支配者のための歴史ではなく、民族全体の、すなわち人民大衆のための歴史の教育」を掲げていた》。共産党の歴史家にとっては、講座派の位置づけ通り、《日本は近代化が不十分な後進国であった。そこでは「民族」は過去の伝統ではなく、未来にむかって創造されるべきものであった》のである。

小熊氏の本は、石母田がいかに図式主義であったかを述べている。とくにその文化論を共産党の見解の典型として論じている。《当時の石母田の考えでは、法隆寺や能は支配階級の文化であって、民衆の文化ではなかった。石母田によれば、「封建時代のバラバラのものを統一させるのが民族文化」なのであり、支配者の文化を「民族文化」と称することはできないのである。……法隆寺や能を「民族文化」は、新しい「民族文化」の創造を妨げるものだった。それらは過去に存在するものであって未来にむけて創造するものではないし、政府や知識人の権威によって「文化」と指定され、民衆に与えられるものであった。石母田は上記の座談会で、「文化というものは、他から与えられるものではなく、形成するということが本質的な条件だ」と主張している》。石母田は、一九四八年の『歴史評論』で「村の歴史・工場の歴史」と題する論文を書いた。《歴史というものが、つねに政府や知識人といった権威から与えられるという「古い卑屈な伝統をこわす」ために、民衆自身が書くことを奨励したのであった》。

もうひとつの「名著」とされる藤間生大《とうませいた》氏の『日本古代国家』についても述べてみよう。

藤間氏もまた、最初から「古代・奴隷制」というマルクス主義の見地から出発している。しかしその「奴隷」を国家や社会の中の階級として見出せないために、「家内奴隷」として氏族の家族内に生ずる「所従」とか「下人」などの存在に注目する。しかしこれも社会全体の大きな社会集団ではなく、結局彼らもまた《一応主人の家と農業経営から離れて別個の経営をもってゐた》「百姓」から「地子」をとる領主になっていく。かくて「古代家族」は内的にも「家内奴隷制」を「止揚」するとともに、外的にもその独立を捨てて自己の土地を寄進して荘司＝武士になっていく、と述べる。日本の階層が流動的なものであることは、「古代」からそうであったことを、いみじくも証拠だてているのである。

渡部義通氏の「古代」観も、あくまでマルクス主義史観が先行し、それを日本に何とかあてはめようとする。「国体史観」が神話的世界から始まり、それが農業社会として日本の国の始源として考えられることを批判しようとして、それに先行する無階級社会＝原始共産制社会を想定し、その存在を論証しようとしたのである。渡部氏の古代史研究の書はマルクスが夢想する、その無階級社会を、乏しい考古学・古代文献史料で説明しようとした。古代史でもその奴隷制を最初から想定し、律令制社会を奴隷制とするか、農奴制にするか、部民制と奴婢制の区別など、そのマルクス主義史観の用語の規定を問題にしているだけなのである。

藤間生大氏がこのような「古代」日本の歴史から、戦前・戦中の「民族問題」を、乗り越える理論を打ち出そうとしたことから、石母田正、藤間生大、井上清といったマルクス主義歴史学者がいかに、彼らの史論を主張し合っていたか。その経緯を述べておこう。

ヘーゲルやマルクスの歴史観においては、「古代」ギリシャを「英雄時代」と形容していたため、日本にも「英雄時代」を探るべきだと考え、石母田氏が一九四八年に「英雄時代」論を唱えた。そしてヤマトタケルを「民族英雄」としたのであった。これを受け藤間氏は「古代における民族の問題」で《民族的なほこりを全民族に知らせて、わが民族が自信をもつ》ため、やはりこの記紀神話に登場するヤマトタケルを「民族の英雄」として再評価することを唱えた。これもマルクス主義者というものの、歴史のコンテキストを忘れた滑稽な模倣と言ってよい。

小熊氏は、一九五一年の歴史学研究会の大会報告を取り上げる。日本共産党の所感派と国際派の分裂を分析し、所感派の藤間生大氏のヤマトタケル英雄説は、スターリンが提起したという「民族体」Volk説を前提にしているという。この「民族体」は「古代」において形成されている、というのだ。それは近代的な「民族」(nation)とは別なものである。まずこのような前提があって、その民族意識が表現されたのがヤマトタケルである、という。その後、平安貴族たちは中国からの輸入文化に侵されて民族意識を喪失したが、日本民族の文化的創造力は、民族の力を結集した東大寺の建設、日本独自のカナの発明、仏教を消化した本地垂迹説などに発揮されていった。

小熊氏は、この時代の共産党系の学者たちの抗争を活写している。氏はこのマルクス主義史家の考えを《ほとんど戦前の愛国教育で賛美されていたものであった》といって皮肉を言う。近代史が専門の井上清や犬丸義一は藤間の「民族文化」を《民族の概念を、極端に言えば偽造している》と非難し、《戦前の復活ではないか》と噛み付いたという。これらの近代派「マルクス主義」者は、近代の資本主義社会が、その後に社会主義社会を控えているだけに最も進んでおり、「古代」などにそのような社会があってたまるか、ということになる。

藤間氏は《ヤマトタケルが天皇家の手先に見えるのは、本来は民族精神の健全な表現であった神話や伝承を、時の権力者がねじまげて記録したからである。大仏もまた、民衆のエネルギーの協力なくして、その建設はありえなかった。支配者がつくったテキストや文化を再解釈し、それを革命の表現に転化してこそ、支配者が大衆に注ぎ込んだ愛国教育を逆手にとることが出来る。反論の多くはインテリ的で、民衆から乖離しており、民衆の民族意識を支配者に奪われてしまうにまかせている》（小熊、前掲書）という。たしかに井上清の『日本の歴史』（岩波新書）では、この大仏の美術的価値や技術を一応賞めてはいるが、《このために天皇は国費をかたむけ、また人民に出挙を強制した》と先に述べ、民衆がそれに協力したなどとは一言も書いていない。小熊氏は、藤間がヤマトタケルの称賛に反対する井上清に向かって、《南方で死んでいった「わだつみの声」を、イクジなし奴とどなりつける精神以外のなにものでもないと思います》と反論したという。しかし藤間も井上も同じマルクス主義史観の教条から出ており、自らの歴史に対する判断がない点は同様である。

このスターリンの「民族」主義から出た「民族主義」については、それが共産党学者から出ると、ある意味で屈折したものとなる。例えば、中世・封建時代における南北朝時代を評価し《日本における民族文化、民族的特殊性を持つと言われる文化は、みな南北朝の革命期における産物である》（松本新八郎の報告）という。それは元という「古代帝国の襲来」を契機として民族意識の覚醒がおきた時代であり、古代から中世に向かう「封建革命」の時代であったからだ、という。この「封建革命」を担った武士は、古代の支配者である貴族を打倒した存在であり、《革命を遂行しつつある階級の倫理としての武士道》には今日でも学ぶべき点が多い。そして武士たちは、《中国の革命的リアリズムたる宋元画》の要素をとりいれて「民族文化」を創り、《狂言・謡曲・茶の湯、生花等はいずれも武士・農民による闘争の中で生まれて来た》というものであった。いずれにせよ、この「中世」が異常にマルクス主義学者によって評価されるのは、この「封建革命」というフィクションによるものである。小熊氏はさらに、大学を卒業したての網野善彦氏の最初の研究が「若狭における封建革命」というのもその上に立っているという。

その後の共産党学者の内部の「闘争」は滑稽そのものだ。小熊氏は次のように書いている。《井上清は、一九五四年に藤間によって（共産党から）査問を受け、自己批判書を提出させられた。また井上が自宅の井戸を改装したことも、「ブルジョア的生活態度」にあたるという批判を受けた。藤間のヤマトタケル批判に同調したものもつぎつぎと査問され、自己批判か党籍を奪われたようである。……井上は後年「進歩派の歴史学界で、『歴史と民族の発見』や『英雄時代論』に反対するものは、人民の敵とまで見なされるようになった」と回想している。彼はこの当時、「年少の友人たち」に迷惑が及ぶことを恐れ、「君たちは僕と町で出合っても知らん顔して通れ、僕の家へも来るな」と言っていたという》（小熊、前掲書）。

しかしその翌年の一九五五年、日本共産党は方針転換してしまった。今度は藤間や石母田などの「民族派」が批判され「国際派」が台頭し、歴史学界でも立場が逆転してしまったという。党の方針で学者の歴史観が一年で変わってしまう、というマルクス主義者ならではの変わりようである。井上清は復権した、という。一九五七年に石母田氏は自己批判の文章を書いたが、内容が官僚的であったとまた批判された。小熊氏は《結局のところ一九五〇年代前半の出来事は、歴史学界の傷跡として封印されてしまった》と述べている。

これも石母田氏が書いた次のような「学問と党との関係」があるからである。《社会科学は党の（したがって人民の）提起する諸問題を学問の問題と転化することによって、また党は科学に基づいて政策をたてることによって、科学を現代とともに生きる連関を保持し、発展させることができるし、またその必要がある。このような全体の内的連関のなかで、科学と政治の関係、学問の自立の問題が提起されるのであって……政治主義的誤りをおかしたから、今度は学問の自立を強調しようなどというような単純な態度は、問題の歴史的性質を見うしなっているといわなければならない》。《学問の自律の問題を、研究室への逃避によってでなく、反対に現実との生きた連関を深めることのなかで解決していかねばならない》と、党員としての自覚を書いている。

これも日本共産党のイデオロギー闘争の一環で生まれたものではなく、もともとマルクスの次の言葉、《従来の哲学はただ世界をさまざまに解釈していただけである。問題は世界を変革することなのだ》という実践重視の哲学者への訓戒を、そのまま再現したに過ぎないことは言うまでもない。

これまで歴史や文化とマルクス主義の関係について述べてきたが、マルクス主義と言えば、そこから社会主義革命が引き出されるわけであるから、日本資本主義の経済分析が最も重要である。しかしそれが、経済という現実の社会の分析であるから、その方法は、歴史・文化研究よりも客観性がある、と一般では考えられている。

例えば、日本が明治以降、どうして経済的発展が出来たか、現代において世界の経済大国になりえたか、という問題は、いかなる理論をとろうとも、日本の経済学者の説明を必要とする。無論マルクス主義の経済史家からもその立論がなされている。この日本の近代化は徳川時代からの経済成長のおかげであったことが、学界の共通認識として論じられている（『日本経済史』全八巻、岩波書店)。川勝平太氏が『日本文明と近代西洋』でこの点を詳しく論じているので引用しよう。氏によると、このような説明のさきがけをなしたのはマルクス主義経済史家の服部之総であるという。

服部は明治維新史、絶対主義論など、明治時代を絶対主義的天皇制の時代と捉えた、すでに述べた野呂などと同じ「講座派」の論客である。『日本資本主義発達史講座』には「明治維新の革命および反革命」などの論文を書いている。明治維新について羽仁五郎が幕末の百姓や町人の一揆や打ち壊し、すなわちマルクス主義の「階級闘争」を論じていたのに対し、服部は幕末の「地主――ブルジョワ範疇」の検証を行なった。羽仁が「人民闘争」面を重視したのに対し、内在的な経済発展の方を見定めていた。日本が他のアジア諸国と異なり、西欧列強の従属化をまぬかれた理由を、幕末の経済の発展段階で資本主義的生産の最初の形態がすでにあったからだ、と述べる。それが一方では封建的性格の強い地主であるが、他方では製糸業などのマニュファクチュア工業が存在していたからだ、と分析する。つまり地主――ブルジョア層の一定水準の成長があったと言うのだ。

しかし服部の分析はどこから来たかといえば、《私はそれを『資本論』でいうところの「厳密な意味に於けるマニュファクチュア時代」と規定して、大過あるまいと考える》というように、マルクスの『資本論』の資本主義の発展段階をあてはめただけである。幕末が資本主義的生産の最初の形態としての「マニュファクチュア段階」に達していたというのである。有名な「幕末・

厳マニュ・段階論」というテーゼを提唱したのである。まずマルクスの言葉があり、それを歴史にあてはめようとしたに過ぎない。マルクスにすでに解答があり、その解答をその著作に探すだけであるのは上記、他の歴史論と同じである。ところが、現今ではマルクスではなくレーニンの『ロシアにおける資本主義の発達』を論拠にした堀江英一の説が有力である、という。それは幕末は小営業段階であったとする説である。

このような説を批判する川勝平太氏は、次のように疑問を投げ掛けている。《いったいマニュファクチュア段階ならば従属化をまぬかれる保証となるのか。なぜ小営業段階ならば西欧列強の経済圧力に抗しうると言えるのか。日本資本主義論争は、半世紀余にわたる蓄積をもちながら、この基本的な疑問を発しないままに今日にいたっている。発想の前提が疑われてこなかったのである》。この疑問は当然である。さらに《幕末の日本経済が地域的・社会的分業が進行しており、国内市場が形成され、アジアの中では高水準にあったことは間違いない。輸入の中心はイギリス製品であった。そして日本は保護関税をもうける権利を奪われており、イギリスとは自由貿易で相対した。……　これは幕末の日本が、経済的に先進国であったことにより、列強経済の製品市場と化す危険の度合いが強かったのである》。《発展段階が低ければ低いほど危機の度合いが深いという前提自体がおかしいのだ。マルクスも中国が低いから、その中国市場の「瓦解も必至の運命」などといった。しかし予想に反してイギリス製品は中国に入らず、「小農業と家内工業の結合である中国社会の経済構造の中にこそ、中国への輸入貿易の急速な拡大をさまたげる主要な障害が存在する」とした》（川勝、前掲書）と語っている。

すでにここには、マルクスやレーニンの経済学説が通用しない、文化圏の相違の問題が存在することが具体的に指摘されている。私もこの考え方に賛成である。ヨーロッパ圏では、同じタイプの需要が存在するが、しかし文化圏が異なれば、歴史の中では異なった展開がある。《同じ文化圏なら「低廉の方が高い方を駆逐する」価値法則が通用する。しかしイギリスと中国、日本で衣食住の生活様式が異なっている場合には、そうはいかない。イギリスからの木綿、砂糖と、日本からの生糸と茶といっても、日本の茶はイギリスでは飲まれず売れない》。この指摘は実情に即している、と考えられる。

またこのような日本の存在により、マルクスのアジアが遅れている、という説を否定せざるを得ない。そのことはすでに多くの西洋学者によって指摘されている，現代の日本が、まだ経済史家の対象になっていないことは仕方がないにせよ、アジアそのものの評価は、ヨーロッパの経済より進んだ形態をとっていたことは承認されるのである。それは単に経済にとどまらないのだ。《一五〇〇年にはヨーロッパではなくアジアのほうが優れていた。十六世紀にユーラシア大陸にあった大帝国はすべてアジア人の国家であった。軍事面であれ、経済面であれ、宗教面であれ、剣の力であれ、財宝の力であれ、言葉の力であれ、どのような権力であろうとも我々がまず最初に注目しなければならないのはアジアであって、ヨーロッパではない》というのは、ウッドラフという歴史家である（W・ウッドラフ『現在を読む世界近代史』）。

このような現代の経済史は、完全にアジア的生産様式が「アジア的奴隷制―古代的奴隷制―封建制―近代資本制」などという、図式そのものの認識を崩壊させている。

しかし問題なのは、まず理論ありき、という発想そのものが、それに合致しない日本のような風土にとって何ら有効性をもたないことである。マルクスの『資本論』は、日本における「封建制」から「資本制」への移行に援用しうるような論拠を提供していない、と川勝氏が述べるのは当然である。風土や文化圏そのものの問いを介入させなければ、経済そのものの分析が成り立たないばかりでなく、歴史そのものが経済中心主義によっては分析できないのである。

それは「近代」以前に、統計的な数字が存在せず、経済史学者がすべて憶測で判断していることが明らかであるからだ。フランスの歴史家ブローデルの十六世紀の『地中海』世界の分析でさえ、推測と臆断に支えられていることは、著者自身でさえも認めていることである。まして地中海を囲む三分の二はイスラム社会であったが、その部分の数字はヨーロッパ人には全く知られていない。十七世紀のヨーロッパの三十年戦争でさえ、何人死んだかもわかっていない。統計がないのだ。むろんこの時代の農業生産量などわかっていない。ということは、世界史を経済のみで語ること自体、ドグマの押しつけ以外は、決定的に成り立たないことなのだ。

二十世紀はこのマルクス主義経済史観によって、歴史への見方がほとんど占領されてしまった。あたかもそれですべてがわかるかのような錯覚を与えてしまったのである。「近代」以前は、人々は謙虚に歴史学の限界を知っていた。それはさまざまな主観の集積でよかったからである。今や歴史家たちは、統一的な把握方法が、経済史観であるかの如く信じるようになった。それは科学が万能である、という信仰で「近代」が満たされているのと似ている。

マルクス主義は経済中心の「階級闘争」主義であり、明治以前の日本人の歴史観にはなかった歴史観である。その史観で、日本を見直そうと戦後の歴史家たちは躍起になってきた。しかし現在の段階においても、それで日本の歴史を見直すことが出来たとは言えない。あるのは、上記のようにマルクス主義の理論にあてはまらない現実ばかりである。明治以降の資本主義の世界でさえ、それを日本の歴史に適用できないでいる。遅れていたはずの日本「近代」が、他の資本主義国を凌駕してしまったことを、誰も説明できない。世界で最も「社会主義」的である日本の姿さえ、解明できないでいる。

近年では「階級」という言葉を使わず、ある地域の社会の構造・運動を表現する「社会構成」などと述べる。戦後の日本史学は、個別の民族社会の歴史的運動と社会構造の解明という言い方を用いて、マルクス主義的な歴史観とあからさまに言わずにきたと言ってよい。しかしそれを克服したわけでなく、相変わらず「古代専制社会」「封建制」などの「世界史的本質」を日本の歴史社会の中に発見することが可能だと考えてきた。それは一方で、「首長制論」「荘園制社会論」「幕藩制社会論」などと具体的な体制論としての社会史を述べたりする。歴史社会を構造的に捉えようとするのである。しかしその用語そのものが、すでに普遍的な歴史発展段階の意味合いを失っているために、マルクス主義的な歴史観から離れていく傾向をもっている。

ある日本の歴史学者が一九九九年に彼らの「戦後歴史学の意義」を、（1）未来の理想社会への目的論的意識に支えられた変革のための学問、（2）普遍的な発展法則の追求、（3）比較史の視点からの発展段階論と類型論の接合、（4）階級と民族（国民）を軸とした社会構造の分析、（5）「構造」の内的発展の重視、の五点をあげている（歴史学研究会大会シンポジウム、二宮宏之『再考：方法としての戦後歴史学』）。そして戦後歴史学の「科学」主義の硬直性と一国史的視点の現実主義のズレを批判しつつも、それは《近代歴史学の最高の達成》であったと礼賛している。この五項目をよく見ると、マルクス主義の言葉は一切ないが、明らかに教条的なマルクス主義史観そのままが見てとれる。

ともあれ、マルクス主義史観以上のものは、戦後歴史観にはないのだと言ってよい。中学の歴史教科書もその直接的反映なのだ。それは「文明・進歩史観」の上にのっているのだが、しかしそれ以上の綜合的な史観となり得ていない。そして社会主義のソ連崩壊以後、今やこの歴史観そのものが喪失する危機に見まわれている。すでにこの考え方は通用しない情況にあるのだが、これがあらたな名のもとに歴史社会学（多くはフランクフルト学派）であれ、文化研究（アナール派、フェミニズム、カルチュアル・スタディーズ）であれ、延命しようとしているものの、その理論でさえ日本の歴史そのものに通ずるかどうか全く疑問である。いずれも西洋からの輸入思想であり、マルクス主義の不可能性が検証された今、追随する経済学もいずれは消えてしまう歴史観と言ってよい。

第八章　ウェーバー「合理性」史観は日本になじまない

1　「大塚史学」の登場

今でこそ大塚久雄氏の名は、現在の日本の歴史学界から消えているように見えるが、日本の近代日本史に「大塚史学」の名のもとに、大きな影響を与えたことで知られている。やはり同じ東大教授として丸山真男《まさお》氏とともに、終戦直後から昭和三十年にかけて、マックス・ウェーバーとマルクスの影響下で、日本の近代史をあらたに展開し、日本の「近代」が西洋から遅れていることを印象づけた。

大塚はイギリスを中心とする西洋経済史家で、戦時中に『近代欧州経済史序説・上』（新潮社、一九四四年）において、イギリスのみならず、欧州の国々の「中世」から「近代」への移行の問題を取り上げ、イギリスの例が最も典型的な例である、とした。「近代資本主義」の形成を、「農村マニファクチャー（工場制手工業）」の自主的な発展に見て、十八世紀に最初に産業革命を成功させ、資本主義を確立したのがイギリスであり、十九世紀に世界の覇権国になったのである。それは「産業資本」を成立させたイギリスと、「商業資本」にとどまった他の国々との違いであり、それがひとつの「近代化」の発展の道筋として、そこから日本の「近代化」の過程を批判するのである。

角山栄氏（和歌山大学名誉教授）は「戦後歴史学は何故不毛の荒野と化したか」と問い、自らの「大塚史学との闘い」を記している（『歴史諸君！』二〇〇二年五月号）が、その題目に誇張のないくらい、虚構の歴史観がいかに跋扈したかを同じ歴史家として明確にしている。彼の影響下にあったと思われる永原慶二氏の『20世紀日本の歴史学』で、意外に「大塚史学」のあつかいが小さいのも、矢口孝氏や角山栄氏らの批判が明快であったからであろう。

永原氏は言う。《大塚としてこのような論理構成は、いわば日本の、「擬似的近代」をいかにして、〝典型的な近代〟に向けて変革するかということになるが、大塚はとくに、その場合、マルクス歴史学が論理に組み込むことの弱かったエートスという変革主体の人間的・意識的側面をもその理論に組み込んだ。その点に大塚の理解がマルクスとM・ウェーバーの結合だといわれる性格がもっとも強く示されている》といっている。エートスとは恒常的なもので、パトスとは激精的なことであり、マルクス主義のパトスと異なる面を、大塚が指摘した、と言っていることになる。

しかし問題なのは、矢口孝氏や角山氏が指摘しているように、大塚のいう「農村マニファクチャー」なるものは存在せず、大塚氏のイギリスの経済史書の誤読に過ぎない、ということである（矢口『資本主義成立期の研究』一九五二年、角山『資本主義の成立過程』一九五六年）。また「産業資本」を進歩的、ブルジョワ的なものであり、「商業資本」を反動的、封建的なものとし、その変化の中に、あたかもマルクス主義の階級史観の闘争があったように考えたことも、そこに発展史を見るウェーバーとのつぎはぎとなっている。単に「近代化」の過程の二つの様相に過ぎない「商業資本」と「産業資本」を、一方が他方を駆逐することが、「近代化」の勝利のような史観となってしまったのであった。

戦後、大塚氏は日本の近代社会が、その例といかに異なるか、それはなぜかという問題を取り上げた。永原氏はそれを、難解なマルクス経済史の言葉で次のように言う。《日本の場合、封建的小農民の自由な小商品生産者への転化が困難で、両翼分解が寄生地主―小作関係に帰結していくことに注目し、（大塚氏は）前者との差異から「近代」成立の類型差、前者の理論上の「典型」性を確認し、戦後変革はその弱点を克服し、いかに本格的「典型」的な「近代」を実現するかを課題としなければならないと考えた》という。ところが矢口、角山氏らの《封建的小農民の自由な小商品生産者への転化》などイギリスにもなかったという指摘を無視している。従ってその《理論上の「典型」性》などもなかったのである。従って日本をイギリス型と異なって「近代以前」である、などという説も何も説得力をもたないことになる。どこにもこのような「近代化」のモデルなどない、ということに気がついていない。

ところでウェーバーの『プロテスタンティズムの倫理と資本主義精神』（一九〇五年）とマルクス主義との共通する点といえば、まず資本主義社会の存在が、西洋だけに存在すると考える点である。ウェーバーは、「資本主義の精神」が生まれたのは十六世紀の西ヨーロッパにおける「プロテスタント」の宗教運動の中であり、その「プロテスタンティズムの倫理」が確立した故である、と述べる。そこにはキリスト教の宗教的優越の見方があり、その文化圏の特有の文化が前提となっている。ウェーバーが多くの宗教研究に赴くのも、そのことを証明したいがため、と言ってよい。彼は《中国にも、インドにも、バビロンにも……独自のエートスが欠けていた》といい、《また古代にも中世にも……独自のエートスが欠けていた》というのだ。従ってプロテスタント以外の資本主義社会は、彼にとっては正当なものではないことになる。現代、資本主義国家で最も成功している日本のことは論外にあった。

ウェーバーに言わせれば、いわゆる先進国が経済的発展をみたのは、その国民が禁欲や勤勉のエートスを共有していたためであり、逆に第三世界は、そうしたエートスや経済的発展への努力が欠如しているために先進国に後れをとっている。ウェーバーのテーゼを典型とする「近代化」の説明理論として、西欧先進国を中心とした単系発展的な経済成長モデルをつくったことになる。そこから出てくるのは、日本の社会経済構造の遅れと、日本人の《社会意識の前近代性の克服》という「直接の実践的課題」であり、それがマルクス主義と共通な意識を日本人に与えたのである。

しかしウェーバーの見解は基本的にはマルクス主義とは異なるものである。レーヴィットはこの点を明快に論じている（『ウェーバーとマルクス』柴田・脇・安藤訳、一九三一年）。同じ「社会学」の分野でも「マルクス主義」と対決していることを論じている。ウェーバー社会学がマルクス主義の学者たちから激しい批判をあびせられている。

まずマルクス主義側からの批判は、社会学そのものの性格が、研究する学者の社会的存在によって規定され、ある特定の理論体系を形成し、これを把持《はじ》することが、それ自身ひとつの社会的実践である以上、科学の絶対的中立性はありえない、という。つまりウェーバーの社会学は「ブルジョワ社会学」であり、彼の科学論は「自由主義的民主主義的なブルジョワ思惟」である、というのだ。そこには資本主義の支配階級を肯定する歴史観があるに過ぎないというのである。

一方で、ウェーバーがマルクス主義を攻撃する点は、科学的「社会主義」と言いながら、その基礎的前提が主観的であり、それをあたかも「客観的」で普遍妥当的なものであるかのように説いていることであるという。その目的と分析を混同し、あたかも科学的に言っているようだが、そのくせ科学的に証明し得ない理念や理想を主張しているのである。理念や理想、つまり社会主義革命や共産主義の世界への希求と、科学的、実証的と称する社会分析を行なっている、というのである。この見解はたしかに当然であろう。

この二人の問題といえば、彼らの使用言語に従えば、マルクスが「市民（ブルジョワ）社会」の「矛盾」を、その「階級性」に求め、それを原理的に「革命」によって「止揚」しようとしたことである。その「止揚」する点ではヘーゲル史観とともにあった。ヘーゲリアンであったのだ。しかしヘーゲルは、絶対的組織としての国家の中での「矛盾」のない市民社会における「自由」を想定したが、マルクスは対立のない社会を目指して、市民社会を「矛盾する」社会とし、それを変革することによって「矛盾」を「止揚」しようとした、という違いがあった。これに対してウェーバーは、「合理化」された世界を想定することによって、現存する諸矛盾を、これと対抗して、人々の「自己責任」の「自由」への努力によって絶えず克服し続けることを考えたのであった。この階級性なき、人々の「合理化」への希求が、ウェーバーの態度全体を貫く原動力であった、と言える。そこには社会変革よりも個人の努力へ重点が置かれる。

ところで、ウェーバーの「合理化」という指標が、「近代化」というひとつの世界の趨勢への指標になった、という見方をさらに徹底して思想化しようとしたドイツ人思想家にユルゲン・ハーバーマス（一九二九〜）がいる。彼はウェーバーの「合理化」は資本主義社会では決して実現されていない、というのだ。

彼はフランクフルト学派の第二世代の最も知られた人物で、第一世代のアドルノの大学時代の助手であった。このフランクフルト学派とは、ナチズムのユダヤ人虐殺の後を受けて、この事件を生み出した資本主義社会を徹底的に批判する「批判理論」を展開する、ユダヤ人の学者グループのことである。だがハーバーマスは、アドルノとかホルクハイマーと異なり、その「文化ペシミズム」やマルクスの価値論を否定する。そしてウェーバーに対しても、この「システム」の「合理化」と「行為」の「合理化」とを混同したと批判している。ハーバーマス自身は「近代」が「システムと生活世界の分離」をしていると考えており、その混同は、彼らの思想が混乱しているからだ、と指摘する。ハーバーマスが「生活世界」と呼んだものは、個々の社会行為者が直接接する領域であり、この「生活世界」を犠牲者にして「システム」（例えば経済）が社会全体を支配することになっている、と言うのである。

ハーバーマスは少なくとも哲学的には、「近代」はヘーゲルとともに始まると語っている。《へーゲルは近代の明確な概念を展開した最初の哲学者であった》と、一九八〇年の講義で述べている。彼は第一世代のホルクハイマーの『啓蒙の弁証法』における理性の悲観的な説明と異なり、「否定的」概念を一変させて、十八世紀の啓蒙期に始まった《近代のプロジェクトを完遂》させるべきだ、と考える。この目的のために戦後の資本主義を支配してきた科学の道具的な面を批判することが必要となる、と述べるのである。

彼の『コミュニケーション的行為の理論』（一九八一年）でも、社会の「システム」と「生活世界」の分離を指摘し、社会がもたらす「自己規制システム」と意識やコミュニケーション的行為の世界である「生活世界」を同一視しないことを主張している。資本主義は階級社会で生まれたものであり、官僚主義的な、あるいは目的追求的な合理性が、個人の生活を覆う形で浸透している、と論じている。ハーバーマスもまた、ウェーバー的な「合理化」を考え、しかし資本主義社会が「システム」として「近代化」の徹底を阻んでいる、と述べることによってマルクス主義的見解に近づく。

しかし資本主義を成功させた日本人の立場から、これまでの歴史の経緯をいえば、これら西洋の論者の見解は、いずれも誤りであることを指摘することが出来る。まず、マルクス主義史観の階級対立は、日本の社会の中では、すでに述べたように、それぞれの社会的役割分担の中で、何らかの形の合議制で克服されてきたし、ヘーゲルのような「近代」ゲルマン・市民社会の到達に至らなくとも、「自由」は「共同体」の中で存在してきたのである。束縛されたはずの「古代・

天皇制」の中でも例えば、全人民的な参加による『万葉集』や、下位の女官によって書かれた『源氏物語』などの表現する「自由」があったのである。そしてウェーバーのいう「合理性」追求も、日本の歴史を見ると、すでに内外からの必要に応じて行なわれ、とくに明治時代以後、西洋の日本支配を克服するための手段として行なわれた、と考える方が適当であろう。つまり「合理化」それ自体が人間の営為の目的である、という理論は正しいとは思われない。

しかしこのように考えるのは私の認識からであって、戦後日本の知識人たちは、西洋の「進歩主義」史観とともに、この「合理性」＝「西洋化・近代化」と重ね合わせて、日本は遅れた状態にあると考えてきた。マルクス主義だけでなく、ウェーバー主義もまた、日本を含めたヨーロッパ以外の国々が「近代以前」である、という発想を与え、大塚久雄だけでなく、丸山真男などの戦後日本の「近代主義者」の基本となる認識となったのである。これを批判しておくことは、必要であろう。

2　ウェーバーの「合理化」論と日本

ウェーバーは社会学者であり、歴史家ではないとされる。「社会学者」と「歴史学者」とは異なり、西洋の歴史に関心を抱いた「近代」社会学者ということになる。その歴史といっても、ランケのように過去の姿がどんなものであったか、マルクスのように歴史的必然性をもつ歴史を認識するという意味を持っていない。常にいかにしてわれわれが今日あるようになったか、ということへの説明を欲しているのである。とりわけ「人類の運命が流れて行くひとこま」たるに過ぎない歴史は、われわれの現代史に属している資本主義社会が、どのように成り立っているか、という視点から重要となっていく。それがウェーバーの態度である。

ウェーバーはこの「近・現代」社会の特質をつかむために、かつての伝統社会との質的な差異とは何か、あるいは前者から後者への社会秩序の転換はどうであったか、を主要なテーマにした。「近代」がどのような原因によって起こり、いかなる帰結をもたらすか、という問題に強い関心を抱いたのである。コント、トクヴィル、デュルケーム、ジンメル、テンニース、ウェーバーなどの社会学者たちにとっては、いずれもこの点が焦点にあった。この中で、とくに歴史に関心を示したのは、「歴史社会学」の研究方法を示したトクヴィルとウェーバー、とりわけ後者であった、とされる（レーヴィット、前掲書）。

「歴史社会学」と言われる新しい分野は、研究対象の歴史的にみた特性を考慮しない「グランド・セオリー」への違和感から発している、という。この「大きな歴史」の有効性を疑い、「中範囲の理論」や、部分的な歴史をどう見るか、に関心を持っている。その意味で、「グランド・セオリー」であるマルクス主義への批判的対話の中から生み出されたのである。そのひとつ、ウェーバーの『宗教社会学論集』は、世界宗教の経済倫理を分析した、「マクロ比較・歴史社会学」の例と言われている。

ウェーバーが「近代化」を人間社会の「合理化」と捉えたことはすでに述べた。彼の『宗教社会学』第一巻の「序言」の中で、「合理化」という事実は、普遍的かつ基本的なもので、世界史的な意味合いにおいても人間学的な意味合いにおいても大きな意義をもっていることを論証しようとした。「合理化」という現象は、その宗教社会学ならびに科学論文や政治論集に展開された、その全体系の大きな導線となっているものである。つまり「合理化」とは、彼によると《西欧的生活原理一般の、そしてわれわれの「運命」そのものの根本的性格にほかならない》という。

ウェーバーによれば、この「合理性」こそが、「普遍的な精神」であり、「近代的」人間世界の芸術・科学から法律的、国家的、社会的、経済的生活に至るまで、等しく支配しているものであるという。人間生活のこのような普遍的「合理化」の結果として、全面的な相互依存の体系、「隷従」の「鉄のように堅い殻」がつくられ、人間がことごとく「器具化」し、各人は経済なり科学なりの、そのつど決定的な力となる、と述べるのである。その「経営」の中に、はめ込まれて逃れることは出来ないものだ、というのだ。彼は「合理性」に《もはやそれ以上原因に帰属させることが出来ないような本源的全体、すなわち、いろいろな制約として「合理性」》を考えている。しかし「それにも拘らず（dennoch）」という言葉で終わっているのでも有名だ。この合理性こそウェーバー自身にとって自由の場だからである。

彼の理論では、「資本主義社会」は「合理的生活原理」の軌道にのって発達したからこそ、人間生活の「運命を左右する」力となりえたのである、という。「資本主義社会」は、マルクス主義者の言うような、社会的な「生産関係」、生産手段、生産力などの諸関係などではない。それによってすべてをイデオロギー化して批判しようという、そのような社会ではない。それは「合理化」の中で、突き進んできた総体なのだ、という。

ウェーバーはすでに述べたように、「プロテスタンティズム」の「倫理」と資本主義の「精神」の内面的関連を問題にした。両者の「内面的親和関係」とは、宗教心情と経済心情との関係であり、この両者の共通の「精神」ないしエートスに基づいており、このエートスの社会的に顕著な担い手が、西洋の市民階級である、と考える。この「合理化」の思想が、最も普遍的かつ根本的な成果を上げたのは、その『科学論文集』でも明らかなように、世界を徹底的に「魔術から解放した」ことであり、「科学」が、まさにその「合理化」に手を貸したのである、と述べる。「近代」は「中世」的な世界の「魔術」からの解放がなされ、人間自身の関係についても、幻想の徹底的破壊、つまり科学的な「捉われない態度」をとるようになったことを意味する。「合理化」による人間自身の覚醒と「魔術」から解放されることによって、日常およびその「要求」の「冷静なる」肯定といったものが可能になったのである。この日常性の肯定は同時に、すべてのかつての超越性を否定することになる。ウェーバーの「時代の運命」と「現世的行為への情熱」とに対するこの信仰は、すべての超越的信仰と比較するとき、まさしく積極的な無信仰であることを特徴とするようになる。

しかしこのウェーバーの「魔術」の克服論も、「近代」以前が蒙昧な時代で、宗教信仰にしか頼らなかったというひとりよがりの前提によっている。これもまた「近代」「進歩史観」のひとつであることは、これまでのギゾー、ヘーゲルからマルクスまで同じような「進歩史観」で述べてきたことでもわかる。第九章で私はアナール派の歴史観を紹介するが、この学派の歴史家たちは「中世」が「魔術」の時代でも、文明が開かれなかった時代でもなく、かえって「意志」的な「創造性」に富んだ時代であり、「近代」の「科学」や「合理性」の知識がなかっただけで、遅れた時代とするわけにいかない。「魔術」も「錬金術」として、当時の知識の一体系であり、古来からの自然を四大元素で見るという認識方法は、決して「魔術」に還元される荒唐無稽の認識ではなかったのである。

さらにわれわれ日本人にとって問題なのは、ウェーバーが『宗教社会学論集』において、東洋にはそのような資本主義の精神を生み出すエートス（ethos）がない、と断言している点である。このエートスとは、すでに触れたように「プロテスタンティズム」の世俗的禁欲の精神が、結果的に資本主義の精神を生み出したと考える論理の中にある、人間を倫理的に動かし、社会的な行動を起こさせる内面的な原動力のことである。しかし、東洋の、とくに儒教精神は、その契機に欠ける、という。

ところが、「仁」の思想に見られるように、現実に柔軟に対応する精神を持っているのをウェーバーが理解しかねただけであり、また日本人は必ずしも儒教国家ではないが、その道徳観を持っており、現代では資本主義に成功した国家であることは誰も否定できない。ウェーバーが生きた時代においてさえ、日本の資本主義の存在が認識されていたはずであるが、彼の視野には入っていないのである。この点では、ウェーバーの西洋中心主義の顔がはっきりしている。

ここで問われなければならないのは日本の「近代」のことである。

このとき、ウェーバーの言う「合理性」という精神が、果たして普遍性を持つか、という点で、日本人からの回答が重要となる。ウェーバーは「近代的」人間世界では芸術・科学から法律的、国家的、社会的、経済的生活に至るまで、「合理性」が等しく支配している、というが、果たしてそうであろうか。もし「合理性」が基本原理なら、その結果として社会に全面的な「合理的」依存の体系がつくられ、規律がつくられ「鉄のように堅い殻」の中で人間が「器具化」し、経済や科学の力による「経営」の下で逃れようがない、効率的体系しかなくなるのではないか。この「合理性」の徹底こそウェーバー自身にとって自由の場であったはずだが、逆効果になる、という可能性も存在するのである。有名な「それにも拘らず(dennoch)」という言葉で終わっているように、彼の書は、まさにその理論的限界と現実との関係を示唆していると言えよう。

3　ベラーの日本研究

しかしわれわれ日本人は、非西欧諸国の「近代」史の中で、なぜ日本だけが「近代」産業国家として成功できたのか、という問いに答えなければならない。もしこの問いが大上段であれば、なぜ日本がここ十年、不況だと言われながら、世界第二位の経済大国の地位を保ち、技術力の高さ、犯罪率の低さ、寿命の長さ、資本の海外依存率の低さ、そしてすべての人々が中産階級と考える平等性を生み出したのか、という説明がなされねばならない。また長い歴史を持つ文化大国なのか、という問いにも答えなければならないだろう。なぜ日本が「近代」国家の中で、西洋の資本主義諸国を抜いて、一国だけで二、三ヵ国分の経済力を持っているのか。前近代との構造的連続性の上に日本の産業社会がいかに成立しえたのか、これに答えなければならない。

これに答えた一人は日本人ではないがロバート・ベラー氏であり、最近では川勝平太氏であろう。

ベラー氏のそれはウェーバーの「プロテスタントの資本主義の倫理」から示唆されている。氏の『徳川時代の宗教』（池田昭訳、一九五七年、堀一郎・池田昭訳）について、ここでやや詳しく紹介してみよう。

日本の経済は、戦後もわずか十年のうちにGNPを始め、生産・消費の各項目で戦前の水準を回復し、のちの高度経済成長を経て、非西欧国家としては初めて先進国に追いついた。とくに一九八〇年代、明らかに経済大国として世界に認知されたが、しかしそれは、このベラーによると、この現代のことだけではないという。明治中期以降、日本は軽工業主導のもとに平均年率三パーセントというハイペースで経済成長を続けていた、というのだ。それとともに労働力人口の急増や都市化の進展など近代産業社会の特徴を備えていたという。それではなぜヨーロッパ以外で、日本だけが「近代」産業国家として成功できたのか、これがベラーの同書の主題であった。

日本社会はいかなる「型」の社会であろうか。ベラーが言うには、前近代の日本社会の「政治価値」が支配的であるような価値パターンをもっており、その構造原理は近代に至っても変化してはいない、という。なぜなら「明治維新」は武士階級による「政治革命」だったのであり、経済的自由を獲得するために中産階級が「封建制」を打倒しようとした西洋の「ブルジョア革命」とは性格が異なっていたからである。日本の場合、「封建的」イデオロギーは打倒されるどころか、むしろ普遍化し国民化したのであった、と述べる（ロバート・ベラー『徳川時代の宗教』、筒井清忠編『歴史社会学のフロンティア』人文書院・一九九七年）。

この考え方は示唆的である。日本では、経済が先行して社会が動くよりも、政治の枠組みがつくられて、経済そのものが展開していく、というのだ。

では、日本の「近代」の産業社会が、それ以前の「前近代」との連続性の上に立っていたのか。ここでベラーはマックス・ウェーバーの「プロテスタントの倫理」仮説から次の二つの「知見」を引き出す。《ひとつは産業社会が発展するためには経済や政治を伝統主義的な桎梏から解放し、それらの合理化に適した価値や動機づけを正当化する必要があるということ、もうひとつは政治や経済の伝統主義からの解放が宗教の合理化を通してのみ達成されるということである。政治価値優位の日本社会が前近代との連続性の上に産業社会を成り立たせたとするなら、まず政治領域の合理化が経済的合理化を主導したことになる》（ベラー・筒井編、前掲書）。

ベラーによれば《普遍的権力の合理的規範の成立という「政治的合理化」は江戸時代からすでに進展していた。そして、この高度な政治的道理の進展は経済を伝統主義の桎梏から解放し、その価値や動機づけの正当性を裏書きすることによって産業社会の勃興を準備したのである》という。そうした政治的合理化の過程を宗教的合理化によって説明しなければならないとする。したがってベラーは次のように問う。《日本の宗教における合理化傾向が経済的合理化にとって好ましい諸価値や動機づけにどのように影響するのか、またその媒介過程である政治的合理化の重要な役割が経済的合理化にどのように影響するのだろうか》（ベラー・筒井編、前掲書）と。

この書が『徳川時代の宗教』と名づけられたのも、ウェーバーの宗教研究に触発されたものであり、日本の宗教が「プロテスタンティズム」同様の、資本主義精神を推し進める大きな基礎になった、というのである。興味深いので、その内容を紹介しておこう。第一章ではこの問題と分析の枠組みを提示し、第二章ではこの枠組みに依拠した「価値システム」と「機能システム」および具体的構造単位の記述を行なっている。第三章では日本の宗教の概論を行ない、ここでベラーは日本宗教の全体的特徴として「至高的存在」と「恩の論理」の二つをあげ、それらが政治価値を強調する動機づけとして機能したと指摘する。

第四章では、その宗教的動機づけに基盤を置きながら、政治的合理化を推し進める政治的「敬虔派」運動の例として、「武士道」と国学、水戸学が取り上げられる。ここでベラーは、それらが主張する倫理化、合理化が、身分や階級を超えて商人や民衆に広まり、新たな天皇・国家観を成立させたと述べる。第五章で、宗教の経済への影響をあつかい、武士層における儒教の国家理論の影響、商人階層における浄土真宗の影響、農民層における報徳運動の影響など各社会層における経済倫理とそれに対する政治的合理化の影響に言及している。第六章は事例研究であり、武士倫理「忠孝」を模範とした身分倫理「職分」と究極的存在との神秘的合一「悟り」による「宗教的救済」とを結びつけた「心学」運動を取り上げる。ベラーは「心学」運動そのものは明治になって衰退し、公的教育システムにとって代わられながら、その倫理内容（集合体とその目標に対する無私の献身）は受け継がれていっそう拡大したと指摘する。

第七章は結論部分であるが、まず主題に関連する問題として、江戸時代以前における支配的価値パターンの歴史的形成過程および、明治以降の産業社会化について概略的な考察を行ない、同じ社会類型に属する中国との比較を行なう。その上で、次のように結論づける。徳川時代に存在した「中心価値システム」は、近代においてはいっそう強力かつ合理化された形で、決定的に存続し、依然として経済には政治価値が浸透していた。日本の強固な「政治システム」と支配的な政治価値とは、明らかに産業社会の成立に適していた。さらに日本における政治的経済的合理化の過程においては宗教が重要な役割を果たした。これに比べてベラーは近代化への動機づけがかならずしも経済によるばかりではなく、政治的合理化の高度な進展によることもありうるとの指摘を行なっている、という（ベラー・筒井編、前掲書）。

ベラーのこれらの見解は多く首肯させるものを持っている。日本の「近代化」成功の要因は、もともとの宗教、慣習にあったし、天皇とその体系そのものも、「近代化」達成に十分に機能したのである。《日本宗教の全体的特徴として「至高的存在」と「恩の論理」の二つをあげた上で、それらが政治価値を強調する動機づけとして機能した》ということは、天皇の存在とそれに従う臣民の意味である。また支配者はその恩に答えなければならなかった。天皇制は何ら、近代化に支障を来さなかったし、政治は立憲君主政治として民主主義と何ら矛盾しなかった。それはすでにあった宗教とも適合したのである。

人間が「進歩」すると、人間の自然的側面がなくなるだろうと、西欧人は考えた。「文明化」とはそのようなものだ、と考えたのである。しかし人間の「文明化」は決して自然的部分を排除するものではないことを経験的に知っていた日本人は、自然宗教を捨てなかった。天照大神の信仰はまさに太陽信仰であり、お天道さまの信心を促す。それは「心学」のように庶民にまで浸透したのであった。

《武士層における儒教の国家理論の影響、商人階層における浄土真宗の影響、農民層における報徳運動の影響》、こうした武士への影響を、二宮尊徳の、道徳と経済を併せ説いた思想にみたベラーは、まさにウェーバーの「プロテスタントの思想」と同じ内容を示していたのである。親鸞を祖とする浄土真宗の思想は「称名念仏」であり、また「佛恩報謝」の行であった。すでに十派にも分かれていたが、その影響力は商人層を中心に強いものであった。また江戸時代の儒教は宋代におこった朱子学ですでにアカデミズム化していたが、武士層によく浸透していた。神道が生活に根づいた「アニミズム」の信仰をもち、またお互いの徳にむくいる互助運動が、農民の間で行なわれていた。この神道、儒教、仏教の三つは、決して各階層だけに結びつくのではなく、あまねく江戸時代の日本人の心を捕えていた、と考えられる。それは遠く、聖徳太子の思想にまで遡る日本固有の宗教であったのである。

その中で「心学」は、まさにその神・儒・仏の三教を融合して、その教旨をやさしい言葉とわかりやすい例えとで説いた一種の庶民教育に発するものであった。商人の役割を肯定し、修練のためには正座などをさせ、社会教化には童話を用いたのである。

それは石田梅岩（一六八五〜一七四四）を祖とする「石門心学」に始まり、手島堵庵、中沢道二に伝えられ、さらに柴田鳩翁に至り発展していった。一時は六十五ヵ国、百四十九の講舎を所有した、といわれる。この大規模な「心学」運動には、武士倫理「忠孝」を模範とした身分倫理「職分」と究極的存在との神秘的合一「悟り」による宗教的救済とを結びつけた論理がある、といわれる。ここでベラーは「心学」運動そのものは明治になって衰退し、「公的教育システム」に代わられたが、その倫理的内容、すなわち共同体とその目標に対する「無私の献身」の精神は受け継がれていっそう拡大したと指摘する。これは説得力のある解説で、最初から「国家」が強制して、国民感情をあおるのではなく、まさに「心学」的発想で、共同体をつくり出そうとする精神があったことを示している。

それは戦後、「国家」に代わって、個々の「企業体」「組織体」の中に、精神的に入っており、戦後の日本の資本主義の発展に生かされてきた。このことは、多くの人々が認めることであろう。もし「心学」という言葉が馴染めない、というのなら、「神・儒・仏思想」と呼ぶ、まさに長い間培ってきた古来の日本の宗教思想こそ、日本人の基本的思想である、と言うことが出来よう。私はこの分析は正しいと思う。

ところがこのベラーの書の発表の翌年に、丸山真男氏は『国家学会雑誌』に書評を寄せた。氏の批判の中心は《ベラーが結論として示した宗教的合理化と政治的経済的合理化との内的関連が恣意的なものではないかという点にある》というものだ。丸山によれば、国家神道および民衆宗教に見られるような、社会の頂点と底辺における呪術性こそが、日本の近代化の特殊性を規定しているのであり、それゆえにベラーの主題にとっては呪術的側面を捨象して合理的側面だけを切り取ってくるのではなく、両者の《構造連関の歴史的過程を俎上にのせることが重要となる》というものである。ここで丸山は批判の枠組みの具体的適用に際して明らかとなったベラーの「背後仮説」、《すなわち合理化の過程だけで社会変動を説明するに充分であるとする楽観的な近代化論の憶説》を批判したのであった（ベラー・筒井編、前掲書）。しかしこれがひとつの言いがかりに過ぎないのは、日本の「近代化」が遅れているとした丸山自身の見解の裏返しであるからである。

果たして同じ指摘を丸山はウェーバーにすることが出来たであろうか。資本主義の合理性の基本となったプロテスタントたちは、当然宗教的側面を持っており、それが合理性の桎梏になったはずである。しかしウェーバーはそれを、積極的な資本主義の合理性推進となったと考え、「プロテスタンティズム」の積極的な面だけを強調する。その宗教的側面は当然、呪術的側面を持っており、決して合理的な側面だけではない。日本の「心学」を低くみる丸山氏の西洋へのコンプレックスのなせる業である、と言ってよい。ベラー氏は残念ながら、この丸山氏の権威に負け、日本の「近代化」におけるいびつさを強調する方へ傾き、日本における政治的合理化および民主主義の土壌を否定する方向に向かったという。私はこのベラー氏の見解を丸山氏よりもはるかに、日本の「近代」化の説明として首肯するものである。

第九章　アナール学派とどう戦うか

1 ジェネラリストの必要性

これまで日本の歴史の表れ方が、日本の本来の「皇国史観」、明治以降が「近代的・進歩史観」「政治的・実証史観」「経済的・階級史観」によって支配されてきたことを見てきた。これまで述べてきたように、戦前の流れは、実証主義を標榜する政治史中心の「アカデミズム歴史学」と、経済史中心の「マルクス歴史学」の対立といった構図であったが、戦後は、この「アカデミズム歴史学」もまた「マルクス歴史学」・「近代主義歴史学」の達成したものであり、社会史が追求する方向が重なりあっていると言ってよいだろう。

しかし歴史社会が、経済・政治史だけで動いているとするのは、表層的な見方に過ぎない。歴史は当然、その基礎となる生活史、技術史、文化史といったものに注目されなければならない。それら物質的な歴史に表れる人間自身の営みが、基本的に考察されなければならないのである。二〇世紀になって現れてきた歴史学のもうひとつの流れである「アナール派」の動きはそこから出ている。それはこれまで述べてきたドイツ的な哲学的体系主義と異なる、フランス的な個別史に視線をそそぐ文学的見方と言ってよい歴史観である。

そこでは政治・経済史の比較的短い時代変遷と異なる長い歴史も考慮され、異なった時代観を保持していることが多い。F・ブローデルは短期的な時代の変化ではなく、地理的環境が投影された「長期的持続」の「時間層」、中期的な「時間層」と呼び、それを重視した発想が必要だ、と言っている。この異なった人間史の現出は、やはり日本の歴史を見る上でも、ひとつの重要な視点となろう。日本では文化人類学の視点からすでに柳田国男がそれに似た時間を語っており、戦後はマルクス主義の立場から網野善彦氏らが考察しようとしてきたものである。

しかし「アナール派」も、後に検討するが、それが人間の衣食住の問題を基本としている限り、人間の動物的な性と生の問題に還元されてしまう。人間が「パンのみに生きるに非ず」という命題が忘れられてはならないのである。動物と人間を根本的に区別する精神史の存在はやはり、社会そのものの営みの基本にある、という考え方がぬけてしまうと、人間史の根本を見失ってしまう。「唯物論」の世界に限られてしまうのである。短期的、表層的な変化を重視してはならないのである。そこでは宗教史、思想史、芸術史といった、人間が創造する文化の問題をやはり歴史の中に取り込まない限り、人間の精神史の高さを求めることができなくなってしまう。

一方で戦後は、歴史の中で、もはや年代記的な政治史・個人史・物語的事件史というようなものはほとんど見られなくなった、といわれる。それが歴史教科書まで支配しており、人物史・事件史の記述がほとんどなくなってしまうのである。しかし人物史や事件史が興味本位でしかない、と否定的に見られるのは、それらが評価される価値観を喪失しているからである。その基準が社会批判の理論、その基礎となる「マルクス史観」によってしかないという事態がある。人物に対しては「平等」意識の助長のため、事件史に対しては「階級闘争史観」が基本となっているために、その史観に合ったものしか選ばれない。このことにも、精神史的な観点の欠如が如実に表れてくる。それが意味することは、歴史を単なる「マルクス史観」の道具に使っているに過ぎないことになる。

日本の歴史は戦後、そのような史観の「アカデミズム」＝大学に奉職できた「マルクス史観」の下で歴史学者によってつくられてきた、と言ってよい。それらが彼らの「平等史観」に矛盾する「権威」を持ってしまい、この史観でしか勉強できない学界が形成されてしまった。一旦このように支配されると、その学生たちも、就職のために教授たちに従わざるを得なくなる現実があったのである。すると次々と世代に受け継がれることになる。日本の歴史学界が「マルクス主義」に占拠され、その史観からの見方しか出来ないことになった。歴史学界がまことに不自由な状態になったのだ。日本の歴史教科書の偏向はまさにその構造に基づいていると言ってよい。

こうしたマルクス主義史観の中から、二〇〇一年、9・11テロ以後の世界情勢にのっとり、いかに「ポスト・コロニアリズム」とか、「フェミニズム」、『歴史学の方法的転回』（歴史学研究会編、青木書店、二〇〇二年）などと語られても、あらたな歴史が生まれることはない。彼らの「西欧中心主義」、「近代中心主義」などへの批判は、西洋の「植民地主義」を「帝国主義」国家群として非難しても、西洋「近代」の「国民国家」をいくら「抑圧装置」「イデオロギー装置」として分析しても、根幹が同じ「主義」にしばられているので、事の裏腹に過ぎない。

「フェミニズム」も女性という「性」をいかに「社会的、文化的に捏造されたもの」だとして事例をあげても、基本の「自然的、生理的」な認識がないために、滑稽な批判にしかならないのである。まずその「未来」にしか「目的論的」理想を描き得ないマルクス主義からは、他の「観念主義」歴史観を打つことさえ出来ない。「階級社会」観や「支配、被支配の関係」をいくら「構造社会」とか「ネットワーク」などと言い換えても、その図式的な史観そのものから、現実はほとんどこぼれてしまうことを、彼らは理解できないのである。こうしたレベルの歴史家の創造力の貧困さの中から、新しい歴史観など生まれ得ないのは当然である。

さらに問題なのは、そのことによって、歴史がこれら専門家にのみ任されていると人々が思ってしまうことである。歴史を別の視点から研究すること自体、「アカデミズム」＝大学の外からではできないような、学界の閉鎖性を批判できない構造になってしまっていることである。時間をかけて行なう実証的な研究が、重箱の隅をつっついたような研究となっても批判できない状態になる。こうした地位の人々しか研究ができないと思われていることは、それ以外の研究が素人のそれと思われる原因となるのだ。一見、当然であるかに見える大学のこの専門性が、歴史というものに大きな害毒を流しているということが気づかれない。それは木を見て、森を見ない学者ばかりが輩出され、その木を見る目まで狂わしているからである。

大きな視野から見るジェネラリストの存在を、専門家が軽蔑の目でみる習慣は、まさに日本の歴史を根幹から腐らせてきたと言ってよい。多領域を見る目と、さらにそれを総合する史観がなければ、歴史など見えるはずはない。その総合する目は、多分野の人々の常識の目であり、その価値を見定める相対的な視点であるのだが、「マルクス史観」実証主義が「アカデミズム」＝大学を領し、他の歴史を見る目を「素人」として無視しようとしてきたのである。

一方で、戦後、そのようなジェネラリストの存在を否定する動きがフランスから始まった。例えばフランスのミシェル・フーコーは、歴史に何らかの流れがあると言明したりしないし、世界を見下ろし、それによって人類の進化を全体的に捉えられると考える造物主の立場をとることもない、という。《歴史家は波間に漂っているだけであり、系譜学の方法を採用することによって、せいぜいのところ、「どうしてわれわれはこのような事態になったのか」と自問できるに過ぎない》、というペシミスティックな見解が、知識人、学者に広まってしまった。

しかしこれは、ヨーロッパに広まったマルクス主義史観に対する絶望感の上に立っていることも確かで、グランド・セオリーに対する不信感の上に立っている。フランクフルト学派もそうであるが、ユダヤ人虐殺をひきおこしたナチズムに帰結する西洋の歴史そのものに対する批判が込められているのである。

フーコーは『狂気の歴史』や『性の歴史』を書いたが、その姿勢は、歴史的対象の形は絶えず変わるものであり、狂気や性現象を古代から現代に至るまで、連続的に研究するのが、馬鹿げてはいないにしても無益なことである、などと言っている。《というのも、狂気と性現象という二つの実体は歴史的に構築されたものであり、社会と、理性、欲望、規範との不安定な関係が生み出したものにほかならないからである》と語る。『言語表現の秩序』の著者は、言葉の罠にはまってはならない、と考える。そして歴史の中に《偽りの連続性や同一性を見破るべきだ》と説くのだ。絶えずさまざまな断絶に着目し、意志と作用の絡み合いの中で機能している起源や出現に注意を向けるべきだと言う。そして、タブーや快楽が一見したところ恒常的なものに見えるにしても、狂気や処罰や刑罰の形が、《自己を対象とするさまざまの技術》の形態と同じく不安定なものだということを、フーコー自身が示している。フーコーの「グランド・セオリー」への不信感は大きいが、しかし「狂気」や「性」に着目したその歴史観は、絶えず「権力」との関係を意識したパースペクティヴを持っており、ある意味では一貫したものである。狂気や処罰や刑罰の形は変わっても、変わらぬものは、そうした歴史家の問題意識であり、それがあらたな歴史を書く根拠となるべきものなのだ。

フーコーの「エピステーメー」とは『言語表現の秩序』（一九七〇年）において、近代では《特定のかたちの言説が、さまざまの科学の基礎となるような基本的で限定された概念を提供する（例えば、主体についての認識論的な概念）》ものだと言う。これらの概念が集まって近代の「エピステーメー」（知識）を構成しているのであるとすれば、生成消滅する現象界に対し、変わらぬ知識人の歴史への眼差しがあるはずなのだ。そして人間が造り上げてきたものの中に、不変の価値が存在していることを、その眼差しが見出しているはずである。

たしかに森を見ることは難しいかもしれないが、木を見る視点からのせり上がりの中に、ジェネラリストの存在が生まれ、それが森を見る訓練を生み出していくはずである。つまりある部分の専門家である必要があろう。しかしそこだけを見る視点でさえ、大きな視野をもつ複合的な視点がなければ見えてこないのだ。森を見ることもそれ自体、可能か、と考える学者もいるかもしれない。どんな浩瀚な学者であっても、すべてを知ることは不可能であると思うかもしれない。しかしできる限り、広汎な視野から歴史をみるのでなければ、人間の歴史というものを語ることは出来ないのである。それが必須なのは、歴史は一分野の歴史ではなく、人間という生活、文化、精神をもった総合的な存在の歴史であるからだ。だからこそ、総合的な歴史観が必要になってきているのである。それでも歴史は続くのであるから。

この章では、そのような視点に立って、どのように日本の歴史を総合的に見るべきか、書くべきかを念頭に入れながら、戦後の、欧米で提起された歴史学、社会学の見地を再検討し、その有用なものを取捨選択していこうと思う。

2 マルクス主義史観の戦後のあらたな動き——ウォーラーステインの歴史観

たしかに歴史学者の多くは、ソ連崩壊以後その「社会主義」的なイデオロギー的側面は、その効力が失われた、と見るものが多い。しかしイギリスの「マルクス主義」の歴史家ホブズボームのように、多くの歴史家はたとえソ連が崩壊しようと、その方法は有効だ、という意見を持っている。歴史に対する分析的な観点において、社会は、経済的な矛盾、階級的な矛盾があり、そこにある「階級闘争」的な側面を重視すべきだ、というのである。それを経済分析の「理論的」部分と称し、「実証的」部分と両方持たなければならないとするのである。

だがイデオロギー抜きのこのあらたな傾向も、それはまだ全体の社会構成を貫く理論になり得ない、として、依然として「マルクス主義史観」の学者たちから疑問視されているのである。「マルクス歴史学」、言葉を換えれば「社会構成体理論」による人類史発展の考え方には体系的な「グランド・セオリー」があり、それから逸脱すべきではない、というのだ。もともと「マルクス主義」は、そのイデオロギー的な側面によってのみ成り立つ方法である。歴史の争いに対し、その階級的な矛盾に注目し、その目で見ることを強いるようなことを行なってきたのである。方法だけ有効だ、というわけにはいかないものなのだ。

その中で、戦後注目されているのが、アメリカのイマニュエル・ウォーラーステインの『近代世界システム』（川北稔訳、岩波書店、一九八一年）であろう。無論これは、西洋学者の西洋経済史を論じたものであるが、日本の近・現代史を考える上で、大きな影響を与えているものである。

この書では、現代世界をヨーロッパが支配していると考え、その起源が、世界経済は「ヨーロッパ資本主義システム」が成立した十六世紀からだった、と述べる。この成立期を「長期の十六世紀」と呼び、経済的困窮を中核とする「封建制の危機」を解決するために必然的な解決法として、分業体制を地理的に拡大するという政策がとられたことがきっかけとなったという。対外進出の時代、いわゆる「大航海時代」が到来し、この成功により十五世紀半ばから十六世紀半ばにかけて「世界経済」が成立した、と指摘する（『ウォーラーステイン』川北稔編、講談社、二〇〇一年)。

そしてウォーラーステインは、この「資本主義」世界体制は十四世紀、ヨーロッパのこの「危機」を克服する過程で、大西洋を取り囲む地域に「中核―半辺境―辺境」の三層構造を形成させた、という。そして具体的には一六四〇年頃それが成立したと論じている。こうして欧米の「世界経済」への経済的覇権が成立したとして、「システム」内の他の地域の経済は、覇権を握る地域や国家との関連で説明される。つまり「世界経済」の「国際的分業」を「中枢(core)・半周辺(semi periphery)・周辺(periphery)」という不均等構造を描く(ウォーラーステイン『近代世界システム』、筒井清忠編『歴史社会学のフロンティア』人文書院・一九九七年)。

ここに西洋の半周辺国、周辺国に対する支配が当然、とする見方が生まれる。《すなわち第一次産品の輸出地域である周辺は、覇権を握る西洋国家のような「中枢」地域の市場の力によってその資源を収奪されるのである。「中枢」国は富裕化するが、周辺地域は貧困化し、自力で経済的・技術的発展が困難となる。発展がありえても、それは「低開発の開発」といったアイロニカルな発展でしかなく、あくまでも中枢のための周辺という地位に甘んじるのである。こうして先進諸国の経済的発展は、「第三世界」への進出やそこからの収奪によって説明される》ことになる(ウォーラーステイン・筒井編、前掲書)。すべてが西洋の諸国家の戦略史の範囲にとり込まれてしまうという史観である。それが十七世紀前半から十八世紀半ばにかけて起こり、「世界経済」の「収縮」期となり、中枢諸国が「重商主義」を掲げて生存競争をくりひろげる過程である、と捉えられる。

《そして十八世紀半ばから十九世紀半ばにかけて産業資本主義の時代にふたたび拡張期が訪れ、覇権国となったイギリスでは工業が興隆することにより、原料が中枢以外の諸国へと求められる。そしてこの時期、ロシア・トルコそしてアジアの大半がこの「世界経済」に組み込まれた。ただしロシアは国家機構の力が強く、半周辺の地位を占めることができた。また十九世紀中葉から二〇世紀初頭にかけて、合衆国とドイツが重商主義を手段として中枢化し、逆にイギリスは衰退していく》。ロシア革命は「世界経済」から隠遁する戦略をとる。しかし実はその中での地位の向上をめざした革命なのである（ウォーラースティン・筒井編、前掲書）。

こうした経済史観を批判する一人が日本の経済学史家、川勝平太氏である。氏は『日本文明と近代西洋「鎖国」再考』で、上記のような「世界システム」に、唯一組み込まれなかったのが日本であった、それが「鎖国」という時代において、かえって、その自立的な発展を遂げたのだ、という見方を展開している。氏が言うには《イギリスの産業革命の時期は、外国貿易との関係で確定する場合、一七八〇年から一八五〇年であり、イギリスは一八〇〇年頃を境にして工業社会に入ったのであって、日本が国内で木綿、砂糖などがまかなわれた時期と一致する》のである。日本は「産業革命」ならぬ「勤勉革命」でそれを成し遂げたという。ベラーの考えのように、その思想は心学であったかもしれない。

しかし、川勝氏が言うように、このウォーラースティンの「世界経済」の成立とそれを軸とする諸国家の興亡史という展開は、実をいえばマルクスの『ドイツ・イデオロギー』における議論と並行関係にある。《物質的交通が世界的規模へと拡大するなかで、国家の枠を超えた市民社会が拡がり、そこで経済活動を牛耳るブルジョワジーが新たな国家の領有を実現するという展開》はまさにマルクスの資本主義の発展史に倣っている理論に他ならない。《植民地時代の第三世界を自由な賃労働のない封建制の社会として捉えるいわゆる封建派に対して、彼らは不等価交換による経済的余剰の搾取が構造化する過程として、ヨーロッパ社会と第三世界の関係史をとらえる》のである。そこには、世界史が、西欧という巨大な単一のシステムの内部で展開されるものとしか考えられていない。西洋諸国の経済的覇権を当然のもので、その経済の構造理論を「グランド・セオリー」とする、マルクス主義史観と同じものなのだ。

ただ「中枢・半周辺・周辺」の三層構造というのは、これはフランスの経済史学者、F・ブローデルの十六世紀の地中海世界研究から学んだもので、ウォーラーステインが、ブローデル派と思われている理由になっているが、実をいえば、イデオロギー的部分を抜いたマルクス主義史観なのである。

日本の歴史を論ずるにあたって、一八一一年の平田篤胤の『古道大意』にあるように《先づ日本国の歓ばしく、羨ましいことは、異国の人と交易せんでも、とんと困ることがない。そりゃどうじゃというに、まず地勢が有福で、外国の産物を取り寄せずとも宜しいからのことじゃ》というように、物資不足による輸入を必要としない日本の状態があった。「鎖国」という言葉で、日本が閉鎖されていたと考える必要はない。

この「鎖国」という言葉は、ケンペルの『日本誌』の付録部分の主題としてオランダ通詞志筑忠雄がつけたものだが、ケンペルの原文にその用語はなく、ドイツ語版が英語に訳される際に、訳者が意訳をしてkeep it shut upという語を使い、それがオランダ語に訳され、それをまた邦訳したものであり、一八〇一年以後使われたという。

アジアの発展を述べたのは川勝氏だけではない。十七世紀だけでなく十八世紀はじめの段階でも《アジアの最先端の文明のほうがヨーロッパの最先端の文明より進んでいたのである》（ポール・バロック『経済低開発の歴史的原因』）という指摘がなされている。少なくとも十八世紀の終わり頃までは《アジアの諸文明が築いた成果は、ヨーロッパのそれより高度であったし、アフリカやアメリカの文明もアジアに匹敵する段階があった》（G・パーカー『同時代的図解世界史』）という。時代が下り、十八世紀末から十九世紀にかけてイギリスが大西洋経済圏を掌中にして産業革命を実現した結果、ヨーロッパ近代文明の優位が確立したに過ぎないという説が述べられている。ウォーラーステインの経済史分析が「マルクス主義史観」であるばかりでなく、それ自体、西洋中心主義史観の偏見に陥っていることは、欧米の学者からでさえ批判されているのである。

A・G・フランクの『リオリエント』（一九九八年、山下範久訳・藤原書店・二〇〇〇年）という書物で、ウォーラーステインの「近代世界システム」はヨーロッパ中心主義であることを真っ向から非難されている。この書は「アジア時代のグローバル・エコノミー」という副題がつけられているように、一九九〇年代のアジア経済の振興に基づいており、アジアの潜在力を評価している。そして少なくとも、一四〇〇年から一八〇〇年のこの四百年間は、アジアの時代であった、と述べているのである。この書では西洋中心主義のウェーバーもマルクスも間違っていた、と批判されている。

このように、新しい歴史観では、ヘーゲル、ランケ、ウェーバーらの西洋中心主義を批判しているし、すでに触れたマルクスの「アジアの遅れ」観を払拭していると言ってよいかもしれない。それにも増して江戸時代の日本の経済の伸張は、産業革命を経た資本主義社会という「近代」経済の条件を打ち消すし、その後の日本の発展ぶりが、「近代世界システム」という概念でさえ、無効のものとすることは明らかである。

「世界歴史」を述べるにあたって、日本の重要性抜きに語ることは出来ないことは、マイケル・マンによる『ソーシャルパワー　社会的な〈力〉の世界歴史Ⅰ』（森本・君塚訳、NTT出版、二〇〇二年）でも理解されている。この書は政治・経済だけではなく、イデオロギーや軍事力を、社会のパワーとして歴史を論じている。

もっとも、アジアについては「イデオロギー」として儒教とかイスラム教、ヒンズー教などの宗教で見ており、必ずしも的確ではない。日本には石田梅岩の「心学」が、そのパワーの根源をよく示している、というベラーの説は無視されている。「世界歴史」を「イデオロギー、軍事力、経済、政治」の四つの「力」で捉えてあらたに提示しようとしているが、そこに表された世界史は生活や文化を無視しており、やはりアメリカ的「近代」進歩史観とならざるを得ない。

3 「アナール派」の歴史観をどう見るか——フェーブル、ホイジンガ、フーコー、エリアスらについて

日本でも一九七〇年代から「社会史」が、フランスの「アナール派」などの影響を受けて問題になり始めた。西洋での成果が紹介され、その分析方法を日本の歴史において適用させるというので、学界ジャーナリズムで話題となった。この「アナール派」は、フランスで一九二〇年代に生まれたもので、それまで政治、経済史を中心にした大きな歴史学がほとんどかえりみなかった小さな歴史に光をあてようとしたものである。歴史学において、社会諸階層の家族・親族の構造、衣食住や生活に即した言語、習俗、祭、信仰、儀礼、身体、性、病気などの問題を取り上げたのである。歴史学は文化人類学・民俗学・社会学に接近したのであった。

リュシアン・フェーブルがその創始者の一人で、一九二九年に『社会経済史年報』を創刊し、その「年報」という意味の「アナール」が、この動きの名となった。彼の『歴史のための闘い』(一九五三年)を読むと、歴史の深層を捉えたい、というその意図が感じられる。彼らは社会経済史の「進歩史観」と異なり、人間の感性の歴史の方面に、歴史学と心理学の結合を目指したことがわかる。

フェーブルには歴史と人間の感性の結びつきを論じたエッセイがある。《「感性」sensibiliteは

かなり古い言葉である。寡《すく》なくとも、十四世紀初頭からフランス語の中に確認されている。その形容詞形sensibleは、よくあるように、それに少し先立って現れた。またよくあるように、「感性」の語は、生き続けるうちにさまざまの意味を担った。狭い意味もあれば、広い意味もあり、それらはある程度、時期を特定することが出来る。例えば十七世紀には、この語は、倫理的領域の印象に対する人間のある種の感じやすさをとくに指すように思われる。真に対する、善に対する、快楽に対する感性、といったようにしばしば使われるわけである。十八世紀には、この語は、人間的感情――憐れみ、悲しみ等々の感情を抱くある特殊な仕方を指す。そこで類義語学者たちにとっては、感じやすさle sensibleを優しさle tendreに対比することが任務となる。例えばジラール師はそのみごとな『フランス語類義語論』の中で、《感性はむしろ感覚sensationに関わり、優しさtenndressは感情sentimentに関わる。後者は対象に向かっていく魂の興奮と直接結びつくもので、能動的である。前者は、対象が魂に刻む印象により強く関係しており、受動的である。……血の温かさはわれわれを優しさへと導き、諸器官の精妙さは感性に属する。したがって若者は老人よりも優しく、老人は若者よりも感性に富む》云々》と書いている（L・フェーブル、G・デュピィ、A・コルバン『感性の歴史』小倉・大久保・坂口訳、一九九七年）。

言葉のsensibilite＝感性という言葉が十四世紀に現れ、それがさらに多くの意味を付与されていく過程が書かれている。

しかし、私が問題にするのは、こうした歴史の中の「感性」とは、一定の歴史観なしに取り上げることが出来るか、ということである。例えば、西洋の美術史を知っているものにとって、感性という言業が、これほど後世になって充実してくることは、何やら逆のような気がする。十三世紀に頂点に達する「ゴシック美術」の表現の中には（とくにその彫刻表現の中に）繊細な、人間の感性表現が十分に感じられるからである。しかしまだその「感性」という言業が使われなかったとすれば、形象の感性的な表現に対する、その言語的表現の遅れをはっきり認識することが出来るのである。人々はゴシック美術に感動しながらも、それに対する「感性」的な文字表現を持たなかったということがわかる。

これは文字表現史の形象表現史に対する大きなズレ以外の何物でもない。十六世紀のいわゆる「ルネッサンス」期の中にはさらに倍加された感性表現の豊かさがあることは誰しも認めるところであるが、それに対する文学表現が対応していなかったことはこれで理解できる、ということだ。ヴァザーリのレオナルド・ダ・ヴィンチやミケランジェロの洗練された高度な作品に対する表現の荒々しさは、文字表現の遅れをよく示している。文化・精神史において、美術表現が文学表現より先行することがわかるし、その重要性も理解できる。

「感性」は「感覚」に関わり、対象に向かっていく魂の興奮と直接結びつく能動的なものであり、「優しさ」は「感情」に関わっている。感性は対象が魂に刻む印象により強く関係した受動的なものである、という区別がやっと十八世紀になって、文字言語によって認識された、とフェーブルが誇らしげにいうのも、美術史家にとっては、戸惑わされることである。というのは、美術にとって表現の深い「ルネッサンス」期には「多血質」と「憂欝質」の図像表現の中に、その違いがすでに述べられているからである。ミケランジェロの「ダヴィデ」像は前者であるし、「ピエタ」像は後者の例と言ってよいであろう。ここにも文字言語によれば感性は進歩するもの、という認識がある。しかし感性は存在したのだ。ただその文字表現がなかったに過ぎない。

ところがこうした視点でいけば、「感性の歴史」という軸でも、ヨーロッパより日本の方がはるかに進んでいた、ということがはっきりする。むろん八世紀の白鳳・天平時代、法隆寺・五重塔の涅槃《ねはん》像の個々の悲しみの「感情」表現、興福寺の将軍万福の十大弟子像、東大寺の国中連公麻呂《くになかのむらじきみまろ》の諸像など、その「感性」の自立した表現がそれである。文字表現でもその微妙さの表現はまだないが、自然については七世紀から八世紀の『万葉集』にそれが表現されている。しかし十、十一世紀の『古今和歌集』『源氏物語』の「もののあはれ」にはその文字表現の極致に達している。「もののあわれ」とは本居宣長が『源氏物語』を通して指摘したものだが、それは「感性」と「優しさ」をともに持っているもので、対象の中に客観的に「あはれ」が存在し、それが見るものに向かってくる能動的なものであると同時に、受け入れる者の感情の主観性にそれが一致するもので、そのところに生ずる調和的情趣の世界が、この「もののあわれ」なのである。優美さ、繊細さ、沈静、観照的な理念などがそこに込められており、それが「感性」の総合性を示している。人生の機微やはかなさなどに触れた時に感ずる、しみじみとした情趣は、まさに「感性の歴史」が日本において古くから完成していたことを示している。このような表現の歴史を歴史の中にくり込むことも、高度な歴史を物語る上で重要な要素となるはずである。

フェーブルはヨーロッパの文化史として有名なホイジンガの『中世の秋』についても次のように書いている。「古代」「中世」「近代」という時代の区分が、そのまま時代の概念をつくり出し、「中世」が「近代」以前の遅れた時代である、という固定概念が出来、まだ「個人」がいない「封建制」の共同体の強い時代である、という認識が生まれている。それは「中世・農奴制」という「マルクス主義的」史観の規定が先行していたからであるが、しかしホイジンガも一方でその文化の高さを評価しながらも、その「中世」概念を強化する記述をしていた。フェーブルはその点を批判しているのである。

『中世の秋』の最初の章は「生の激しい味わい」と題されている。ここではホイジンガは、この「中世の終わり」における人々の《情動の強烈な力、時にはもっとも合理的かつもっともよく検討された計画さえも転覆させかねないその爆発的な激しさ》を論じている。ホイジンガはしきりに、この時代の人々の、近代の「理性」的な態度と異なる情動性を強調しているのだ。《中世の逸脱性と情動性とをほぼ理解することは、ほとんどわれわれには不可能である》と記し、《正義の感情が、ほとんどの場合、復讐の欲求の単なる転位に過ぎない》と指摘する。そして、基本的には異教徒に見出せる「同害報復（目には目を）」と、キリスト教の恵みである「罪」の嫌悪という宗教的感情との二極の間で、この正義の感情が最大の緊張に達する、という。人への裁きについても《死か赦免かという区別しか知らない》し、その赦免も、《しばしば理解不能であり、突然の、不意の、全的な、分不相応なものなのだ》と書いている。ホイジンガの《主は余りに激しく、余りに対照性に満ちていて、血のバラとのまじった渾然たる香気を発散していた》という詩的な「中世人規定」はよく知られており、「中世＝封建制」の人々の感情を表現しているものとして、その後の「中世史」を固定してきた（ホイジンガ『中世の秋』兼岩正夫・里見元一郎訳、一九五八年）。

これに対してフェーブルは次のように批判する。《こうしたことで、人間の感性の歴史の中の、ある明確な時代を真に説明することができるのか。これら不意の激変、憎悪から慈悲心への急変、この上なく狂暴な残虐さから、もっとも悲痛な憐愍の情への突然の変化は、ある時代に特有な逸脱の表徴、中世末期の、中世の凋落期の、中世の秋の表徴なのだろうか。中世初期と、中世の春と、あるいは逆に近代初期と対比されたこの時代の表徴なのだろうか》と。「中世」という名で歴史への偏見があることを、疑問視しているのだ。

それを裏づけるために「近世初期」である十六世紀の人々の例を出す。《（十六世紀の）ある物語を思い出してみよう。目隠しをされ、首を断頭台にかけられ、跪かされた男……。すでに顔を紅潮させた男が身をそらし抜身をふりかざしている。すると突然叫び声があがり、「お赦し（グラース）が、お赦しが出た！」の声とともに、一枚の羊皮紙を掲げた騎士が全速力で広場を横切ってくる。まさに適切な語である。王は恩寵（グラース）を与えるのであるが、それはなんらかの功徳を顧慮してのことではない。ジャン・カルヴァンのいわゆる神も同断である。ホイジンガが、中世の終わりの人間ととりわけそうであると主張した黒か白かの人間、急な変化と激しい転換をみせる人間も同断である。だがこの人間は常に変わらぬ人間の特性かもしれないのだ……。本当を言えば、もしホイジンガが、いかなる人間的感情にも何がしかの両義性があるという事実をまずは前提としたならば、彼はすべてを一語で解明できただろう（そして彼の書物は甚だ明解さを増したであろう）。はっきり言ってしまおう。いかなる人間的感情も、自分自身であると同時に自分の反対物なのである。一種の根源的共有性が常にわれわれの感情における二つの極を結び合わせているのである》（フェーブル『感性の歴史』前掲書）。

それは一般の人々だけではなかった。ジャン・カルヴァンのような、神の絶対を説いて王制を否定すべき宗教改革の神学者であっても、王の存在を日常の中で見るとき、その存在そのものに感動してしまうのである。「近代」から見ると「封建制」や「絶対王制」といった言葉で呼ぶ否定的な見解と異なって、人民と一体となっているその社会に何も反抗しない。カルヴァンの《その神学の中で、選ばれた者たちに対する恩寵の授与が帯びる、完全に無根拠かつ無条件の恵みとしての性格を強調する時、また彼が、清廉この上なく会計官の大群により神の御役所で記帳され、最後の振り分けがそれに続く、善行と罪との複式簿記に対して、しばしばはっきりと打ち勝ち難い嫌悪の情をあらわにする時、彼はごく自然に、当時のフランス人たちの感情と合一していたのではないか。彼はしきりに彼のいわゆる神を王になぞらえていたし、フランス人たちはといえば、フランス王がその戴冠式の日からサン・ドニへの帰還（フランス王はそこに埋葬される習慣であった）まで休むことなく続ける王国巡幸の間に、自分たちの田舎に王が訪れるとみるや、農具をおいて馳せ参じ、ある者は王の鐙《あぶみ》に、ある者はマントの裾に、またある者はせめて馬の横腹になりと接吻を求めたものだった。王の正義が神の威光を帯びるのである。王は地上における神の代理者であり、いかなる法も超えて神と同様全能なのだ。その手の一振りで首が飛ぶ。別の一振りで人が救われる。中間はない。段階はない。妥協の余地はない。恩寵か死かどちらかなのだ》（フェーブル、前掲書）。このような人民の姿は、まさしく日本人が今でも天皇に対してとる態度ではないか。

フランス人もまた王を神と見たのと同じように、日本人が天皇に神を見るのは、決して不自然ではないのである。フランス王がサン・ドニ教会堂という教会に依拠し、その宗教的権威を一方で保持しながら、巡幸で国民の中に存在を明らかにするとき、それはあたかも生きた神であり、人々は自然とかしずく。その人間の共同体そのものは、「中世」であろうが、「近世」であろうが変わらないし、「近代」においてもフランス人たちが共和政治形態をとりながら、教会とローマ教皇を崇拝するのと同じことなのである。

そしてフェーブルはホイジンガのいう「中世の生活」を《何か特殊な、独特の、特異なものをそれに与えるような一種特別な「激しさ」で飾ろうという気にもはやならないはずである。「中世の生活」はそうしたことと関係がない。あるいはむしろ、問題そのものが場違いなのであり、提示の仕方が誤っているのだ》。この言葉には「中世の生活」の特殊化の否定がある。

日本のことはさておいても、「アナール派」の領袖であるL・フェーブルの指摘の中に、これまでの「近代・進歩史観」の否定があるし、その偏見を打破するあらたな過去への眼差しがあることに注目しなければならない。少なくとも日本の歴史家たちは「進歩主義」「マルクス主義」の発展史観をこのように疑問視することをしなければならない。

フェーブルの弟子、コルバンが「感性の歴史の系譜」で言うように《歴史家はみずからの感受性を関与させ、みずからの想像力を働かせるときこそ、二十世紀人としての資格を取り去ることに成功し、自分と研究対象を隔てる距離を当然のこととして自覚し、最終的には、過去の諸世代を理解できる可能性がいちばん高いのである》。それは同時に、日本の「中世」社会への「近代」社会からの奇妙な優越性を打破する視点を与えるのである。無論それは「西洋」社会の、「日本」社会への奇妙な優越性もまた解消させるものとなるはずである。

たしかに、「アナール派」でなくとも感性については論じられてきた。マルクスは《五感の文化は過去の歴史全体の産物である》とすでに一八四四年に述べていた。だがその理論によれば「資本主義社会」と「ブルジョワジーの権力」が感性の変質を引き起こしたという。だからその抑圧を批判せよ、ということである。一方で哲学者ニーチェが『道徳の系譜学』の中で、文明の中における「本能の抑圧」というテーマを論じている。心理学者フロイトもまたこの変質を執拗に強調していることは知られていることだ（『文化のなかの不安』）。だが彼らは未来においてのみ「抑圧のない社会」があるという一致した前提のため、歴史そのものを否定的にしか見ない悲劇的な体質でしかないことも見ておかねばならない。

このように「アナール派」はこれまでの進歩史観に対して、心性の不変性の面を強調することによって、「近代」とそれ以前との連続性を述べていた。しかしそれを全面的に展開するには、調査が個別的すぎるきらいがあった。個別史をいくら論じたとしても全体の歴史観が見えてこない。一定の歴史イデオロギーを否定する要素にはなったが、それ自体が、あらたな総合化には成功できていない。

「アナール派」のマンドルーは「心性の歴史」を説いたが、究極的には《社会、集団、教会といった人間世界が、どのように表現を通じてみずから存在しているという意識を持つに至ったかを、時代ごと、階層ごとに再構成する》必要を感じざるを得なかった。フェーブルの線を受け継いだジャック・ル・ゴフが、史料を体系化する必要があると力説しているのもそれである。「文化システム、信仰システム、価値システム、知的装備のシステム」など密接に関連づけられねば、心性の歴史は実現できない、と述べるのも当然であろう。しかしそれはなかなか難しいことである。「アナール派」ではないが、それに近い視点からあらたな歴史観を示した歴史家にドイツ人ノルベルト・エリアスがいる。彼が一九三九年に出版した『文明化の過程』（赤井慧爾訳、法政大学出版会、一九八一年）は日本の文化を考える上でも重要である。リュシアン・フェーブルとエリアスの基本的な直観は明らかに類似している。エリアスは《人間の意識や理性ratioや思想だけを考慮し、欲動の構造、情動と情念の方向づけや形態を無視するような研究はすべて、たちまち実りの少ない領域に閉じこめられてしまうだろう》と述べている。この一節は「感性」を重視する『歴史のための闘い』の著者が書いたとしても違わないであろう。

エリアスによれば、西洋では「文明化」する過程において、人間の「惑性の変容」をもたらした、という。個人にとって「文明化」の過程というのは、《自然発生的な情念や衝動を抑えるべきだという義務感によって、そして意識的なものであれ、単に自動的なものであれ、自己抑制の発達によって示される》のである。《絶えざる自己管理と、羞恥心をめぐる規範の強化をもたらすのだ。要するに、文明化の過程は心の慣習体系（ハビトゥス）を変化させる。……それが文明化の過程を推進する要因となる。こうして宮廷社会や、その後の勝ち誇ったブルジョワジーは、みずからの情動をしっかり抑制できた人に対しては大きな特典を授けてきたのである》と語っている（赤井訳、前掲書）。真の貴族や富裕層は、自己に対する節制を持っている。それが「文明化」というのである。

「文明化」によって、人々の気紛れの言動が減少した、という。人間の感情が、喜びから苦悩に、過度の快楽から悔悛に、禁欲から激しい享楽にまたたく間に移るということが見られなくなったのはそのためである、と述べる。このような変化はまた、残酷さや、即座に行なわれる血なまぐさい復讐行為を弱め、戦略を延期したり、暴力を抑えたりする方向に導く。さらにこのような変化のおかげで人々の態度が規制されるようになり、日常生活が少しずつ穏やかなものになっていく、というのである。同時に、個人は進行中のさまざまな作用の網目に捕らえられ、厳しい時間割によって徐々に圧迫される。その一方では、逃避の誘惑が大きくなる。つまり夢をみたり、夢想に耽ったり、読書をしたり、絵や版画を見たりすることが価値ある行為となっていく。その感性の変化が、「文明化」の過程である、というのだ。

だがこの『文明化の過程』が一九三九年に出版されたことは象徴的である。というのも、この文明化されたヨーロッパ人を論じるこの時代、母国ドイツのナチがホロコーストという蛮行を行なっていたからである。彼の言う「文明化」が表面的なことに過ぎないのは、このことでも明らかである。単なる戦争ならどこの国でも同じだが、ドイツの場合は一民族を抹殺することを目論んだのだ。それも強制収容所に集める、という「文明化」した虐殺方法であった。「文明化」されたはずのゲルマン人でさえも、それを個人の節制によっては、防げなかったのであった。人間の最も放埒な行為が殺人であるとすると、エリアスの「文明化」は皮肉にも、文明は戦争というはけ口があるから、それが成り立つのだ、ということになりかねない。L・フェーブルもまた、人間の行動は時代とともにますます合理的になっていく過程が観察される、という仮説を繰り返し提唱していたが、この合理性もまた、第二次世界大戦においてまた苦渋をなめた。合理的になっていくことは、不条理な戦争やホロコーストを防げないのである。いや合理性が、まさに国家の「文明化」を阻んだと言ってよい。

この点で言えば、少なくとも明治以前においては、国家成立以来、三回しか対外戦争をしなかった日本ほど「文明化」された国はない、と言ってよいかもしれない。ほとんど戦争らしい戦争をしかけない日本人の祖先たちは、国家としてばかりでなく、個人としても絶えざる自己管理と、羞恥心をめぐる規範を持っている点で、最も「文明化」された国民かもしれないことは、十分予想できることになる。さらに「宮廷社会」の洗練度からいえば、十一世紀の『源氏物語』の世界で推測されるように、日本の「公家」社会は「雅かさ」の極致に至っていたのである。そのことを考えると、「近代」だけ「文明化」しているということではない、と考えられるのである。別に知覚が「近代」で進歩したわけではないのではないか。L・フェーブルの一九四一年の説によると、「近代」の歴史は《多かれ少なかれ緩慢な、知的活動による情動の抑圧の歴史になるだろう》といっていた。《日常生活の規則性をかき乱す情動は、徐々に危険で、醜悪で、厄介で、不謹慎なものと見なされるようになった。みずからを完全に律する「紳士（オネットム）」は、このような歴史的変化から生まれた》と語っている。ただしエリアスと異なり、フェーブルはこの過程を直線的なものとは考えず、場合によっては循環的なメカニズムが作用することを否定していない。《歴史上、感情生活が特に発達した時代に次いで、知的生活が優勢な時代があらわれたなどと考える理由があるだろうか。それは何ゆえに、またいかにしてであろうか》と、彼は問いかけている。ここには少なくともエリアスほど、自己抑制が「文明化」であるなどと考えることがない精神がある。近代に向かって「文明化」されていくものではないことを示唆しているのだ。

ともあれ「アナール派」の視点は、文明の「進歩」主義を批判する上で重要な視点であり、第二次大戦後に生まれたイデオロギーなき物質文明の「進歩主義」に疑問を投げかけるものである。

そしてこれが文明の連続性を見つめ、「歴史」をできるだけ総合的に見る文明史的観点となる可能性を持っている。「ジェネラリスト」には「感性」の観点が必要なのだ。

第十章　新しい日本史観を確立せよ

1　新たな時代区分とは何か

精神医学者から哲学者になったカール・ヤスパース（一八八九〜一九六九）は第二次世界大戦の後で歴史について想いをめぐらしている。その『歴史の起源と目標』（重田英也訳、理想社、一九六四年）の中で、世界史がどう書かれるべきかを論じている。大きな視野を持ったこの思想家は、歴史家にない世界史の構想を展開しているのである。

二十世紀前半は、まさに戦争の時代であった。二回の世界大戦の勃発は、これまでのヨーロッパ中心の世界史の終焉をヤスパースに感じさせたのである。日本やソ連や中国などの参戦による世界の動きに対して、もはやヘーゲル的な西洋中心主義の世界像では、統合しきれない世界があることが認識されたのである。それは世界史の構想において、あらたな段階を意味していた。それは従来の世界史を時間的にも空間的にも遥かに拡大した歴史把握であったと言ってよい。その歴史把握の基本を文化に置き、『歴史の起源と目標』第一章において提示されたのは、「枢軸時代」あるいは「基軸時代」とした文化時代であった。

「枢軸」の意味は活動の中心という意味で、「枢軸時代」とは世界史の中心時代ともいうべき時代のことである。ヤスパースによると、西洋暦の紀元のようなキリスト教徒にとってのみつくられた歴史の基軸ではなく、地球上の人類すべてが共通に基軸として認めうるような基軸の時代でなければならない。それは紀元前五百年の前後の三百年間ほどの時代のことである。その時代こそ画期的な時代で、人類の精神史上の重要な人物が輩出した時代であった。ギリシャではホメロス、パルメニデス、ヘラクレイトス、プラトン、ツキディデス、アルキメデスといった文学者や思想家が生まれ、中東のパレスティナではイザヤやエレミヤなどの予言者が現れ、イランではゾロアスターが出た。東ではインドでウパニシャッドとブッダ、中国では孔子や老子、諸子百家が競った。彼らは相互に影響関係はなく、それぞれ独立に同時発生的に出現したものと考えられるが、ここで世界の思想といわれるものが出揃っている。日本では、『記・紀』では神武天皇から崇神天皇の時代で、ここには恐らく日本の思想家もいたであろうが、口承文化であったので、書かれたものは残っていない。ともあれ哲学者ヤスパースにとっては、それらの思想はそれぞれの領域において基本的なものとして今日まで生き続けているものであった。

ここでヤスパースの思想を紹介すると、それは人間の「実存」の究極にはある「超越者」がいる、とするものであった。人間は愛、苦悩、死などの限界状況においてその「超越者」と出会う。その「超越者」はひとつの宗教や信仰によるものではなく、「実存」と「理性」の緊張関係において、哲学的にのみ求められるものであったのである。これらはみな哲学的「超越者」に直面した実存として自己を自覚した人々であったのである。ヤスパースにとっては、人間が人間たるゆえんがその「超越者」の自覚によってはじめて確立されるものだという。これにより人類が、本源的な意味における「自由」を獲得し、人生の目的としての実践的な理想を確立することになるのである。

「枢軸」時代とは世界の各地で、この紀元前の時代において、並行的・独自的に「実存」的にその「超越者」を覚知した時代であったとする。全く同等な基盤を出発点とする新たな世界史の基準であった。そして世界史はこの「枢軸」を起点として、文化の急速な発展、哲人の同時多発的な出現を基準とするという、本質的に文化史的性格が強いものとなったという。いかにも哲学者らしい発想である。しかし私もこの構想に賛成である。彼らの思想こそが、人間のそれ以後の思想の出発点であり、ある意味での到達点であったのである。

『歴史の起源と目標』においてヤスパースは、世界史を「枢軸」時代を基準とし、具体的には次のような時代区分をしている。

第一期、人類が火や道具や言語を使いはじめた先史時代

第二期、メソポタミヤ、エジプト、インダス、黄河の四大文明が始まった時期

第三期、「枢軸」時代から「近世」に至るまでの時期

第四期、科学技術による時代。「近代」以降の時期

ヤスパースは「古代」「中世」「近世」「近代」というこれまでの西洋の歴史区分を捨てているのである。そして世界史の中で偉大な思想家が同じ時期に登場することに着目し、その文化的並行現象を「枢軸」とする、歴史の構想を抱いたのであった。そしてこの区分に対応して、ヤスパースは各時期ごと、各地域ごとに、詳細な分析を行なっている。

われわれ日本人にとって、東洋についてどのように述べるか強い関心事である。その点で、中

国思想史家の堀池信夫氏は、前出の『中国哲学とヨーロッパの哲学者』において、ヤスパースの中国の部分を次のように述べている。《中国について見るならば、第一期はとにかくとして、第二期には黄河文明があり、第三期には諸子百家が始まり高度の文明が存在した。ただし彼は、この第三期の文明について、中国は十四、五世紀までは西洋と同等の文明をもち続けたが、それから後の数世紀に決定的に停滞し、その後第四期に雪崩込むとする。そして従来のヨーロッパ中心の歴史観はその停滞した時代、とりわけ十八世紀以降だけをみて、二十世紀中葉に至るまでアジア・中国の停滞を強調してきたに過ぎなかったとするのである。中国やインドは枢軸時代に参加していた地域であるから、西洋やその他の地域と全く同等な文化的地位を占める。そのことの方が、近い時代の停滞よりも遥かに重大なことであるとするのである。彼は従来の西洋中心史観を打破・相対化し、真の世界的な統一歴史基盤を求めようという意図をもっていたのである》と、ヤスパース理論を支持している。

中国が戦後、「マルクス主義」支配の時代になってから、この「古代」「中世」「近世」「近代」という区分も郭沫若《かくまつじゃく》を中心に論争された「古代・奴隷制」時代がいつまで続いたかなど、その規定に苦心している。中国がはじめから停滞した社会であるとすれば、果たして各時代をどう規定してよいか、日本と同じ問題を抱えるようになった。中国史には従来の時代区分があり、それをどのように結合させるか難しい問題となったのである。日本においても、戦後の歴史論議として、中国史における「古代」はいつまでかというものがあった。この論議にはさまざま論者が加わり、総動員された論争であったという。日本においてもマルクス主義的な歴史観である「古代」「中世」「近世」「近代」などという歴史区分が果たして、現実の歴史に適合するかどうかという事態に逢着しているのと同じ問題なのである。

興味深いのは、ヤスパースの「枢軸」時代をつくる思想というものが、時代の「平和」から生まれるものでなく、さまざまな困難な時代に生まれているという指摘である。中国では「諸子百家」の時代が、春秋戦国の時代であったことが知られている。ギリシャでもペルシャ戦争やペロポネソス戦争があった時期である。言語による思想が繁栄することは、高度の文化をもつ時代であるとともに、思想がもっ「暗さ」も存在する時代でもあった。しかしその時代の「暗さ」は、同時に思想や芸術の「明晰さ」をもたらすものである。そして全体的には、明暗のバランスのとれた表現が花咲き充実した文化となる。それが「古典」を生み出す均衡感覚をもたらすものである。人間の社会には、誰もが完全に幸福な時代などあり得ない。しかしエネルギッシュな創造は、そのような高度の意識をもつ、明暗のある文明から生まれるのである。

私はさらにこの言語文化とともに、形象文化を包含させることによって、文明史の大きなパースペクティヴを生み出すことが出来ると考える。ギリシャ文化はまさに、思想だけでは語れない形象の文化、芸術の文化を産み出した。それから「近世」に至る過程の中で、西洋は「ゴシック」文化やいわゆる「ルネッサンス」文化を生み出してきた。日本では、「飛鳥・天平」文化を生み出し、とくに聖徳太子は日本の神道、中国の儒教、道教、インドの仏教、そしてネストリウス派が伝えたキリスト教を含めた、世界で初めての融合宗教をつくりあげ、法隆寺、東大寺、興福寺などに残る、高い文化を現出させたと言ってよい。それは拙著『国民の芸術』でも述べたことである。

いずれにせよ、このような文化史的見地が、世界の歴史を見る上で重要な視点を提供していることが、このヤスパースの試みでも理解されるのである。

2　ブルクハルトの文化史観

このヤスパースの歴史観の述べるところは、各時代、それぞれの特色があり、歴史は決して「進歩史観」によるものではない、ということである。現代は大量生産と科学技術の時代であるが、それが精神史的に進歩したことによるものではなく、すでに述べたようにかえって画一化の中で創造力を失っている時代である。しかし歴史には連続性がある。過去の文化は、実をいえば今日でも生きており、途絶えることはない。われわれはそれに古い思想を読むことが出来、文化遺産を目で確かめることが出来る。

このような文化の問題を考えた歴史家にブルクハルト（一八一八～九七）がいる。日本でもこのブルクハルト史観を支持するものは多く、下村寅太郎氏や仲手川良雄氏などの専門家だけでなく、野田宣雄氏や最近では中西輝政氏もその『国民の文明史』で多く引用している。ブルクハルトは「進歩」の概念を批判するばかりでなく、歴史が発展する、という概念とも相容れない歴史観を持っていた。彼は初期においてドイツ系の歴史家らしく観念的で、ヘーゲルのように《人類の歴史の最高の使命》は、《自由にむかう精神の発展》にあると考えた。しかしその「発展」ではなく、「連続性」ということを考えたのである。後期のブルクハルトは「発展」という言葉を「連続性」という言葉とほとんど同義に用いている。

彼の主著は『ギリシャ文化史』（一八九八～一九〇二年）であるが、その終章では、ギリシャ的人間を時代的「発展」に従って考察している。彼は「英雄時代」「植民とアゴーンの時代」「五世紀」「ヘレニズム時代」に区分しており、それぞれの時代の背景と情況をになう代表的な人間像を論じている。「英雄時代」に典型が示された「ギリシャ的」人間は、さまざまな条件を越えて絶頂期を迎え、また急速に頽落していく時代の推移を語っている。

ここにあるのは「ギリシャ文化」が高潮した時代の考察であり、すでに美術史を中心にその価値が認識されている。これは彼のもうひとつの代表作『イタリア・ルネッサンス文化』（一八六七年）とも一致する。そこでは文化の価値の高さの認識が前提となっており、その上で政治や人間史が語られている。ブルクハルトがランケの弟子でありながら、政治史のみを書くことがないのは、歴史をあらわすモチヴェーションが、人間とその創造物の価値観にあるからだ。

しかしこの歴史家の場合、その価値の位相を芸術から始め、政治、思想、宗教、人間像に及んでいる。政治を語る場合にも「芸術国家」という呼称を使い、政治がある法則で動くような社会学的な見地をとっていない。この場合、その思想的な価値、あるいはまたその宗教運動の高まりを捉えようとするのである。

歴史のさまざまな要素、ジャンルはそれぞれの様式史を持っている。例えば政治をとれば、ある制度、たとえば君主制は、時代の中で高潮し、理想的に近い政治が行なわれ、それが解体する、というのもその政治・様式史である。むろんこれは近代でいえば、民主主義についても言うことが出来、最初は独裁政治を倒して「民衆」の政治となったかに見え、やがて「衆愚政治」となり、最後はアナーキーな政治、テロリストが跋扈するような政治になるのも政治・様式史である。もともと民主主義は、都市で直接民主主義として発生したもので、今日のような膨大な人口とともに行なわれると、ポピュリズムが支配するようになりがちである。

経済にも資本主義の発生とともに、その中心主義が生まれたのも、その高潮期に入ったことを示している。それぞれ「価値」の概念が入ると、高い「価値」をもつ分野の様式史の歴史の積み重ねが世界史の主要軸となる。それは文化史においても政治史でも同じなのだ。しかしたいていは、政治も宗教も文化も同一時期にその頂点が重なるときが、その地域、その国家の最も高揚した歴史時期と言うことが出来る。今日のような経済・技術中心主義の時代においては、優れた政治が行なわれにくいし、想像的な文化も宗教も生まれない。

これまでの「進歩史観」では「現代」がすべてのジャンルで最も前向きである、と思いがちだが、それは決して真実ではないことを歴史は語っている。過去を遅れたものと見る風潮が一般化し、否定的な見方でみるようになり、その一面が強調されているに過ぎない。それはマルクス主義史観が典型的である。この史観はさらに未来の社会主義（現実の、ではなく）が重要で、現代でも進んでいるとは思っていない。

いかなる歴史を書くべきか、については、単なるドグマ的解釈や、目的論的な解釈は論外であるが、だからといって単なる歴史の因果的説明であってはならない。歴史的資料や、歴史遺産に対する優れた直観的把握、歴史的事象に対する合理的探求との調和がなければならないことは、ランケなどの歴史家が言うことである。ランケは《歴史にとって人間はなにを意味するか》と問い、ブルクハルトは《人間にとって歴史はなにを意味するか》と問うたと言われる。この二人は、ベルリン大学で師弟の関係であったが、二人の史学の基本姿勢は基本的に異なっていた。ランケはそこに「神」の摂理を見たが、ブルクハルトは、「人間」を見たのである。

この二人の歴史観が、一方は縦断的考察を行なっているのに対し、他方は横断的考察をとっている点でも異なる。またランケの場合、歴史は、事象とその推移を見るとき、当然、推移する事象が中心で、人間はその展開を推進したり阻止したりする限りで考察の対象となる。これに対してブルクハルトの場合は、「ギリシャ的人間」というように、ある歴史的時代の人間が主題に置かれ、事象やその関連はこの人間の歴史的特性とその奥にある普遍人間的なものを照らし出すという視点から選択されるのである。欲張った言い方であるが、この二つの要素が歴史にとって必要になろう。ランケの場合は、事象の推移が中心となって人間が忘れられ、ブルクハルトの場合は、歴史的継機が二次的なものとなる。

日本の歴史を論ずる場合も、事象の推移が一方で述べられ、他方、時代の政治、文化、宗教を貫く歴史的特性と、その奥にある普遍的な創造性が語られなくてはならない。その場合、歴史が個々の事実や個人を、他と関連しつつ、内的な発動力をもって生成していく状態が書かれるべきであろう。それぞれの事象はやがて衰退・没落を経験することになるが、その内的必然性こそが、問題となろう。まだ言語資料はなくとも、形象資料が多く存在する縄文、弥生、古墳時代、それが日本の「基礎」時代とすれば、飛鳥、奈良時代のような、日本の天皇を中心とした国家の成立と、文化そのものの新たな創造が起こった「古典」時代、あるいは、政治が律令制の中で安定した宮廷政治を中心とした「洗練」された平安時代、あらたな武士の勃興と「力動」感あふれる鎌倉時代、そして戦国時代でありながら商業が活発で、中国への「浪漫」主義が高まった室町時代・桃山時代、さらには日本が、「近代」の国際化の時代に向けて、かえって内的な充実を図った「日本主義」の江戸時代、そして西洋の伸長に対抗しつつ、その影響を強く受けた「近・現代」。それぞれが、政治、文化、宗教とからみ、それを支える経済が存在した見事な文化を創り出した。国家が常に、天皇を頂き、そこに中心を置きながら、しかし常に、主体は日本国民であったという、世界に稀な、日本の完結した発展過程をみることが出来る。

各時代のあらたな別の「時代様式」が生まれ、いずれのジャンルにおいても、その固有な「様式史」を形づくっている。それは縦と横のダイナミックな関係を持っている。固有なジャンルの中での「時代様式」があり、そこから「個人様式」が生まれてくる。そこに人間史が書き出されるのである。人間は各ジャンル、政治であれ、宗教であれ、文化であれ、芸術であれ、その時代の中で、人間の個性が研かれる。

書かれる歴史は自ずから、それぞれの価値の高いものを抽出していかねばならない。ひとつの国全体の高まりが明記されると同時に、民族の性格、特質がわかるのである。そこに当然、できるだけ世界の東西古今のそれぞれのジャンルの創造物と比較検討し、その上で世界の中における普遍的な価値が測られなければならない。その相対的価値を定めつつ、著述しない限り、ただ羅列的なものになるか夜郎自大なものになる。そこで、一方的な自己愛的ナショナリズムは排除されるのである。ただたとえ価値が低いと認定されても、高い価値を生んだものとの連続性がある限り、それはどこかで明記されることになろう。書かれる対象は選択されなければならないからである。

《歴史は現代を語ることだ》、というクローチェの言葉があるように、現在の観点で過去を見る、という態度は当然である。しかしそれに伴い、ある事象の生成してきた過程をたどることが歴史だという「進歩」史観があるとき、現に生きている現代を、到達した時点として重視する傾向がある。そこに「変化」と「進歩」とを取り違えた現代の傲慢が生まれる。しかし「進歩史観」の思想は、目標を知ってそこから歴史のあゆみを見るのに対し、「変化」の概念は目標についても未来についても不可知論をとらざるを得ないから、現代について、確信が持てないことになることも確かである。「進歩」史観では、主体が歴史の全体、あるいは全体を包摂すべき理念であることに対し、「変化」の主体は、他と具体的な関わりを結びつつ生成する個体であるという問題になる。歴史家にとって、事実はいかにあったかを探求する場合、この相違は重要な意味を持つであろう。しかし「変化」をたどる場合に、現在をどうするか、という問題は常に共通しており、その改善には、過去のさまざまな事例が有効な解決法を提示するはずである。

3　「歴史」の三つの「力」

ブルクハルトは歴史を進展させる三つの「力」を考える。それは「宗教・国家・文化」である。この考え方は一八六八年夏には、まだ「宗教と国家と哲学、知識、詩、芸術」という言葉で語られ、同年冬の原稿『歴史の研究について』の中で、それが「宗教・国家・文化」に統一されて表現されている。

（1）文化

歴史に精神や文化の問題を大きく持ち込んだのはブルクハルトであるが、それは日本の歴史にとっても有効である。人間の精神・文化の問題を重視する視点は日本の歴史を語る上でたいへん重要なものであり、日本人という存在のありかを語ることでもある。日本の「基礎」の時代から、国家が成立する過程で、日本人の精神の問題が、飛鳥・白鳳・天平の時代において、深く考察された。人間の氏族信仰、自然信仰の「祈り」――神道の時代から、われわれの精神を救い、対話する「思想」の時代になったのである。仏教、儒教が移入され、それが日本の思想にくり込まれていったのである。ブルクハルトが宗教を重視することと同じである。彼にとって、信頼することができるものは、結局のところ、決して近・現代に広がる「自由主義」的な思考ではなくて「宗教」である、と分析した。《なぜなら、権力と金銭を求める阿鼻叫喚のすべてに超然たる超越的な衝迫というものがなければ、何もかも益のないものとなるだろうからである》といっている。日本では、天皇がその役割を果たし、それを神道と仏教が支えたのである。この宗教的態度を、人々がとれるから、このような平等な国民国家ができたと考えられる。誰もがその態度を知っており、十六世紀に日本を見たザビエルが驚いた国民性だといえる。

ブルクハルトにとって、この超世間的な使命に対する歴史的模範は、原始キリスト教であった、と考えるように、日本人の私にとっていえるのは、神道である。ことさら「原始神道」と呼ばないのは、「原始」は時代のことではなくて、私たち人間に備わった要素であるからだ。現代の神道もそのことを意識しているから、「近代神道」化しないといえる。つまり教典などをつくって、言語で思想化しないのである。むろんブルクハルトの原始キリスト教と神道は異なっている。しかし共同体を重んじ、その規律の中で、精神の救いを求める点では共通していよう。

ブルクハルトの構想に「世界文化史」の着想があったことは知られている。そこには、彼がドイツ圏の学者として、文学者ゲーテ、言語学者ヴィルヘルム・フォン・フンボルトの著作のような、広い範囲の人文主義を基礎に持ち、同時に彼が学んだベルリン大学の地理学者アレクサンダー・フォン・フンボルトの「コスモス」や、フランツ・クーグラーの「世界美術史」といったものを包含したものといわれる。これは彼の経歴からも窺い知れることである。

この自然学者であるA・フンボルトの「コスモス」とは、ブルクハルトの『世界史的考察』によると、事実をそれぞれ「従属」の関係によって抽象的で普遍的な法則に至るのではなく、現象を「対等」の関係において記述し、そこに全体の自然像（Naturgemalde）を形成していくのだという。それによって無限に多様な自然現象に全体像を与え、宇宙を秩序において「見る」こと、「視覚化」すること、「世界を直観」することを目標とするものであった。この自然学者の、広大な自然に関する知識への「直観化」と、時代による自然的世界の概念の変化を、あわせて叙述していく見事な方法に、彼は深い印象を受けたという。ベルリンで学んだ美術史家のクーグラーの美的世界と、このフンボルト兄弟の自然的世界と三部作をなす、彼自身の「歴史的世界」を目指していたという。

歴史を時間的・継起的な系列においてではなく、空間的並列的な状態において考察し、これを体系的に叙述する。そのことは彼の「世界史」において、「繰り返すもの、恒常的なもの、類型的なもの」が求められ、その結果としての世界史の三つのポテンツを見出すのである。それの交互的制約の関係において世界史の力学的構造を直観し像に結ぶことである。その三つのポテンツとは国家、文化、宗教であり、この三つによって歴史は構成される（『世界史的考察』）。

ブルクハルトのこの歴史観を、日本の歴史に適用することは難しいが、しかし恒常的なものとして、時間的に持続するものとして、一方で「天皇」の存在があり、国家、宗教がそれを支え、一方、そのポテンツの中で、文化創造が行なわれていく、という発想は、経済一辺倒であったり、政治史一辺倒であったりする日本のこれまでの歴史像を、変えることが出来るであろう。

下村寅太郎氏は、ブルクハルトの歴史の体系化について次のように語っている。《我々が美術館に於いて実際にやっており、経験化していることではないか。ここでは一切の過去の作品が同時に存在し、配列されている。美術館のカタログはこれの体系的叙述ではないか。》(『ブルクハルトの世界』岩波書店、一九八三年)。この見方は、歴史を美術館として考えられることを語っている。そこでは美術作品が、各時代ごとに展示されており、それぞれの時代の価値を誇っているとともにその中に個人作家が、その力量を競っている。これまで歴史博物館には資料遺物が展示されていると思われているが、美術館と考えることによって、そこに美的価値が付け加えられているのである。歴史博物館では、社会史学者は社会の動きだけを、政治史学者はその為政者だけを、経済史学者は統計だけを取り上げて歴史を論じてきたが、しかしそこに同じ時代の文化価値が展示されることによって、総体の価値がわかるようになったのである。時代のイメージが明らかにされるのである。

イデオロギーに偏らない「歴史」というと、「年代史」という、無機的な事項の羅列とならざるを得ない、と思われるが、文化・芸術の創造を論じることによって、時代の相対的価値が明らかになる。ブルクハルトの歴史学、また哲学者ヤスパースの試みもそれである。

たしかに網羅的な「年代史」は、各地の「郷土史」同様、記述の基盤となっても、それ自体は「歴史」ではない。「年代史」がいくら細かくても「郷土史」がいくら網羅的でも、そこにはある価値観による選択がなければ意味がない。そこから読み取れる「歴史」＝「物語」の、「文化創造」という創造性に着目されなければならないのである。それが「過去」を語らせるという意味での「歴史」となるのである。時代に人間の精神史的な価値観が加わるようにならなければ、人間の歴史にならない。それをブルクハルトは「歴史的偉大」さ、と述べている。

一九一七年に、名高い『近代史における国家理性の理念』を書き、近代の「国家理性」の存在を説いたドイツの歴史学者マイネッケ（一八六二〜一九五四）は、戦後『ランケとブルクハルト』という書物を著した。そこで、ブルクハルトの『世界史的考察』を評価し、ランケからブルクハルトへの「転向」を告白して学界にセンセーションを起こしたのである。ランケについては第六章で述べたが、その実証主義の政治史に対するブルクハルトの文化史観の優越を語ったのである。その最初においては、ブルクハルトが「近代文化」について、ペシミスティックな観察者であること、実証的歴史学者ランケ以来、他のいかなるドイツの歴史家にも見ない時流からの自立性、教科書的・羅列的な見解と独立していることに敬意を表しているのである。この見解に、経済、政治、軍事力、イデオロギーに集中した二十世紀の世界の流れに、深い反省があったことは確かである。アメリカ、ソ連を中心にした二大勢力の角逐は、この四つの力だけの取っ組み合いであった。彼がもっと生きていたら、ソ連の崩壊さえ予測できたであろう。イデオロギーを持ったソ連やナチ・ドイツは敗退した。その精神文化の否定は、彼の批判の的であったのである。

二十世紀後半のウォーラーステインのように資本主義の経済力だけが「歴史の力」と考えることは誤りだが、すでに触れたマイケル・マン氏の『ソーシャルパワー　社会的な〈力〉の世界歴史Ⅰ』という歴史社会学の分野からの世界歴史の見直しも、また全体性を欠いている。この本はマルクス主義的な経済史観ではなく、社会内の対立に満ちた「力」の「ネットワーク」としての社会学で、「経済、軍事力、イデオロギー、政治」が四つのパワーとなるという。

しかし現代、政治、経済的に最も勝利したはずのアメリカが、この「精神文化」の問題を「商業文化」に委ねてしまい、その真面目な部分はキリスト教の教条を繰り返している点が問題なのである。その点でアメリカが現代の「歴史」をリードできず、他の文化圏の国々に悪い影響を与えている。その「政治」的お題目の「自由と民主主義」でさえ、少数の独裁国家に対してならともかく、すでにそれを実現している国々にとっては、何のお題目にもならない。それがあたかも人間の「歴史」の目的のように、繰り返している時代はとうに過ぎているのである。「自由」は思想の出発点に過ぎないし、民主主義は制度の問題に過ぎない。優れた政治は、いつの時代にもそれが基礎にあったと考えられるのである。それを予想できない考え方は、私がこれまで述べてきた「過去」を否定的にみる歴史観によるからなのだ。

歴史を考える場合、そこに物質的な発展だけを考えることは、常に戦争に対するアメリカの勝利に空虚感があることと関連していよう。それはとりも直さず、過去の「歴史」の再構築ができないでいるということだ。「歴史」をこれまで述べて来たような「近代進歩史観」から救出し、「歴史」のあらたな「物語」を構成しなければならないのである。人間の崇高な行為を検証し、現代の立場に立った「歴史」の実感をつくり出さなければならない。人文主義による芸術・文化の創造的観点を欠いていては、世界の歴史は見えてこないのである。おそらく日本の歴史の再構築が、その大きな礎になるであろう。

(2) 宗教

現代知識人の多くは「近・現代」において「宗教」は「科学」によって否定され、精神性より世俗性が強くなり、宗教性は喪失したと思っている。しかし一方で、9・11テロに端を発する、アメリカとその協力国とアフガニスタンやイラクの戦争は、あたかも「宗教」の戦争という態をなしている。ハンチントンの『文明の衝突』(一九九二年)では文明の基本を「宗教」に置いており、それに首肯せざるを得ないとする人々も多い。テロリストもそれを「ジハード」(イスラム教徒の聖戦)と呼んでいる。日本人は自分らは無宗教と思っているが、大半は神道の徒である。それは「天皇」を「象徴」として頂く政治体制にも、靖国神社にお参りし、正月に神社・仏閣を訪れる行為そのものにもそれが端的に表れている。この宗教の力はまだまだ強いのだ。

これまでは過去を、「進歩」した現在から遅れた克服されるべきものとして考えるのに慣らされていた。すべて未来に一新されるのだ、という願望しかない。しかし現在にはよく考えてみれば、長く繰り返してきたもの、同形なもの、表面的な形は変えても一貫したもの、同じ精神性が連続しているものが数多くあるのだ。親や祖先を思う精神、子を慈しむ気持、個人の利益だけで生きられない社会の共同性、そして口には出さないが受け継がれた精神、決定的なのは、古来から人間が生まれ、喜び、悲しみ、死ぬという現象に関して何ら変更はないことである。とりわけ今日の画一化した無機的な死は、精神の歴史の中で最悪であろう。長齢化は喜ぶべきだが、病気の恐れ、事件の恐れ、戦争の恐れは、現在でも共通しているのだ。過去から受け継いだ精神的財産を活用してこそ、現在を、より豊かに生きることが出来るのである。

また「宗教」には低次元とか高次元ということはない。信仰に上下はないし、「宗教」に格づけは不必要だ。一方が「アミニズム」といい、他方が「一神教」といっても、どちらが高度か、という問題はない。どちらも人間の精神に関するものであって、あらゆる要素が併存するのである。また文字で書かれた教典のあるなしも、根本的に関係はない。『聖書』のキリストの姿には不可解なことがいくらでもある。それを奇蹟と呼んだり、神の慈悲の行為と呼んだりする。すべて人間が自然的存在であることによって、原始的なものから高度の精神性までが共存しており、そのことが「宗教」の特質なのである。日本人の宗教は、「神仏習合」であるが、そこにはまさに「宗教」の共存がある。宗教は、ブルクハルトの言葉に従うと、人間の永遠の「形而上学的要求」の表現であり、それが捨て去られることはない、という。《宗教は阿片である》と述べたマルクスと同じ時期の歴史家が、この唯物論者とは全く異なる見解を主張していたのである。彼の宗教に対する見解を、私の解釈で語ってみよう。

すべての国家、民族は何らかの宗教を持ち続け、あるときは人々に啓示を示し、厳粛なものであり続ける。その起源に関しては、国家の場合と同様に、それぞれの地域と歴史で異なり、簡単に同様であるということは出来ない。それへの信仰において無限な感情や奇蹟を望む心が存在し、最も崇高なものは同時に、不合理な表れ方もする。むしろそれによって強力な作用をおよぼすことが出来るようになる。何ものかのために捧げる喜び、殉教者になる喜び、これには事象が客観的価値を持つかどうか、いささかの証明もなくとも存在し続ける。他の民族の宗教は、なかなか理解しにくい面を持っているが、それを非難することは出来ない。これは日本における神道が、他の地域や国家に存在し得ないと判断されたとしても、永遠に存在し続けるというひとつの理論である、と言ってもよいであろう。

ブルクハルトは「宗教の文化による制約」に関する部分で、ヨーロッパの十二世紀のロマネスク美術について言及し、そこで、芸術が突如として啓示になることを述べている。これはロマネスクの教会建築に関して言われているのであるが、ブルクハルトの「文化」に関する、根本的かつ普遍的な確信に属するもの、と言えよう。これに続けて現代の欧米文化にも言及し、そこにもまた伝承感覚が支配していることを述べ、キリスト教思想がどこにおいても見られることを指摘する。それが彼らの永遠の真理であるからだ、としている。ブルクハルトがキリスト教文化の存在を信じるように、東洋人、日本人もまた、それぞれに宗教の存在を肯定していかねばならないのである。

現代の多くの科学者は、宗教を否定し、科学でわからないことはない、と考える。今わからぬこともいずれはわかる、と信じていると言ってよいだろう。しかし未だに根本的問題、たとえば宇宙の起源、人間の起源、これらがいったいどうなるか、などを見てもわかるように、仮説しか提示し得ない。宇宙が大爆発から始まったというビッグバン現象も、いったいそれがどうして起こったか、原因さえ提示できないのである。しかし一般に人々は、いずれ科学者がそれを解明してくれるであろう、と考え、自ら思索することを放棄してしまっている。それもまた一種の信仰であり、科学教というべき知識人の一宗教である、と言ってよい。

ブルクハルトは『世界史的考察』で言う。《精神的過去に対する我々の義務付けの重大さ（Grosse）、全過去の精神のホリツォントHorizont（地平線）の再構成の義務……過去を精神の連続として解することは、後の諸時代の最高の精神的所有なのである。この記録に属するものは、いかに遠いものもすべて厳格に注意して集められねばならない。それ故あらゆる世紀とそれの精神的遺産との関係は、すでに認識である、すなわち次の世代によってまた遺産に加えられる新しいものである》。ブルクハルトが主張することは、歴史の最初から、幸福な終末まで、年代的に進歩、発展していく「歴史」を語ることではなく、また、別の「真理」がある、というのでもない。そのようなことを考えることは不可能なのだ。あるいは考えることは出来ても、結論に至ることはない。彼自身はこの境界に立ち止まり、沈黙する、それだけでよい。

日本では、世界的な歴史家のみならず、宗教家、哲学者がほとんどその「歴史」を経験的に自覚していたからであろう。世界の東西の歴史家、宗教家、哲学者が理論的に説明することがあたかもその偉大さの証のように考え、それぞれの解答を見出したかもしれない。しかしそれは、あくまで形而上学的概念、つまり観念としてであって、それは誰もが同意できるものではない。それが形而上学的概念である限り、それは拒まないにせよ、信じる、信じない、の問題なのだ。日本人の思想家だけはそれをはじめから知っていた、と言えるかもしれない。少なくとも「神道」の思想、「禅」の思想は、近代では西田幾多郎の思想にもそのことが表明されている、と私は考えている。ひるがえって聖徳太子の思想もまたそれであろう。

その考えに近いのが、このスイスの歴史家ブルクハルトと言ってよい。最近でも日本の文明史を志す人々が、この歴史家の思想を取り上げるのも頷ける。ブルクハルトにとっての「文化」とは、人間が生きていく生命の活性化のために、精神的、心情的、それと同時に道徳的なものを表現すること、その自発的な表現の「総体（Inbegritt）」をいうのである。そして共同体の中での「社交（Geselligkeit）」、さまざまな「技術、芸術、詩、学問、特にすべての哲学」が、そのことを示している。人間の「動くもの、自由なもの」によって成り立つこの世界は、決して「近代」だけの表現ではなく、歴史が始まるときからすでに存在している。しかしその「表現」がせりあがった時代が、とくに「文化」の時代である。それは《二つの固定した形式、国家と宗教》に並立したもののように見える。

（3）国家

第三に、彼は「国家」の重要性をあげる。それは決して「近代国民国家」のことではない。人間が共同体をつくり、それが組織化されるとき、かならず発生するのが国家なのである。ここで西洋の「国Staat、Nation」や中国語の「國」ではなく、日本語の「国家」という言葉を考えてみよう。

日本では「国」とはもともと「天」に対する「地」の意味であるが、しかしすでに『万葉集』において、《敷島の日本《やまと》の国に人さはに満ちてあれども》（巻十三）とうたわれているように、すでに「大和」の「国」という国家観念が存在していたことがわかる。無論、これは単なる地域のことで「律令制」の「国郡里制」の中での、行政地区のひとつでもあった。「出雲の国」「摂津の国」などと使われている。しかし日本では「国」がまた「天皇」の意で使われていることを忘れてはならない。国は「天皇」が統治する、ということによって「国」は成り立っていたのである。「国」と一体としての役人のことにも、この「国」の名が使われていたことは、すでに『竹取物語』などに使われていることでもわかる。そして「国家」の「家」であるが、これが家族の家の延長にあったことを示している。「天皇」を首長とする「家」なのである。このことは、日本という「国家」のひとつの大きな特徴と言ってよい。

私はすでに『日本国史』を書いて、さらに「大和」の国以前に、縄文時代、弥生時代を含む時代として「日高見国」を想定している。これは、まさに神話でいう「高天原」の時代のことであり、国家移動の日高地方から考えると北上川が日高見河であり、鹿島神宮、香取神宮のある関東に「高天原」が地名として残っており、埼玉の日高市、岐阜の飛騨《ひだ》地方にいたるまで日高見国の領域が広がっていたと分析した（拙著『高天原は関東にあった』勉誠出版、二〇一七年）。その時代の国家は祭祀国家と考えた。

たしかに「文化」が自発性の領域として構想されるのに対して、「国家」は人工的な「制度」であり、また「概念」としてつくられたものである。しかし「日高見国」「大和の国」「日本国」というとき、そこに自ずから、東国全体を掩う地域、奈良盆地を中心にした自然領域を含んだイメージが浮かぶし、「日本国」というときに、それは日本列島全体を、人間が組織としてつくりあげ、その中心に「高御産巣日神《たかみむすびのかみ》」「天照大神」に対応する祭祀王がおり、「大和国」以後「天皇」がおり、その総体としての形象が浮ぶのである。世界でおそらく「日本人」という言葉が国家と国民を結ぶ意味内容として最も成り立つ、と言ってよい。無論、どう定義するかは別問題である。

それはまた、「権力」があり、「国家共同体」の「秩序」を著しく乱すものに対して「暴力」がふるわれることを意味するだろう。「警察」や「軍隊」の存在である。しかしそれはほとんどの「国民」に対して、よい意味での「規律」の枠組みを与えるものである。たまたま日本の場合は、自然領域が「国」を表し、自ずから同一民族という意識を与えることにもなるが、他の国々は、その地域が領土として確定しているわけではないし、しばしば民族は混淆する。世界で日本ほどそれが固定した「国家」はないであろう。その特殊性は日本の国家を考える上で重要なことである。

日本は歴史上、外部からの急激な侵入によって、国家を破壊されたことは一度もなかった稀な「国家」である（第二次世界大戦であっても、戦争は負けたが、「国家」は存続していたのである）。ブルクハルトは《国民は歴史の根源的な構成量ではなく、大きな力を展開しうる歴史的事件の所産であって、それの統一性は始めから与えられているものではなく、永久に承認されているものではない。それはいかなる場合でもdas Priusではない》と述べているが、これは日本以外の「国家」のことであって、日本は歴史的にも、その「統一性」が自然に備わっていたのである。「国家」の成立の歴史を論じた『日本書紀』の記述が、神話を語った『古事記』と重なるのは、その「統一性」が自ずから同一に想定され得たからである。

ブルクハルトの歴史観では、「国家」の中に「政治、経済」を含めている。しかしその詳しい位置付けを行なっているわけではないので少し論じておこう。「政治」は「国家」を上手に運営するために行なわれるものであり、それ以外の何ものでもない。また「経済」は「国民」が正常に生活するための手段であり、その「枠組み」の中で行なわれるものである。たしかに個人の位相では自由な「利益」追求が存在するが、「国家」にとっての「利益」結果であって目的ではない。「国家」が経済的に繁栄する、ということは、「国家」の意志ではない。「経済」は「国民」が貨幣を始め、「国家」が定めたさまざまな制度によって成り立つものである。「資本主義」社会も「国家」が存在しなければ存続し得ない。グローバリゼーションの時代とか世界経済の時代と言われるが、その枠組みに変わりはない。これはヨーロッパ共同体を見れば国家単位で経済が運営されていることでもよく理解される。単に自給自足や、物々交換の「経済」には、「国家」は介入することはないが、その状態は個々に生じても、自ずから「国家」の経済にとり込まれるのである。「グローバリゼーション」などと言われて、経済は経済で自立しているかに見えるが、その場合も「国家」の経済政策が強く作用していることは明らかである。「社会主義経済」は「国家経済」そのものであるし、「資本主義経済」も「国家」が介在しないことは望ましい、と言われるが「ケインズ型経済」のようにしばしば「国家」が介入せざるを得ない。

「国家」は、単なる「国」の制度とそれを運営するだけの物質的なものではない。それを運営する「政治」には共同体を動かす「観念性」を支えるものが必要となる。「宗教」は個人の精神を救済するだけではない。共同体を「精神」的に結び付ける役割を持つ。政治は一方に「聖なるもの」が必要であり、それを「宗教」が任う。日本の場合は「天皇」の存在がその象徴であり、その実際の政治は、歴史的に「摂政、関白」「征夷大将軍」「首相」などという名称の一方の首長とその官僚組織によって行なわれたのである。しかしその首長たちも、「天皇」がその権利を与えることによって、初めてその力を持つ、という構造を持っている。これが西洋の歴史では、キリスト教の「教皇」と「皇帝」の関係の中に類似性があり、現代の「教皇」とアメリカの「大統領」の関係でも、それが存在すると思われるのである。ただ「大統領」だけが目立っているが、彼らは皆キリスト教徒であるのだ。

あとがき

今年は令和の年号が改まり、新たな天皇のもとに、日本の歴史は一歩進み出した。喜ばしいことである。その時、最初に新天皇がお会いになったのが、米国のトランプ大統領であった。この事実は、甚だ象徴的である。天皇を守る日本の国民が、その伝統を戦後ずっと守り続けたばかりでなく、まさに世界の中での最大の大国の大統領に、その歴史の一貫性を主張しえたからである。

これまでの歴史観は、こうした「権力者」を否定するようなマルクス主義史観が主流であった。日本の天皇は、それを日本の伝統と文化から否定したが、トランプはそれを資本主義維持の思想から、否定している。彼らは共に、マルクス主義が、二十世紀の歴史のグランド・セオリーとして君臨してきたことを批判しているのである。それが結局、何の有意義な結果を出すことができなかったのである。

もともと、マルクス主義の歴史観は、封建制の社会から資本主義が生まれ、その社会が階級闘争によって崩壊し、社会主義に至ると言う予想図を持っていた。しかしその社会主義国家が、二十世紀末のソ連圏の崩壊だけでなく、期待を残していた中国・北朝鮮まで、資本主義国以上に腐敗し、専制国家となり、経済も失敗した事が明らかになったのである。一時の表面的な繁栄も、トランプのグローバリゼーション経済の否定により、急激に実態を失なったのが、現在明らかになっている。

リベラルと称する学者・ジャーナリストがまだ執着しているマルクス主義的経済・政治史観は、その実態を完全に失なったと言ってよい。彼らが、その歴史観では、もう現実を書けなくなっているのである。

マルクスがいう《哲学者はこれまで世界を解釈して来たに過ぎない。大切なことはそれを変革することである》と言葉で、二十世紀では、大多数の人文学者、ジャーナリストが「変革」しようと焦ったが、一世紀かかって、やっとその敗北が誰の目にもわかるようになったのである。

無論、こう言うと、そんなマルクス主義歴史観を持っている歴史家はいない、と抗弁するかもしれない。彼らが、労働者階級の代わりに、社会の少数派が抑圧されている、と言う理論は、フェニミスムも、ジェンダーフリーも、性的少数者のそれも、社会の「差別」者のそれも、その理論と異なる、と言うかもしれない。だが、だいたいそうした運動も、「ロシア革命」「中国文化革命」の後、「社会主義」国家の中で、実現しようとしたものではなかったか。それらは「社会主義」国の中で、すべて失敗したのである。

私は、これまで繰り替えして言って来たが、二十世紀は何の高い文化も創造し得なかった。マルクス主義が、既成の文化の破壊を目指すだけのものであったからだ。アドルノのような左翼ユダヤ人が、

《アウシュビッツの後に詩を書くのは野蛮だ》

と語って、戦後のすべての文化を荒廃させたのである。

しかし世界の国々が、伝統と文化を破壊し、否定してきた中で、日本は、天皇を中心とする日本文化という鮮やかなものを残し続けている、と言うべきだろう。この文化とは何であったかを書く日本の歴史こそ新しい歴史である。この書はその基礎となっている。私が調べ著述してきた、ここ十数年の様々な論考は、この本の上に立っている。

この書を出すにあたって、古事記編纂千三百年の年に設立された日本国史学会を支えてくれる漆原亮太社長を始め啓文社の方々にお世話になった。厚く御礼を申し上げる。

田中英道（たなか・ひでみち）

1942年生まれ。歴史家、美術史家、東大文学部卒、ストラスブール大学 Phd. 東北大学名誉教授、ローマ、ボローニャ大学客員教授。主な著書に『日本人が知らない日本の道徳』『美しい「形」の日本』（ビジネス社）、『日本美術全史』（講談社）、『日本の歴史』（育鵬社）、『レオナルド・ダ・ヴィンチ』（講談社）、『芸術国家　日本のかがやき』『日本の起源は日高見国にあった』（勉誠出版）他多数。

新しい日本史観の教科書

2019年11月16日　第１刷発行

著　者　田中　英道
発行者　唐津　隆
発行所　株式会社ビジネス社
〒162-0805　東京都新宿区矢来町114番地
神楽坂高橋ビル5Ｆ
電話　03-5227-1602　FAX 03-5227-1603
URL　http://www.business-sha.co.jp/

〈カバーデザイン〉谷元将泰
〈本文DTP〉株式会社三協美術
〈印刷・製本〉モリモト印刷株式会社
〈編集担当〉株式会社啓文社（漆原亮太，荒井南帆）
〈営業担当〉山口健志

ISBN978-4-8284-2133-9

日本人が知らない日本の道徳

田中英道……著

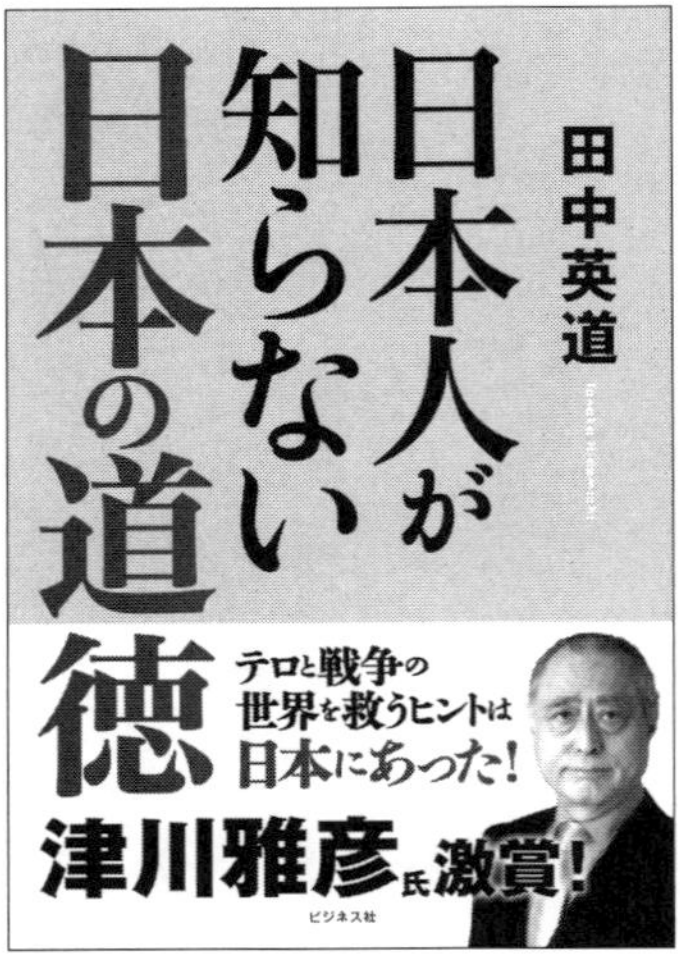

定価　本体1300円＋税

ISBN978-4-8284-1864-3

津川雅彦氏激賞!!

「テロと戦争の世界を救うヒントは日本にあった!」

共同体（コミュニティ）が生き残るための最重要課題をすべての日本人は無意識に行っている。その日本の道徳に世界は感心している。日本人ほど「道徳」とも思わず道徳を、「信仰」とも思わず信仰をしている国民は世界でも珍しい。世界が驚嘆する日本の道徳が、いつ頃、どのようにして生まれたのか、どのような意味を持つのかを、歴史を遡り、宗教観や西洋思想と比較しながら考察する。

本書の内容